PRO

HUGO CALIGARIS

PROEZAS ARGENTINAS

El colectivo - Los dos Sarmiento -
La birome - Beltrán, cura guerrero -
Pobres millonarios - Tangos en París -
Pecados carnales - Quinquela -
La primera multinacional - Gato y Mancha -
Quirino le ganó a Disney

Incluye: EL I CHING DE PERÓN

edhasa

Caligaris, Hugo
 Proezas argentinas - 1a ed. - Buenos Aires : Edhasa, 2005.
 224 p. ; 23x16 cm.

 ISBN 950-9009-47-4

 1. Historia Argentina. I. Título
 CDD 982

Realización de cubierta: Juan Balaguer

Primera edición: noviembre de 2005

© Hugo Caligaris, 2005
© Edhasa, 2005
Paraguay 824 6° piso, Buenos Aires
info@edhasa.com.ar

Avda. Diagonal, 519-521. 08029 Barcelona
E-mail: info@edhasa.es
http://www.edhasa.com

ISBN: 950-9009-47-4
Hecho el depósito que marca la ley 11.723

Queda rigurosamente prohibido, sin la autorización de los titulares del *Copyright*, bajo la sanción establecida en las leyes, la reproducción parcial o total de esta obra por cualquier medio o procedimiento, comprendidos la reprografía y el tratamiento informático, y la distribución de ejemplares de ella mediante alquiler o préstamo público.

Impreso por Cosmos Offset S.R.L.

Impreso en Argentina

A Marta Merkin

Índice

Sí, podemos 11

PROEZAS DEL AIRE: VICENTE ALMANDOS ALMONACID
El Buitre vuela de noche 15

PROEZAS DE LA TIERRA: LA PATAGONIA
Hazañas del fin del mundo 23

PROEZAS DE QUIRÓFANO: LOS FINOCHIETTO
Las pincitas de Enrique y Ricardo 45

PROEZAS DEL ASFALTO: EL COLECTIVO
Bondis versus el diablo inglés 57

PROEZAS CINEMATOGRÁFICAS: CRISTIANI, ANTES QUE DISNEY
Quirilandia 67

PROEZAS DE LA ABUNDANCIA: LOS QUE TIRABAN MANTECA AL TECHO
Una modesta proposición 77

PROEZAS DE LA INDEPENDENCIA: FRAY LUIS BELTRÁN
Dios, el diablo y el caldero mágico 91

PROEZAS MUSICALES: EL TANGO
Buenos Aires, marca registrada 99

PROEZAS DEL CARÁCTER: DOMINGO FAUSTINO SARMIENTO
Gloria y loor al pequeño Valentín 119

PROEZAS DE LA AMBICIÓN Y EL MÚSCULO: LOS EMPRENDEDORES
Historias de gente industriosa 127

PROEZAS GASTRONÓMICAS: UN APLAUSO PARA EL ASADOR
El imperio de la carne 157

PROEZAS DEL ARTE: BENITO QUINQUELA MARTÍN
El Iluminado 179

PROEZAS BESTIALES: GATO Y MANCHA
Caballitos criollos 195

PROEZAS POLÍTICAS: UN MANUAL DE VERDADES JUSTICIALISTAS
El I Ching de Perón 211

Sí, podemos

La autocrítica es un arma de doble filo. Sin ella, el hombre no tiene defensa: se piensa invulnerable, y cada vez que debe enfrentarse a la evidencia de su imperfección va dejando jirones de sí mismo en el camino y se transforma, en el mejor de los casos, en un mitómano, y en el peor, en un ser deprimido, no apto para enfrentarse a las exigencias cotidianas de la vida.

Una dosis saludable de autocrítica hace que la persona acepte sus fallas, grandes o pequeñas, y le permite una existencia más razonable y feliz.

Pero, al contrario, un sentido demasiado agudo de la autocrítica resulta desaconsejable y destructivo, porque aplicando con rigor un punto de vista oscuro a nadie le faltan motivos excelentes para considerarse un inútil.

Ese podría ser nuestro pecado nacional: una autocrítica hipertrofiada nos paraliza. Tendemos a creer que por causas quizás genéticas jamás lograremos salir del pozo y, por otra parte, puesto que nuestros pozos todavía son relativamente confortables comparados con otros más profundos, no nos parece tan mala esta creencia.

Los argentinos piensan que un libro destinado a reseñar las proezas argentinas debería tener doscientas páginas en blanco y que la única proeza posible sería que, así y todo, se vendiera. Esta es una manera de concebirse a la que es necesario poner coto antes de que sea demasiado tarde.

¡El país se hunde en la anomia! ¡Compren un argentino por su valor real y véndanlo por lo que cree que vale! ¡Atravesamos la peor crisis de la historia! ¡Mejor hubiera sido dejar que nos invadieran los ingleses! ¡Nos tritura la máquina de impedir! ¡Los argentinos somos todos corruptos, menos mi abuela! ¡Es otra vez lo mismo de siempre! ¡Lo mismo un burro que un gran profesor! ¡Que se vayan los dos al galope, uno montado sobre el otro, en el orden que quieran! ¡O que se queden, si se les da la gana! ¡Con ellos o sin ellos, jamás podremos!

Pero sí podemos, y ése es, justamente, el problema: nuestro pasado histórico, aunque no sea demasiado largo, está lleno de ejemplos. Más aún: el número de las hazañas argentinas es excesivamente abundante, y eso explica por qué faltarán, en las páginas que siguen, algunas de nuestras más notables proezas.

Sin demasiado esfuerzo, el lector notará la ausencia de menciones a proezas tales como el sistema de identificación de huellas digitales de Juan Vucetich, la sangre de repuesto del doctor Luis Agote, las gambetas de Diego Maradona, el Torino, los poemas escandinavos de Jorge Luis Borges, el *bypass* del doctor René Favaloro o las arremetidas del automovilista Juan Manuel Fangio. Han sido tantas nuestras empresas exitosas que es imposible comentarlas de una sola vez, a no ser que se aplique un criterio meramente enumerativo, de infografía o de cuadro sinóptico, que, en general, me parece de lo más aburrido.

He preferido, entonces, concentrarme en unas cuantas proezas de las que daré ciertos detalles, puesto que les asigno valor didáctico.

Dudar de la veracidad de las historias que están a punto de ser contadas sería ocioso, además de antipático. Aunque los datos están minuciosamente comprobados, los hipercríticos harían bien en tomar en cuenta la intención ejemplificadora que ha guiado al autor antes de denunciar presuntas exageraciones o reducciones maniqueas.

Para decirlo de modo directo: este libro tiene intención terapéutica. Al hablar de las grandes proezas argentinas, se apela a quien todavía no ha cometido proeza alguna y también a los que la cometieron sin darse cuenta.

Heridos en su amor propio por circunstancias adversas, muchísimos son los argentinos que no sólo se sienten incapaces de hacer proezas sino que proyectan en sus compatriotas de ayer, hoy y mañana ese terrible sentimiento de frustración e impotencia.

La tesis es muy simple: si otros, en este mismo lugar, tal vez vecinos de los que nos separan pocos metros, pudieron darse el gusto de la proeza cumplida, ¿por qué no uno? Para que quede demostrada, veremos desfilar gente de apariencia normal, por la que al verla antes de saberla autora de tal o cual impresionante proeza nadie hubiera ofrecido un centavo y que a pesar de su aspecto llegó a la cúspide del ingenio, del talento, de la osada valentía o aun del genio.

Confío en el efecto contagio. Sé que es probable que al finalizar la lectura el impulso de lanzarse a la calle para dar forma y redondez a una proeza cualquiera puede volverse incontenible y sé también que existe el riesgo de que esto pueda originar pequeños trastornos.

Atención: no todo lo que me propongo describir debe ser imitado. Me veo forzado a recomendar cuidado, sobre todo en los casos en que haya involucrados bisturíes o pólvora.

Sin embargo, no inhibiré a los héroes del futuro: pienso que la Argentina está necesitando el entusiasmo, aunque sea torpe, de mucha gente entusiasmada, para darle, podría decirse, otro color al curso de las cosas.

PROEZAS DEL AIRE:
VICENTE ALMANDOS ALMONACID

El Buitre vuela de noche

El cruce de la Cordillera de los Andes en avión suele ser muy movido, sobre todo en máquinas pequeñas. Hay gente que prefiere dar la vuelta por el Atlántico, pasar por Oceanía y aterrizar en Santiago por el otro lado para evitar las turbulencias, sin comprender que ya estamos en el siglo XXI y que los accidentes de aviación, en general, han sido desterrados.

Hasta tal punto la estadística favorece al usuario de líneas aéreas que si llega a caerse el avión en que viajamos lo más razonable es pensar: "No hay por qué preocuparse; sólo se trata de un caso entre decenas de miles y, por lo tanto, el transporte aéreo seguirá siendo, más allá de este episodio, absolutamente seguro y confiable".

Para llegar a estas cumbres hicieron falta pioneros osados. El primero en probar algo es el que más se arriesga y el que más generosamente se sacrifica por la comodidad y el placer de sus semejantes. ¿Cuántos monumentos les debemos a los amantes de la gastronomía que entregaron sus vidas para que pudieran distinguirse con claridad los hongos comestibles de los venenosos, por ejemplo?

De esos héroes anónimos no se guarda memoria, pero sí del gran héroe argentino que se animó a volar a Chile por primera vez pese a los sacudones, en un aparato bastante primitivo y, para colmo, de noche.

En los albores de la aviación, los vuelos nocturnos presentaban desafíos que los actuales equipos de navegación han superado. Un riojano estuvo en la vanguardia de esta especialidad: Vicente Almandos Almonacid lo hizo.

Almandos Almonacid nació el 24 de diciembre de 1882. Su padre, que se llamaba igual que él, fue escribano, pionero de la minería, ministro del gobernador Benjamín José de la Vega (de 1868 a 1871) y gobernador de La

Rioja, de 1877 a 1880. Su madre, Esmeralda Castro Barros, era de la familia del excéntrico obispo Pedro Ignacio de Castro Barros, congresista de Tucumán y cura carismático que metía miedo a los fieles cuando exorcizaba al demonio, cosa que ocurría casi siempre, ya que creía verlo por todos lados.

Cuando Vicente tenía seis años, quedó huérfano de padre, y lo que quedaba de su familia (él, sus hermanas y la mamá) se instaló en Buenos Aires. El pequeño estudió ingeniería en la Escuela Naval, y pronto descolló por su ingenio. A los 25 años, en 1907, dirigió la Oficina Técnica de la Municipalidad de Bahía Blanca, en calidad de ingeniero jefe, y a los 28 inventó su propio "aeromóvil", cuya efectividad probó en El Palomar, en 1913.

La máquina volaba, pero su patente quedó guardada en un armario porque los superiores del joven genio consideraron dudoso que pudiera industrializarse en el país.

Lo dijimos: siempre la duda como barrera, el desaliento...

Contrariado, nuestro Vicente se fue a Francia con su avión bajo el brazo. Allí se hizo escuchar, primero por el ingeniero Eiffel, el de la torre, y luego por las autoridades aeronáuticas francesas, que en julio de 1914 le homologaron el *brevet* de piloto, para que pusiera a prueba por sí mismo sus invenciones sin arriesgar otra vida que no fuera la suya.

Ya se veía su pasta de acero: como era, a la vez, técnicamente sabio, intelectualmente creativo y físicamente valiente, resultó el hombre justo en el momento y el lugar adecuados, ya que enseguida estalló la guerra y, sin pensarlo dos veces, Vicente se enroló en la Legión Extranjera como piloto, el 10 de agosto de 1914. No pasó desapercibido: tres meses después ya había sido ascendido a cabo.

Sus acciones durante la Primera Guerra Mundial fueron resplandecientes, coincidencia especialmente feliz en el caso de un aviador que volaba de noche. Cuatro meses después fue ascendido a sargento, y el 21 de marzo de 1915, el *Journal Officiel* lo describía de este modo: "Vicente Almandos Almonacid es un piloto lleno de entusiasmo y audacia. Bajo el fuego más violento, siempre ha terminado su reconocimiento con el más profundo desprecio del peligro. En varias oportunidades, el aparato fue alcanzado por los proyectiles y él ejecutó solo, con un ingenioso dispositivo de su invención, varios bombardeos nocturnos sobre objetivos alejados".

No sólo su aparato fue "alcanzado" por los proyectiles, sino que fue lisa y llanamente derribado, pero el ave guerrera se repuso de sus heridas, fue ascendido otra vez, ahora a subteniente, el 8 de octubre de 1915, y por su valentía y mérito sus pares y aun sus adversarios comenzaron a referirse a él con el apelativo algo dudoso de Buitre de la Sierra.

Pese a ser extranjero, le entregaron el mando de la escuadrilla 29 de la aviación francesa y en mil horas de vuelo durante la Gran Guerra derribó muchos aviones enemigos.

Su inventiva produjo estas novedades:

- los vuelos nocturnos de reconocimiento y bombardeo.
- el transporte de bombas bajo las alas del avión, en lugar de bajo el fuselaje.
- un nuevo sistema para lanzar bombas, posteriormente adoptado por el ejército.
- un nuevo tipo de visor que indicaba de manera automática las condiciones de estabilidad de la nave.
- tres clases hasta el momento desconocidas de bombas de aviación: los torpedos de minas, de granadas y de gas.

El nombre de Vicente Almandos Almonacid ganó rápida fama, aun entre las filas rivales. Ni cortos ni perezosos, los alemanes le copiaron sus inventos.

La guerra terminó el 11 de noviembre de 1918, con 8.500.000 muertos, de los cuales una considerable cantidad puede ser con justicia atribuida a nuestro héroe. El 1° de mayo de 1919, el comandante en jefe de los ejércitos de Francia, el mariscal Pétain, lo nombró caballero de la Legión de Honor.

Además de llenarse de premios, Vicente se llenó de patentes internacionales, puesto que los vencidos no tuvieron más remedio que devolverle las ideas que habían tomado prestadas. En todo lo que le quedó de vida, Almonacid nunca pudo apartar de sí la sospecha, por otro lado bastante razonable, de que en caso de haber ganado la guerra los alemanes no le hubieran devuelto nada.

Almandos Almonacid volvió a la Argentina como un héroe y fue tratado en consecuencia, a nuestro modo y según se verá a continuación: el 6 de septiembre de 1919 fue paseado en andas por el centro de Buenos Aires, en medio de un entusiasmo popular que sólo se repetiría 67 años después, con el regreso de Diego Maradona y compañía de la victoria en el Mundial de México. La clase política, en sintonía con el sentir popular, reaccionó con sus tradicionales reflejos y el Congreso lo incorporó al Ejército Argentino con el grado de capitán. El diputado Julio A. Costa le rindió en el recinto este homenaje enrevesado:

> La República Argentina siempre ha tenido una acción directiva en el movimiento americano. El pensamiento de Moreno recorrió todo el continente y la campaña militar de San Martín abrió a Bolívar el camino de Ayacucho. Así, el capitán Almonacid ha ido a cumplir en el suelo de Francia y en el frente occidental los destinos de la República. Ha sido en la gran guerra por la libertad humana el fiel ejecutor del mandato de la Revolución de Mayo; ha ido en servicio nuestro, por el imperativo categórico del sentir argentino.

Era la era de Yrigoyen. Los imperativos categóricos estaban a la orden del día y uno desayunaba medias lunas, hacía el amor, iba al dentista o se rascaba el ombligo con el dedo meñique siempre por causa de un imperativo categórico.

Sin embargo, la ley que elevaba al aguerrido Vicente al grado de capitán del Ejército (la ley 10.989) jamás se hizo efectiva y nadie se dio jamás por aludido. Para colmo, el aguerrido Vicente, emocionado por la bienvenida, se había apurado a pedir la baja del ejército francés para no tener que servir a dos banderas y se encontró de un día para el otro, como suele decirse y como le ha ocurrido a muchos, sin el pan y sin las tortas.

Por suerte, los franceses fueron menos retóricos y más expeditivos. Por mediación del teniente Guichard, ex camarada de guerra, la Compañía Franco Argentina de Transportes Aéreos le regaló un avión, un biplano Spad 220. Ese Spad fue trasladado a Mendoza, y el 29 de marzo de 1820 fue sobre ese avión que, en plena oscuridad y a los tumbos, Almonacid imaginó desde el cielo las siluetas de las altas cumbres, en un viaje que terminó en Valparaíso.

Ni su poder de iniciativa ni su índice de popularidad declinaban. Por lo demás, el sobrenombre de Vicente Almandos Almonacid comenzó a mejorar: ahora en lugar de Buitre lo llamaban Cóndor Riojano, todo un progreso desde el punto de vista de los pájaros. El inefable Belisario Roldán, poeta en oda, escribió sobre él:

> Y parpadearon las estrellas como pupilas absortas ante el prodigio. En medio de la noche, arriba, en las cúspides, bajo el cielo que tendía sobre cuadro la suntuosidad tenebrosa de sus ropajes, gruñó de pronto el pájaro de acero. Iba horadando las sombras, rumbo a Chile, solo y sin nictálope, alumbrados sus flancos por dos focos de luz, alto como un ensueño, recto como una intención y dominando las crestas, cuyas nieves debieron adquirir para el viajero la vaguedad de sudarios flotantes, al verle blanquear entre la negrura desde la eminencia de su osadía.

(Para ayudar al pleno disfrute del texto precedente, y por si alguien no se ha enterado, aclaramos que la palabra "nictálope" se aplica a la persona o animal que ve mejor de noche que de día. En el caso de Vicente Almandos Almonacid, llamado el Buitre y también el Cóndor, la aplicación es indistinta. Respecto del pasaje que dice "gruñó de pronto el pájaro", su sentido constituye un secreto que se fue con Roldán a la tumba.)

A partir de ese vuelo nocturno, el águila guerrera comenzó a apaciguarse, aunque jamás se extinguió del todo, ya que doce años después, en 1932, ofreció sus servicios al gobierno de Asunción en la guerra entre Paraguay y Bolivia.

A los 38 años, el austero Vicente depuso su soltería y se casó con Dolores Güiraldes, con la que tuvo cuatro hijos: Vicente, Esmeralda, María y Ricardo. El mayor murió en 1977, en Bahía Blanca, en un accidente de aviación, pero por suerte su padre no tuvo que sufrir su muerte, ya que por entonces él mismo había volado al más allá, si se tolera esta metáfora horrible. Nuestro gran aviador murió el 16 de noviembre de 1953, y en su honor se llama así el aeropuerto Vicente Almandos Almonacid de la ciudad de La Rioja.

Ese homenaje no se debe tan sólo a su heroísmo militar y a sus inventos, sino también a su instinto comercial, ya que bien puede considerárselo el pionero de nuestra aviación civil. El 5 de septiembre de 1927, fundó Aeroposta Argentina Sociedad Anónima, filial de la Compagnie Général

Aeropostal, que cubrió los trayectos Buenos Aires-Asunción, Buenos Aires-Chile, Buenos Aires-Mar del Plata y Buenos Aires-Río Gallegos y que fue germen de Aerolíneas Argentinas.

Al parecer, su imagen recia, grave y retraída ocultaba a un hombre de sensibilidad artística. No en vano fue gran amigo de otro gran aviador, el escritor Antoine de Saint-Exupéry, y no en vano solía componer, de tanto en tanto, sus propios versos, de los que reproducimos estas dos cuartetas:

> Si oigo sonar el clarín
> vibro en emoción de gloria
> pues me viene a la memoria
> el general San Martín.
>
> Jamás nadie valió tanto
> fue el único paladín
> que haya sido hasta el fin
> un genio, un héroe y un santo.

Salvando ciertas debilidades literarias, que se adivinan, por ejemplo, en el ritmo fallido del verso "que haya sido hasta el fin", se podría afirmar sin miedo que como poeta Vicente Almandos Almonacid fue un sanmartiniano de primer orden.

Las proezas de Almonacid deben servir de lección a los numerosos argentinos dispuestos a imitarlo. Vidas como ésta se narran para sacarles el jugo, para aprender de ellas, para incitar a los espíritus dormidos, para que pasen a la acción y dejen de quejarse diciendo que todo es imposible, lo que en el fondo no constituye más que un deplorable ejercicio de autocomplacencia.

He aquí, pues, espíritus dormidos, las conclusiones del presente capítulo.

- También la Argentina ha hecho sus aportes a la famosa tecnología de punta.
- Si has inventado alguna cosa tecnológicamente notable, márchate a Francia, donde serás inmediatamente enrolado.

- No es necesario que tu invento sea una bomba en el sentido literal de la palabra.
- Concéntrate en la posteridad y descree de los honores del Parlamento.
- Concéntrate también en tus invenciones, sin distraerte con poesías.
- Vuela alto, pese a la oscuridad, pese a la niebla.
- Si te llaman Chacal, no desesperes: pronto te ascenderán a Hiena.

PROEZAS DE LA TIERRA: LA PATAGONIA

Hazañas del fin del mundo

Las proezas son casi siempre obra de personas, pero en el caso de la Patagonia es la propia tierra la que induce a la hazaña.

Algo en esa gigantesca extensión al sur del paralelo 42, del Atlántico al Pacífico, trastorna a los hombres, los seduce y afiebra, los consume en el fuego de tremendas pasiones y acalora sus mentes más efectivamente que las gorras con las que en vano buscan protegerse de los vientos helados.

Insistiré todavía un poco con el fin de dejar suficientemente establecida la idea: las historias que estoy a punto de contar tienen como protagonistas a seres cuya naturaleza –es innegable– nunca fue muy normal, pero que no hubieran llegado jamás a los extremos a los que llegaron si no hubieran sufrido el embrujo de la Patagonia.

La mayor parte de los niñitos alemanes, holandeses, ingleses y de otros países del hemisferio norte ríen a carcajadas o tiemblan de miedo cuando sus padres mencionan la palabra "Patagonia" en los relatos que les cuentan para dormirlos. Algunos son atrapados para siempre por el mal patagónico, lo que demuestra el enorme poder de nuestros territorios australes, un poder que cruza los mares y que no se detiene ante ninguna frontera.

¿Por qué hace soñar más la Patagonia inmensa y árida que otras zonas amables de la patria? También el célebre naturalista inglés Charles Darwin se hacía esa pregunta:

> Evocando imágenes del pasado –decía–, veo que las llanuras de la Patagonia pasan frecuentemente ante mis ojos. Sin embargo, todos dicen que son las más pobres e inútiles. Se caracterizan sólo por sus posesiones negativas, sin viviendas, sin agua, sin árboles,

sin montañas. No tienen más que algunas plantas enanas. ¿Por qué, entonces –y el caso no me ha sucedido sólo a mí– estos áridos desiertos se han posesionado de tal modo de mi mente? ¿Por qué no producen igual impresión las pampas, que son más fértiles, más verdes y más útiles al hombre?

Claro: respecto de lo de "sin árboles y sin agua", hay que aclarar que el intuitivo Darwin no llegó a ver los bosques que rodean el Nahuel Huapi ni los siete lagos. Todavía eran un secreto para el hombre blanco, aun para aquel hombre blanco que, al mirarse accidentalmente en un espejo, había comprendido que descendía del mono.

Simplemente Gamboa

La fiebre patagónica comenzó con la llegada de los europeos. Poco después de que Magallanes tuviera su estrecho, aventureros de todas partes quisieron llegar al fin del mundo. Se trataba, por supuesto, de forajidos, algunos desaliñados como barras bravas y otros con título de sir, pero no por ello menos piratas, como el distinguidísimo sir Francis Drake, que después de haber robado para la corona en los puertos peruanos estuvo por ahí abajo entre 1577 y 1580. En esas soledades guardaba, entre asalto y asalto, el producto de sus correrías.

Tras Drake salió de Lima un español bastante lunático llamado Pedro Sarmiento de Gamboa. Tan excéntrico y desmesurado era este hombre, nacido en Alcalá de Henares en 1532, que muchos años después nuestro Domingo Faustino reclamaría para sí el linaje.

Pedro Sarmiento de Gamboa –lo llamaremos Simplemente Gamboa desde este momento– ya se había salvado tres veces de morir en las hogueras de la Inquisición, en Perú y en México, y a pesar de ser muy culto y de hablar de corrido el latín era capaz de conducirse de manera salvaje, cosa que demostró al transformarse en uno de los verdugos del joven e inocente cacique Tupac Amaru.

Simplemente Gamboa era en ciertos sentidos una bestia, sí, pero ¡válganos Dios, cuán valiente! ¡Y cuán empecinada! Cuando, llegado al sur como turista de avanzada, advirtió que nunca podría darle caza a Drake, una idea que lo llevaría a la ruina se le metió en la cabeza: poblar por sus propios medios todo el Estrecho de Magallanes.

María Sáenz Quesada, que retrató a Simplemente Gamboa en un ensayo de Todo es Historia, dice que él "se había enamorado del Estrecho", lo que rubrica la tesis sobre el influjo maldito de nuestros territorios más australes. Y fue tan persistente la fiebre de Gamboa que convenció al rey Felipe II de que apoyara con naves, con hombres y con doblones de oro la para las circunstancias de ese tiempo improbable tarea que se había propuesto.

Perverso, además de generoso, Felipe II le puso a Simplemente Gamboa un segundo que no sirvió más que para complicarle la vida, el capitán Flores Valdés, quien hizo lo posible y lo imposible por boicotear la empresa. Flores Valdés hablaba pestes de Simplemente Gamboa a sus espaldas, insubordinaba a la tripulación y ponía a circular rumores inconsistentes sobre el buen juicio de su jefe. Al final, se escapó con un montón de plata.

Contra él, contra las plagas desatadas a bordo, contra las marejadas y la mala suerte, Simplemente Gamboa –a quien sus marineros conocían como "El Desesperado"– llegó a fundar dos ciudades y depositó en ellas a pobladores que había traído desde España, entre ellos, artesanos, labradores, niños y mujeres. Poseído a esa altura de un delirio místico, llamó a sus dos ciudades Purificación de Nuestra Señora y Nombre de Jesús.

Como todos aquellos esforzados pioneros arrastrados a la ruina por Simplemente Gamboa murieron de inanición, posteriores visitantes rebautizaron lo que quedaba de los poblados con el nombre de Puerto Hambre.

El autor de aquella desgracia se salvó a medias. En Francia, los hugonotes lo pusieron preso. Volvió a la corte española sin un centavo, ya que había gastado su fortuna tratando de que no lo ejecutaran ni sus amigos de aquí ni sus enemigos de allá, y se murió a los 60 años, no lejos de Lisboa, a bordo de un galeón con el que planeaba regresar a las Indias.

Simplemente Gamboa fue un marino de ley. Por supuesto, también estaría muerto hoy aunque no hubiera sufrido la fiebre del Estrecho, ya que pasaron cuatro siglos y nadie vive tanto. Pero de no ser por su aventura patagónica Simplemente Gamboa hubiera muerto sin pena y sin gloria. De esta otra manera sólo murió sin gloria, cosa de lamentar y que constituye a todas luces una pena.

¡Ave, César!

El delirio emanado del sur llegó a niveles de leyenda con la Ciudad de los Césares, una fantasía por la que muchos dieron la vida desde, más o menos, 1529-1530 hasta, más o menos, 1790.

Podría decirse que durante 260 años –más o menos– hubo gente que se dedicó a buscar una ciudad patagónica que en realidad nunca podía haber existido. Quien no considere una proeza que una tierra que parece austera pero a la que le gustan las bromas y los engaños haya podido mantener durante tanto tiempo un mito y un engaño tan evidente haría bien en cambiar de capítulo o de libro, dado que el autor tiende a desmoralizarse fácilmente ante los escépticos, obstinados y descreídos a toda costa y ya no podría dar un paso adelante.

Hay que pensarlo así: la Patagonia se las arregló para convencer a sus conquistadores de que en su seno guardaba una ciudad dorada. Y se las arregló tan bien que muy pronto abundaron las descripciones de la Ciudad de los Césares, a pesar de que nadie la había visto.

El engaño parece haber comenzado con el capitán Francisco César y los siete expedicionarios que lo acompañaron rumbo al sur desde el fuerte de Sancti Spiritu, fundado en 1527 por Sebastián Caboto. Todos, César y sus fabulosos soldados, coincidieron en relatar que habían encontrado una ciudad tapizada de plata, piedras preciosas y oro. Sus habitantes –dijeron– eran altos y rubios, e inmortales. El pavimento era de oro macizo. Estaba en el medio de dos cerros, uno de diamante y el otro de oro. Una gran cruz de oro coronaba la iglesia, cuya campana nadie osaba tañer porque de hacerlo el sonido de la campana se podría escuchar en los cuatro confines del planeta.

Una ciudad, sostuvieron los ocho adelantados, era imperioso ocuparla. Era imperioso, pero no era sencillo: sólo los viernes santos o en algún instante esquivo del atardecer la Ciudad de los Césares se volvía visible. En todo otro momento la envolvían las brumas y uno podía atravesarla, pasar de largo encima de ella sin darse cuenta. No había señales de ningún tipo en las carreteras. Ni siquiera había carreteras y, para colmo, la ciudad entera parecía cambiar día a día de sitio.

¡Sí, la ciudad de oro y piedras preciosas, materiales muy nobles, en verdad, pero también pesadísimos, tanto como para que aún hoy se siga diciendo de las buenas personas robustas que valen su peso en oro, se movía en el aire como una pluma de gaviota, se mudaba de un lugar a otro, fugaz, imperceptible!

Tal vez los españoles fueran muy crédulos. Tal vez hasta Francisco César y sus muchachos estuvieran convencidos. Tal vez un grupo de aborígenes inescrupulosos les había trocado el relato por espejos de colores que pasarían a engrosar el mercado negro de las chucherías indígenas y alimentarían la lista de estafas hechas por los nativos a los invasores venidos de Europa. O tal vez Francisco César y sus muchachos mentían. Tal vez habían inventado una historia para ocultar que su ausencia prolongada se había consumido en excesos de toldería, a pocos kilómetros del fuerte. Tal vez esperaban la horca y, tal vez para su propia sorpresa, en lugar de acogotarlos les creyeron.

Y tanto les creyeron que comenzaron bien pronto a repetir lo oído. En 1612, Ruy Díaz de Guzmán, en "La Argentina", contó cómo Francisco César y sus hombres, noventa años atrás, habían entrado "en una provincia de gran suma y multitud de gente, muy rica en oro y plata". No tan sólo soldados: también *entrepreneurs* de todo tipo, cuentapropistas varios y hasta gente de fe se lanzaron a los desiertos detrás del espejismo.

Desde Chile, el padre jesuita Nicolás Mascardi realizó tres expediciones. Sobrevivió a las dos primeras, pero no así a la última, en 1673, cuando indios menos cuenteros y más cabreros que los de Francisco César lo despojaron de su cuerpo. Como el alma voló a las alturas, hoy del padre Mascardi —dicen que quería encontrar la Ciudad de los Césares ¡para evangelizar a sus habitantes!— lo único que queda es un hermoso lago, treinta kilómetros al sur de Bariloche.

Piedra dura Piedrabuena

A comienzos de la década del 40 (de 1840), un marinero de apellido Smiley encontró una balsa en el mar, a veinte millas de la costa sur de la provincia de Buenos Aires. Primero pensó que era un milagro que una balsa tan mal hecha se mantuviera a flote. Después se dio cuenta de que un artefacto tan precario tenía que haber sido hecho por un chico de no más de diez años. Y después vio al chico arriba de la balsa. Perdido, ligeramente asustado, pero contento.

Smiley lo pensó un poco. Se dijo: "Para algo me puede servir esto" y rescató al niño. Lo condujo a la casa de sus padres y les pidió permiso para llevárselo de grumete en su barco, rumbo a Estados Unidos.

"Lleve nomás, don Smiley. Este *good for nothing* sólo nos da dolores de cabeza", contestó el padre de Luisito, haciendo gala de un dominio del idioma inglés que en realidad no era tan vasto como él creía.

El padre de Luisito se equivocaba: nunca hay que subestimar a los hijos, porque esos malditos hacen a consecuencia del desprecio paterno toda clase de hazañas con el fin de contradecir a sus progenitores. Probablemente el padre necesitaba un hijo labrador o un jinete de nalgas sólidas para domar cimarrones y overos. ¡Y claro, al señorito le gustaba remar!

Pero gracias a esa afición, y con el tiempo, el niño Luisito se convertiría en el comandante Luis Piedrabuena, mientras que del destino de su noble viejo nadie conserva ni la noción más leve.

Aun los que no saben quién fue veneran hoy a don Luis Piedrabuena, porque parece de buen tono hacerlo, pero en la época en que estaba vivo no era santo de la devoción de todos. Estaban los que lo creían un patriota y un héroe. Estaban los que pensaban de él que era tan sólo un comerciante sin escrúpulos. Y estaban los que —sin poder expresarlo en palabras— lo consideraban un peligro y una plaga de la naturaleza: éste era el grupo de los pingüinos y los lobos marinos, muertos por Piedrabuena y sus secuaces más bien que de a cientos de a miles y por el método expeditivo del garrote, para vender su cuero, su carne y su sebo.

Armando Braun Menéndez cuenta sin medias tintas y con bastante admiración cómo obtenía Piedrabuena su materia prima:

> A los pocos días daba fondo en la bahía Hoppner, llamada también de las Nutrias, ensenada abierta en el extremo sudoeste de la Isla de los Estados. Allí, sobre la costa que cubría nutrida colonia de pájaros niños (es decir, pingüinos), instaló Piedrabuena su fábrica, empezando enseguida la trabajosa matanza, en la cual tomaban igual participación, no obstante su diferente jerarquía, los ocho tripulantes. La labor consistía en apalear pingüinos a razón de quinientas presas al día, luego abrirlos, descuerarlos y llenar con sus cuerpos, en medio de un vaho volteador, un tacho enorme, que se hacía hervir sin que se apagasen los fuegos un instante.

Pero vamos por partes: habíamos abandonado a Luisito a su suerte de ignorante grumete ¿y lo sentamos ya sin solución de continuidad en el banquillo de Greenpeace? No es de ese modo como se procede: entre un momento y otro hay demasiados espacios por llenar, demasiados sucesos y acontecimientos intermedios.

Para empezar: ¿tenía Piedrabuena con la Patagonia otra relación que no fuera sangrienta? Sí: desde el nacimiento. Luis Piedrabuena era un "maragato", como se llaman a sí mismos los nativos de Carmen de Patagones. Había visto la luz en 1833 en esa hermosa ciudad, que todavía hoy se vanagloria de sus hazañas marineras en la guerra contra los brasileños. Creció escuchando historias de saqueos. Además del Atlántico, su corazón miraba al sur, y cuando volvió de los Estados Unidos, transformado en ballenero y lobero, no se cansó de recorrerlo.

A despecho de la opinión unánime del reino animal, tan contundente, entre los humanos hay pruebas de la solidaridad de nuestro héroe. En las horas libres que le dejaba su trabajo de mercader, transformado en guardián del océano, salvó la vida a náufragos de todas las banderas. Eran a veces víctimas de las tempestades y a veces víctimas de los piratas, que les hundían los barcos para despojarlos de sus pertenencias. Los 21 sobrevivientes del carguero alemán Pactolus, cerca de Tierra del Fuego, los del ballenero Dolphin, en Bahía Nueva, los del Eagle, en la isla de los Estados, los noruegos del carguero Cuba, al sur de Santa Cruz, y los del carbonero Anna Richmond (alguien había tenido la mala idea de hacer un asado a bordo y había quemado el barco entero) recordaron eternamente a Piedrabuena, vikingo descomunal que los había rescatado de la muerte.

A los indios –con los que Piedrabuena hacía, según los porteños de lengua viperina, negocios demasiado pingües– los tenía de amigos, entre otras cosas porque les dejaba de regalo banderitas celestes y blancas que a ellos les parecían encantadoras y que tenían, por lo demás, un efecto integrador en esas regiones que todavía, promediando el siglo XIX, no eran de nadie y eran de todos.

El Estrecho de Magallanes, sin ir más lejos. ¿A quién pertenecía el Estrecho, a quién Tierra del Fuego? Piedrabuena, cuya base de operaciones comerciales estaba en Punta Arenas, tuvo serios problemas con los chilenos cuando se negó a venderles el puerto de Río Gallegos. Analicemos un poco esta información: del otro lado de la cordillera había gente con motivos para creer que un navegante solitario, por momentos casi un pirata, por momentos un caballero manchego, que sólo era dueño, y por propia decisión, de la pequeña islita de Pavón, tenía el poder de venderle algo tan obviamente grande y continental como Río Gallegos.

La falta de derechos de venta no era tan obvia en esos tiempos. Jamás el estupendo pueblo chileno tuvo ninguna propensión a regalar porque sí su dinero. Si pensaban que podían comprarle la Patagonia argentina a Piedrabuena era porque de verdad hubieran podido hacerlo. Sin mapas que fueran dignos de tal nombre (todavía el perito Moreno no los había dibujado), la única realidad es que Chile llegaba, por lo menos, hasta Punta Arenas y que la Argentina no hacía acto de presencia, salvo por la extraña figura del propio Piedrabuena, por debajo de la ya mencionada Carmen de Patagones.

En Buenos Aires, nadie daba mucha importancia al asunto. "¡Que se arregle Piedrabuena!", pensaban. Y él se arregló sin demasiada ayuda.

En su vida novelesca y fantástica no faltó un gran amor: Julia Dufour, que lo siguió en sus excursiones y que moriría muy joven, a los 41 años, de tuberculosis. Tampoco faltaron reconocimientos, más bien tardíos y menguados, y concedidos entre murmuraciones.

Al comandante le entraban por un oído y le salían por el otro: poco después que su mujer, cuando tenía apenas 50 años y más anécdotas y aventuras de las que pueden imaginarse, preparó los petates y se embarcó en uno de esos viajes de ultramar para los que no venden boleto de regreso.

Rey contra natura

El caso del rey de la Patagonia es la mejor demostración de que nuestras tierras australes tienen el poder de enloquecer a la distancia. El joven abogado francés Orelie Antoine de Tounens, oriundo de Périgord, saltó de su cama una madrugada y, sin explicarle nada a nadie, se puso a hacer las valijas. Dentro de la cabeza, una sirena le venía entonando canciones mapuches, le pedía que lo siguiera a la Argentina y lo llamaba de la misma manera que Alfonsina era llamada al mar en el balneario de La Perla por una voz antigua de tiempo y de sal. Para ese entonces, el alma de Orelie ya estaba requebrada.

Llegó a Coquimbo, Chile, en agosto de 1858. Desde allí cruzó la cordillera, entró en negociaciones con los caciques Mañil y Quilapán, los convenció de que había nacido para ser su rey y en noviembre de 1860 estableció sin más fuerzas de ocupación que su propia persona una región que, resolvió, se llamaría en adelante Nueva Francia.

Digamos que Orelie vio que la Patagonia estaba vacía y la ocupó... solo. "Nos, príncipe Orelie Antoine de Tounens. Considerando que la Araucania no depende de ningún otro Estado, que se halla dividida en tribus y que un gobierno central es reclamado tanto en interés particular como en el del orden general, decretamos lo que sigue. Artículo 1º: una monarquía constitucional y hereditaria se funda en Araucania...", dice el comienzo de su primer decreto.

Fieles a la conducta ya descripta en el caso de la fallida venta de Gallegos a los chilenos, las autoridades argentinas ni siquiera se mosquearon por la constitución del reino. En cambio, las que sí tomaron cartas en el asunto fueron las autoridades chilenas, que enviaron tras él a su más famoso perro de presa.

El tal perro de presa, llamado más tarde el Roca chileno, no era otro que el coronel Cornelio Saavedra, nieto del presidente de la Primera Junta argentina: a tal punto se cruzaban y entremezclaban las nacionalidades en aquella etapa primitiva.

Como bulldog, Saavedra buscó a Orelie, lo encontró y le mordió el tobillo, sin soltar a su presa. Antes de detenerlo, no le hizo al rey ninguna reverencia, cosa que fastidió más a Orelie que los nueve meses que lo tuvo a la sombra, en un calabozo oscuro y húmedo. "Porque ¿no es acaso más grave perder la honra que la libertad? –pensó Orelie–. ¿No son acaso todos los calabozos oscuros y húmedos? ¿Qué más me puede pasar acá adentro?"

Cuando el vizconde Cazotte, encargado de negocios franceses en Chile, consiguió abrir la boca de Saavedra, separando con gran esfuerzo las filas superiores e inferiores de sus molares y de sus incisivos, todavía clavados en el hueso, Orelie, libre al fin, se miró en el espejo y vio qué más podía pasarle: se le había caído el pelo, esa melena de león que era todo su orgullo y que le había servido de carta de presentación real ante su nuevo pueblo.

Una pregunta sin respuesta: ¿por qué rápidamente los nativos habían adoptado a Orelie como rey, cuando su insania era evidente?

Es un enigma, y Braun Menéndez trató de resolverlo:

¿Cómo explicarse de parte de caciques araucanos, tan celosos siempre de su independencia, una adhesión casi unánime a este personaje desconocido y de raza blanca? Dicen las crónicas que desde tiempo a esta parte había hecho carne entre los araucanos una leyenda divulgada por los machis o hechiceros. Según ella, el fin de la guerra y de la esclavitud tan temida ocurriría simultáneamente con la aparición de un hombre blanco. Mas, fuera de esta leyenda, y dicho sea en favor del candidato, puede explicarse la fulminante elección de Orelie Antoine como fruto de su audacia tenaz, de la afabilidad de sus maneras, del prestigio de su vasta cultura y, en especial, por el trato digno y ceremonioso que gastaba con los indios, cualidades que le habían granjeado la voluntad y el aprecio de los caciques.

En cualquier manicomio encuentra uno refinadísimos imitadores de Luis XV. Pero, además de eso, hay razones políticas que tuvieron su peso: habrán pensado los caciques que una vez elevadas sus tierras a la jerarquía de reino europeo quedarían a salvo de la crueldad y la ignorancia de nuestros queridos abuelos.

Todavía hoy ensayistas e historiadores mapuches levantan los estandartes del viejo reino. Dice, por ejemplo, Huichacurha Marhikewun, en el número 13 del *Boletín Aukiñ*:

> La visión positiva sobre el mapuche, su cultura y sociedad, por Orelie Antoine, rompía con los estereotipos creados por la sociedad opresora; estereotipos necesarios, pues justificarían el genocidio que se preparaba contra nuestro pueblo, que luego les traería generosas recompensas. Había que deshacerse del intruso. Después de todo, no podía ser normal, se convencían a sí mismos, un blanco reivindicando los derechos de los salvajes, de los bárbaros. En la mente cuadrada de los criollos, eso constituía absolutamente una anormalidad, una aberración...

Como quiera que haya sido, después de haber recuperado su libertad Orelie fue despachado sin miramientos a su país de origen, y no en primera clase, sino en compañía de plebeyos.

No se desalentó, no obstante, Su Calva Majestad: dos veces intentó recuperar su reino. La primera vez, aunque intentó disimular su presencia usando anteojos oscuros, fue descubierto en Bahía Blanca por el coronel

Murga, quien a pesar de su apellido no tenía ninguna simpatía por individuos que se enmascaraban alegremente.

La segunda vez Orelie se enfermó ni bien desembarcó en Buenos Aires. Se le declaró al rey una obstrucción intestinal tan severa que fue preciso practicarle un ano contra natura. Fue el primero que se hizo en la Argentina: tuvo Orelie el honor de haber inaugurado en el país, sometiendo al bisturí esa región tan delicada del cuerpo, una técnica médica de la que hoy se beneficia un número importante de lugareños.

La muerte del primer rey de la Patagonia —ocurrida el 17 de septiembre de 1878 en Tourtoirac, donde había conseguido empleo de farolero— no fue el fin del proyecto monárquico, ya que, aunque no tenía hijos ni familiares directos, había tomado la precaución de designar sucesor antes de partir, inocente, al cielo.

La elección patagónica y real recayó en Achille Laviarde, un amigo que le había financiado a Orelie la última expedición (excluyendo los gastos de quirófano, que fueron cortesía por la que el operado no pagó ni un peso).

Achille Laviarde Primero era muy rico. Era el principal accionista de la casa Moet, que sigue haciendo buen champagne, y estaba casado con una mujer de gran belleza, la reina Doña María, como exigía ser llamada.

Cuenta Adrián Giménez Hutton que la corte de Achille en París llegó a tener 55 miembros y que el monarca jamás viajó a la Patagonia. Lo sucedieron Antoine Cros (Antoine II), su hija, Laura Teresa I, fallecida en 1916, y el hermano de ésta, Jacques Antoine Bernard, quien asumió como Antoine III.

Acusado de colaborar con los nazis, Antoine III abdicó en mayo de 1951 en favor de Philippe Boiry, último rey conocido de la dinastía francopatagónica.

Giménez Hutton lo visitó en París a fines de los años 1990. Dirigía entonces la Faculté Libre des Sciences de la Communication, cuyo nombre casi no entraba en el frente del modesto local del barrio periférico en el que funcionaba. Tras el escritorio de Philippe I colgaba un diploma enmarcado, firmado por José María de Montells y Galán, heraldo principal del Colegio de Armas de la Sociedad Heráldica Española.

El diploma dejaba constancia de que "Su Alteza Real Philippe Boiry D'Araucanie ha probado con documentos fehacientes que desciende del emperador Carlomagno, de los emperadores de Bizancio, de los reyes de Jerusalén, de Francia, de Navarra, de Castilla, de León, de Portugal, de Sicilia, de Bohemia, de Hungría, de Inglaterra, de Escocia, de Baviera, de Aragón, de Suecia, de Dinamarca, de Holanda, de Sajonia, de los emperadores de Rusia y de Austria, de san Luis, de san Wladimiro, de san Esteban de Hungría y de santa Matilde de Escocia".

A eso se llama tener abolengo.

La prueba del aburrimiento

Muchas de las proezas que hacen los hombres se deben al aburrimiento. Frente a extensiones sin término como las patagónicas el hombre experimenta diversas emociones sucesivas. Primero, el asombro; luego, la admiración y después de pasado cierto tiempo, la fatiga y el aburrimiento. Es entonces cuando se decide a hacer algo, cuya dimensión suele estar en consonancia con la inmensidad del paisaje.

Si el hombre es de corazón noble, intentará empresas justicieras, y si es torcido por naturaleza hará lo que hicieron en el sur argentino los famosos Butch Cassidy (Robert Leroy Parker), Sundance Kid (Harry Langabaugh), Etta Place (también llamada Laura Bouillon y Ethel Rose) y sus secuaces.

Todos ellos venían corriendo de los Estados Unidos y de México, donde —por desgracia para los bandidos— su enorme popularidad se había extendido a los investigadores y detectives de la policía. Llegaron a la Argentina en 1901, compraron cuatro mil hectáreas y se establecieron como prósperos ganaderos en Cholila, provincia de Chubut. Un par de años después llegaron a tener 900 cabezas de ganado y cuarenta caballos. Eran respetados por los vecinos y les pagaban puntualmente a sus peones. Hubieran podido vivir como trabajadores medianos. Pero en la Patagonia se aburrían mucho.

Hartos de pasarse el día tarareando "Raindrops keep falling on my head", asaltaron en febrero de 1905 el Banco de Londres y Tarapacá de Río Gallegos, y en diciembre del mismo año el Banco Nación de Villa Mercedes, en San Luis. Cuando las fuerzas del orden concentraron su atención en ellos, desaparecieron, transformándose en mito.

Nadie sabe muy bien dónde y cuándo murieron, si es que en verdad lo han hecho. La versión que sostiene que Sundance y Etta, con el apoyo moral de Butch, concibieron en aquellos tiempos un hijo posteriormente llamado Luciano Benetton para que continuara con sus saqueos carece de todo fundamento.

El origen del hombre

Las grandes llanuras patagónicas también encienden la imaginación de los científicos. Y a veces la encienden tanto que se incendian, puesto que para los hombres de ciencia hay dos grandes peligros: tener muy poca imaginación o tener demasiada. En el primer caso, corren el riesgo de pasarse la vida descubriendo lo que ya ha sido descubierto. En el segundo, pueden llegar a conclusiones aventuradas.

El riesgo del tipo dos se agrava cuando el hombre de ciencia es, además de demasiado arrojado, pertinaz, cuando se enamora de sus propios errores y los sigue más allá del abismo.

Un sabio patagónico, el padre Manuel Jesús Molina, proporcionó, al respecto, abundante motivo de risa a sus colegas de diversas latitudes al asegurar una y otra vez durante el curso de su vida que la vida humana había comenzado en nuestras tierras. Como se sabe, los argentinos nos sentimos de tanto en tanto los mejores del mundo sólo para ahuyentar nuestra tendencia natural a devaluarnos obsesivamente. Creer que aquí estuvo la cuna del hombre ayuda a levantar la autoestima, sin importar qué pudo haber hecho ese hombre cuando llegó a la edad adulta.

Autor de diversos ensayos —*Síntesis de etnogenia chubutense*, *Antiguos pueblos patagónicos y pampeanos* y *El yóshil o mono fueguino*—, Molina fue descripto como genio polifacético. El escritor Bruce Chatwin, que lo entrevistó para su célebre libro sobre la Patagonia, lo describe como "doctor en teología, en teología antropológica y en arqueología, biólogo marino, zoólogo, ingeniero, físico, matemático, genetista y taxidermista" y cuenta que hablaba cuatro lenguas europeas y seis indígenas. Tan excelente currículum fue causa suficiente para que se le pusiera el nombre del sacerdote al museo regional provincial de Río Gallegos, fundado en 1957.

Molina (1904-1979) creyó que había existido "un prohomínido sin cola, con pelo semejante al liquen, de color verde amarillento y unos ochenta centímetros de estatura", y sostuvo que había aparecido antes que el australopithecus africano.

"Existieron monos antropomorfos en los bosques de Tierra del Fuego, los fuegopithecus, que, imitando al hombre, juntaban leña seca y hacían un montón a cuya vera se sentaban, sin atinar a prenderle fuego. En la Argentina aparecen los primeros vestigios de la más remota humanidad", escribió el maestro.

El pasaje citado es bastante críptico, pues si los fuegopithecus eran anteriores a los hombres, ¿cómo podrían haberlos imitado?

Si se trataba de criaturas reales, los fuegopithecus quizás se hayan extinguido por el frío: los inviernos fueguinos son lo suficientemente inclementes como para no perdonar a grupos de individuos que se sientan alrededor de haces de leña apagados. Ni siquiera el calor de una conversación ardorosa amortigua la idea de que a una reunión así y, por extensión, a la especie capaz de organizarla, le faltaba un poco de chispa.

Sería mejor que nos negáramos a ser los descendientes de semejantes tipos.

¡Honor y gratitud al gran Moreno!

La vida y la obra de Francisco Pascasio Moreno prueban que las proezas argentinas son posibles y que sería muy bueno, sería extraordinario, que despertaran el deseo de imitarlas.

Es difícil hablar de Moreno sin excederse con los adjetivos, pero ¿qué tiene de malo admirar a un modelo semejante? ¿No se dice, denigrando al pasar al conjunto de los mayores, que a nuestras nuevas generaciones les faltan modelos? Muy bien, escépticos: aquí tienen uno. En lugar de quejarse y lamentarse despilfarrando saña, ¿por qué no les comentan a esos muchachos extraviados —muchos de los cuales, lamento revelarlo, son vuestros propios hijos— lo que pensó y lo que hizo el Perito?

Al revés que otros próceres de todos los tiempos, Moreno nació rico y murió pobre. También al revés que muchos otros ídolos, Moreno era un científico, geógrafo, negociador y diplomático que sabía muy bien lo que hacía. Cerca del final de su vida, cuando dio una serie de conferencias en Londres presentado por el hijo de Darwin, los naturalistas y geógrafos de Europa coincidieron en que frente a ellos estaba "el gran sabio de la Patagonia".

La infancia del Perito fue, como se dijo, acomodada. Había nacido el 31 de mayo de 1852 y por la casa de su padre, un unitario cuyo segundo nombre, contradictoriamente, era Facundo, pasaban grandes personajes. Un visitante asiduo era Sarmiento, que dejó con la boca abierta al pequeño Francisco, y otro era el sabio alemán Germán Burmeister, quien lo hizo su discípulo, al descubrir que tenía una notable inclinación por la naturaleza y por la ciencia.

Mariquita Sánchez de Thompson, también amiga de la familia, le regaló una estrella de mar disecada para la colección que estaba haciendo el chico. Cuando creció, durante sus viajes al sur, fue incrementando esa colección con fósiles más interesantes que la estrella y con vestigios de antiguas culturas indígenas. Después donó la colección entera al museo de La Plata, que dirigió y que todavía es maravilla del mundo.

Se podría pensar en el Perito, tan bien dispuesto para el estudio, como en un ratón de biblioteca, pero era, en realidad, y su faceta de explorador no le dejaba más salida que serlo, una especie de Indiana Jones de los lagos sureños. Su espectacular huída en balsa por los ríos Collón Curá y Limay, escapando de una muerte segura a manos del cacique Shaihueque, sus cruces de la Cordillera a lomo de mula y su llegada al Nahuel Huapi en carácter de primer hombre blanco venido del este que se topaba con el enorme lago son escenas extraordinarias de esa formidable película de acción que se resisten a llevar a la pantalla nuestros jóvenes genios del cine.

De modo que académico y también hombre de acción. Y una tercera cosa: hombre de pensamiento. Como tenía una mente muy clara, llegó pronto en sus múltiples expediciones al sur a formarse una idea de lo que estaba sucediendo. A grandes trazos, lo que estaba sucediendo era esto:

- los argentinos no teníamos noción de las riquezas espirituales y, sobre todo, materiales, que había en la Patagonia.
- y, lo que es mucho peor, ni siquiera queríamos tenerla.
- en cambio, los chilenos sabían y querían. Está muy bien: nadie puede echarle a otro la culpa de ser inteligente.
- había que conservar y defender esas riquezas argentinas, pero a través de la negociación y la razón, pues la peor locura hubiera sido desatar una guerra con Chile.
- en lugar de maltratar a la población aborigen, había que tenerla como aliada para poblar y aprovechar esos parajes tan escasamente habitados.
- pero, para empezar, por lo menos había que hacer un mapa confiable.

El Perito se tiraba de los pelos cuando cotejaba la cartografía oficial con sus observaciones.

Circula en la República —escribió— una enorme publicación oficial titulada *Atlas de las colonias oficiales de la República Argentina* y en la que figura como primer mapa el de la República Argentina "determinando la ubicación de las colonias nacionales, con arreglo a los ríos, ferrocarriles y puntos principales, confeccionado por el Departamento de Tierras, Colonias y Agricultura, escala 1:3.000.000", mapa que es un descrédito para la oficina que lo publicó y que es el colmo de la deficiencia en materia de geografía oficial. Quienes lo confeccionaron olvidaron que en la Patagonia existen dos grandes ríos que se llaman Santa Cruz y Gallegos, que el Departamento de Tierras... etc., ha aprobado las mensuras del terreno donde debe fundarse la colonia San Martín, la que figura en el plano en medio de un gran blanco; que hay un lago que se llama Nahuel Huapi y que en él nace el río Limay. Etcétera. En cambio, han representado la colonia 16 de Octubre, bañada por el río Chubut, al pie de un enorme cerro que la limita por el sur y La Pampa por el norte, y el río Aluminé desaguando directamente en el Limay...

¿Con qué argumentos se hubieran defendido esos cartógrafos ante los afilados técnicos chilenos en el momento de trazar los límites si no hubiera estado el Perito? "La ignorancia de los argentinos sobre esos territorios era, puede decirse, completa. En cambio, los chilenos —cuenta Moreno— exploraban la región occidental andina (es decir, la Argentina) y adelantaban sus poblaciones en el sur. Tenían en su poder Magallanes y hacían actos de jurisdicción en Santa Cruz, con mengua de nuestros derechos."

En 1897, dos años después de la publicación del desastroso mapa de nuestro Departamento de Tierras... etc., el Perito fue nombrado perito del gobierno argentino para representarlo en la ardua discusión con Chile: un átomo de sensatez en un mar de incoherencias.

Moreno tuvo que actuar como perito en el peor momento de su vida, ya que al viajar a Santiago con su familia sufrió la muerte de Ana María Varela, su esposa. De todas maneras supo imponer su buen sentido. El criterio argentino (bueno: el criterio del Perito) de que la línea divisoria debía ser trazada pensando en las altas cumbres montañosas pudo más que el ambiguo "divorcio de aguas" que defendían los expertos chilenos.

De haber ganado ellos, puesto que un día las aguas van para aquí y otro van para allá, sin decir agua va los hubiéramos tenido muy pronto en el Atlántico.

Fue una enorme victoria para nuestro país. Y lo mejor: sin disparar un tiro, posibilidad que aterraba al Perito. Pero él sabía que no era suficiente el laudo, pues nadie es dueño de algo si no demuestra serlo. En teoría, y dada mi condición de argentino, la Puna de Atacama me pertenece, pero como desconozco el lugar y no parece haber en él indicios de que ninguno de mis antepasados lo haya hollado con las plantas de sus pies, la confederación de escribanos públicos se ha negado hasta hoy, de modo sistemático y terco, a reconocer mi derecho a venderla.

Moreno se desesperaba por que los gobiernos locales se dignaran a intentar que la ocupación fuera efectiva. Escuchémoslo, por favor, de nuevo:

- Si nos fuera dado emplear en caminos de la República sólo el precio del más pequeño de los acorazados de la escuadra argentina, ¡cuánto provecho resultaría para regiones tan ricas y descuidadas!
- Siempre el mismo defecto nacional por todas partes: la desidia y la ignorancia del valor de las tierras en perjuicio del tesoro común.
- Cuando regresé, en 1880, de mi viaje a esas regiones e hice pública su fertilidad, nadie creyó en mis afirmaciones. La rutina decía que la Patagonia era sinónimo de esterilidad, y váyase a fiar uno de entusiasmos de viajeros que dicen lo contrario...
- En la dura guerra a los indígenas se cometieron no pocas injusticias, y con el conocimiento que tengo de lo que pasó entonces declaro que no hubo razón alguna para el aniquilamiento de las indiadas que habitaban el sur del lago Nahuel Huapi, pudiendo decir que si se hubiera procedido con benignidad esas indiadas hubieran sido nuestro gran auxiliar para el aprovechamiento de la Patagonia, como lo es hoy el resto errante que queda de esas tribus, desalojado diariamente por los ubicadores de los "certificados" con que se premió su exterminio.

¡Otra vez Benetton y toda la compañía de grandes terratenientes! Sin ser un bolchevique, pues la reforma agraria de la Unión Soviética todavía no había sido concebida, el Perito trinaba contra ellos.

Lástima grande –decía– es que la forma imprudente en que se ha distribuido la tierra pública no obligue a la colonización inmediata. Las concesiones de grandes áreas serán siempre un desprestigio para el gobierno argentino y una rémora para el progreso del país. Si la distribución de la tierra pública se hubiera hecho en los territorios del sur con el conocimiento previo de esos terrenos, su población actual sería cincuenta veces mayor y ese territorio, una provincia argentina rica y populosa. Pero con estancias de 32 leguas que sólo requieren un hombre por legua para el cuidado de las haciendas, me temo que no prospere rápidamente.

Hay otra gran proeza del Perito: su falta de codicia. Los guías lo repiten en todas las excursiones que salen desde Puerto Pañuelo, en Bariloche: el territorio encantado e inmenso que hoy constituye el Parque Nacional Nahuel Huapi –todo ese territorio– había sido regalado a Moreno por el gobierno en pago de sus servicios en el laudo. En 1903, lo donó para que las autoridades crearan lo que sería el primer parque nacional de la Argentina. Cosa que hicieron las autoridades... 31 años después. En 1934, sin más trámite, quedó formalizada la idea.

Otras perlas de nuestro prócer: fue el creador de los comedores escolares para los chicos pobres de Parque de los Patricios, y renunció de modo indeclinable a su banca de diputado cuando un sagaz colega insinuó en público que no era decente que trabajara al mismo tiempo en la Cámara Baja y en el Consejo Nacional de Educación.

A los 67 años, el 21 de noviembre de 1919, murió el Perito como corresponde a todo argentino inmortal: pobre y olvidado. Pero volverá y será millones. ¡Honor, honor al gran Moreno!

Allá vamos, frío

El 16 de abril de 1986 el presidente Raúl Ricardo Alfonsín hizo un anuncio sensacional en Viedma: ésa sería en el futuro la capital de la Argentina. Ese largo discurso, comparado con los de cualquiera de sus sucesores, fue una pieza maestra de la oratoria: bien redactado, audaz, con hermosas imágenes, con fuerza y con estilo. Fue también el fruto de las ensoñaciones de un estadista a quien alguna vez la historia, quizás en un momento no tan lejano, quizás cuando se le pase el ataque de risa, reconocerá sus innegables méritos.

Como el proyecto tuvo la fuerza inaugural de un terremoto, puede considerárselo otra proeza de la Patagonia, tierra que, como venimos demostrando, puede afectar la mente de las personas en apariencia más centradas y apoderarse de ellas con embrujos y hechizos.

Rara vez una iniciativa presidencial tuvo tan buena suerte como ésta. Excepto por los intentos a la vez cómicos y desesperados de ciertos legisladores provenientes de otros puntos del país que querían llevarse la Capital a su casa, el Congreso de la Nación sancionó muy pronto la ley, sacudiendo su andar cansino. Como demostración de sus reflejos periodísticos, los responsables de los grandes diarios se dedicaron a buscar inmuebles en la zona por entonces denominada La Comarca, tal vez como homenaje a las fantasías del escritor J. R. R. Tolkien, que abarcaba las ciudades vecinas de Viedma y Carmen de Patagones, para instalar sus redacciones, ya que pensaron que antes de que cantara el gallo los tres poderes del Estado se constituirían en ese punto y que, por lo tanto, nacerían allí casi todas las noticias argentinas.

Por supuesto, en virtud de las leyes del mercado, los precios de las propiedades se duplicaron rápidamente.

El traslado ya estaba resuelto. Contó, incluso con bendición del Papa. El 7 de abril de 1987, Juan Pablo II festejó el acontecimiento *in situ*. "Dad gracias a Dios por los valores y tradiciones de vuestra cultura y esforzaos en promoverla", dijo a los fieles, que creían haber ganado la lotería. El Papa se paseó por Viedma en Papamóvil y recibió como regalo la réplica de una carreta confeccionada con fósforos por presos de la cárcel viedmense y una imagen de la Virgen Misionera de Río Negro tallada por el escultor Atilio Morosín, de Cipolletti. Todo fue un éxito, salvo el detalle de que no pasó nada. Ni una casilla de vigilante se construyó, ni una cucha para el perro del jefe de Gabinete. No se instalaron peluquerías para plancharles las pelucas a los jueces ni nuevas florerías para el ramo de orquídeas de la primera dama. El Café del Lobbista, primera institución en toda sede de organismos parlamentarios, jamás abrió sus puertas. Los vendedores de pochoclo, manzanas acarameladas, nieve de azúcar y boletines oficiales esperaron bajo la lluvia en vano el aluvión de compradores. Sin que mediara una palabra, la Gran Oportunidad pasó de largo.

Pero volvamos al discurso de Alfonsín, obra que maravilla a estudiantes de ciencias políticas de todo el mundo (puede encontrarse completo, por ejemplo, en el sitio de Internet de la Universidad de Texas), y detengámonos en ciertas frases y pasajes, interrumpidos por comentarios entre paréntesis de los que este autor no supo privarse.

- Los argentinos debemos ser pioneros. Debemos marchar hacia nuevas metas con cantos de pioneros (sugerimos "Rumbo a Siberia mañana saldrá la caravana").
- Es indispensable crecer hacia el sur, hacia el mar y hacia el frío (por eso los que crecen hacia zonas templadas son enanos. A propósito: ¿cómo se crece "hacia"?).
- Ya no alcanza la idea de una Argentina fluvial, sino que es necesario ir a la búsqueda de la Argentina oceánica (allá vamos, Neptuno).
- Ninguna capital está situada más allá del paralelo que marca la desembocadura del río Negro. Es más: al sur de esa línea no existe tierra continental alguna y Viedma pasaría a ser la capital más austral del mundo, con la única excepción de Wellington, Nueva Zelanda (¿cuál sería la más austral, Wellington o Viedma?).
- En las últimas décadas, el hombre ha avanzado en forma vertical dentro de ciudades inmensas. Ha llegado el tiempo de un avance horizontal (muy bien, entonces: todos a la cama).
- Esta nueva dimensión volverá a producir gente que conoce el color de los ojos de su prójimo y la manera de dar la mano (por las dudas, los míos son verdes y doy la mano estrechando la de la persona a la que estoy saludando con los cinco dedos y agitándola repetidamente de arriba abajo).
- La transformación que iniciamos y que tiene como marco de referencia a la Patagonia, no responde de ninguna manera a una improvisación.

No, no era de ningún modo una improvisación. Había un plan. Para seguir con las mismas delicadas imágenes del orador, estaba todo fríamente calculado.

Como éste es un libro de autoayuda, ha llegado la hora de preguntarse si sirven para algo estas historias o si, en lugar de poner al que las lee en movimiento, de inundarlo de fe y de inducirlo a la acción entusiasta, tienden más bien a hacerle creer que todo puede ser un fracaso.

Mirando siempre la parte llena del vaso, éstas son las lecciones que los aspirantes a héroes deberían memorizar si es que quieren llegar a alguna parte:

- En caso de que la vida te coloque a la cabeza de un grupo que tenga que desarrollar cualquier misión o cumplir un objetivo cualquiera, evita por todos los medios que te llamen El Desesperado.
- Si bien la Ciudad de los Césares es imaginaria, no estaría mal que el primero que diera con ella tocara la campana.
- Si eres pingüino, estás ocasionalmente a cargo de la presidencia de la Nación y ves venir por la vereda opuesta al comandante Piedrabuena con un palo, ocúltate con todo sigilo bajo las palmeras de la Plaza de Mayo.
- Hazte siempre un chequeo médico antes de emprender viaje para asumir la posesión de un reino en tierras lejanas.
- Si quieres imitar a Butch Cassidy, evita las canciones de Burt Bacharach.
- Del mismo modo, evita expresar en voz alta tus convicciones íntimas, como lo hacía el padre Molina, sobre todo si son demasiado originales.
- Si vas al sur, sácate el sombrero cuando pases frente al islote Centinela, donde descansan los restos del Perito.
- Establécete en Viedma: ya verás que la profecía de Alfonsín se cumplirá de todos modos, tal vez incluso antes de la consagración del Antipapa.

PROEZAS DE QUIRÓFANO: LOS FINOCHIETTO

Las pincitas de Enrique y Ricardo

La contraseña que abre la puerta del club de los cirujanos argentinos es "Finochietto". Cuando un socio del club pronuncia esta palabra, uno no sabe si se refiere a Dios, es decir al doctor Enrique Finochietto, o a su mesías, es decir, a su hermano menor, el doctor Ricardo Finochietto, pues, como ocurre en todas las religiones, con el tiempo los fieles funden en una sola las manifestaciones del Ser Supremo, generalmente reservado y enigmático, y de su delegado en la Tierra, más comunicativo y con la cruz al hombro.

Cualquiera de los otros grandes cirujanos argentinos –Alejandro Posadas, Ignacio Pirovano, Alejandro Castro, Pedro Chutro, René Favaloro, Marcelino Herrera Vegas, David Prando, Andrés Veppo– podría completar esta Santísima Trinidad del Bisturí, pero, puesto que no me he decidido por ninguno, he preferido dejar vacante el papel del Espíritu Santo, aun con el riesgo que implica un acto de cirugía mayor de semejante naturaleza.

Los divinos hermanos del quirófano entraron en nuestro panteón de proezas argentinas, con la asignación de roles indicada, curiosamente sin hacer demasiada fuerza, sin que se hiciera necesario apretar, presionar, mutilar, amputar, aplicar suero, practicar incisiones ni dejar a la vista órganos que es mejor no exponer a los rayos del sol. Entraron como una revelación, cuando Ricardo bajó del monte Sinaí y en lugar de venir con las tablas de la ley llegó con las pincitas del doctor Finochietto.

Enrique fue, verdaderamente, un creador. Desde muy pequeño pugnaron en él dos inclinaciones: la ciencia y el arte. En la escuela, a sus maestros les llamaban la atención sus maravillosos bocetos del cuerpo humano, y no menos les sorprendía el detalle con que el pequeño dibujaba músculos y venas en un todo ajustados a los reales.

Al crecer, Enrique fue perfeccionando la reproducción de los músculos y las arterias y, lamentablemente, fue dejando en segundo plano todo lo relativo a la emoción. El brillo peculiar de una mirada, una sonrisa de trasfondo amargo, expresiones de significados sutiles le interesaban menos que la intrincada ruta del intestino grueso y la luz que se asoma por la boca del píloro.

Pero no quiso limitarse a la reproducción de accidentes anatómicos por entonces ya suficientemente conocidos y se valió del lápiz y el papel para diseñar instrumentos de los que pudiera asirse para que aquellos accidentes, aun en el caso de resultar fatales, tuvieran el marco tecnológico correspondiente al siglo en que vivía.

Más grande, ya en plena posesión de los secretos de la medicina y del dibujo técnico, Enrique Finochietto inventó una enorme cantidad de aparatos cuya sola mención aún hace que se nublen, emocionados, los ojos de los científicos del mundo y que también se nublen, pero por efecto del temor y del llanto, los ojos de quienes piensan que un cirujano no es, en el fondo, más que un desollador que ha sublimado sus instintos.

Este cruce de lágrimas provenientes de fuentes distintas es el que ocurre cada vez que un profano se encuentra cara a cara con un calificado sacerdote del culto finochiettista, como fue el caso del encuentro entre el autor de este libro y el doctor René Hirsig.

Hirsig conserva en su casa de la localidad bonaerense de Boulogne muchos de los instrumentos originales de Enrique Finochietto. Como no hay, aunque parezca increíble, un museo debidamente organizado para exhibir las piezas, Hirsig asumió la misión de cuidarlas, de apartarlas con celo de las miradas codiciosas y de exhibirlas como tesoros sólo cuando la ocasión lo amerita. Blande las herramientas con ternura, y quien las ve calcula sobre su propio cuerpo las consecuencias que podría tener una demostración de su funcionamiento.

El visitante, más por alejarlas de su anfitrión que por curiosidad legítima, toma en sus manos una a una y deposita después en un rincón oscuro las pincitas del doctor Finochietto.

Estas son diez de sus principales creaciones:

- **Separador intercostal a cremallera:** también llamado "Embajador". Sirve para separar y mantener separadas a la distancia que el cirujano necesite las paredes del tórax. De modo terrorífico, se asemeja a los críquets usados para levantar el auto cuando se le cambian las ruedas. Hirsig explica que antes de este genial invento, cuando había que operar un pulmón o un corazón, aquí y en cualquier otra parte del planeta, se requería la asistencia de un enfermero musculoso para mantenerle al enfermo el pecho bien abierto.

Se trataba de un sistema horrible, porque "los ayudantes se cansaban" y eso era un peligro, no tanto para el paciente, que de todas maneras ya estaba un ochenta por ciento muerto al entrar en la sala de operaciones, como para el cirujano, puesto que las paredes del tórax tendían siempre a cerrarse sobre sus manos con la fuerza de una guillotina.

- **Separador cuña:** se usaba con similar propósito que el anterior, pero para situaciones de extrema urgencia. En esos casos, no hay tiempo que perder en engranajes sofisticados. Se abre al paciente en dos de un cuchillazo y con la violencia que su contextura física requiera se aplica la metálica cuña de Finochietto para evitar el efecto trampa y se permite así que la mano del médico llegue hasta lo más íntimo de la persona y bombee con fuerza el corazón perezoso o hastiado de vivir, instándolo a ponerse nuevamente en marcha.
- **Pinza de doble utilidad:** en sus extremos, curvos, hay como ojos de aguja. Allí se pueden enhebrar los hilos para la sutura. La otra utilidad es que, al cerrarla, sirve para hacer hemostasia, o sea, para "cohibir el paso de la sangre". Viene en tres prácticos tamaños: 20, 25 y 30 centímetros de largo.
- **Clamp Finochietto:** es una pinza especialmente diseñada para suturar el intestino grueso cada vez que, por razones de fuerza mayor, sea preciso reducirlo un tanto.
- **Separador horquilla de Finochietto:** es éste un instrumento más delicado y estilizado. Luce en la colección como una garza entre decenas de horribles marabúes, y su elegancia se debe a que ha sido creado para separar los pedículos de la glándula tiroidea. Para trabajar en esa parte del cuerpo no sirven objetos contundentes: para un espectador inocente, el separador horquilla es algo similar a un tenedor bastante largo y fino, con dientes de dimensión diversa en los dos extremos.
- **Punzón de Finochietto:** una herramienta de sentido diametralmente opuesto al separador intercostal. Una vez realizada la operación, sirve

para instar a las dos partes del pecho a que vuelvan a unirse, lo que no es tan sencillo como parece, una vez que han tomado distancia.
- **Cánula para venas:** instrumento metálico con el que, por primera vez, se pudo suministrar suero por goteo a los enfermos.
- **Frontolux:** sistema de iluminación que permite al cirujano enfocar con precisión la herida que él mismo ha infligido y hacer, con la mejor visión, todo lo posible para repararla. Como se trata de un casco similar al que usan los operarios de las minas, el Frontolux dio lugar en su momento a gran número de observaciones intencionadas sobre las semejanzas entre las profesiones de minero y cirujano.
- **Laminador intestinal de nueve elementos:** complejo *set* que constituye, según los entendidos, un prodigio de concepción instrumental. Cuenta el doctor Julio V. Uriburu que cierta vez, acompañado por Eduardo Mariño, visitó a Enrique, que estaba internado en el hospital por una indisposición pasajera. Tras explicar su funcionamiento, Finochietto le entregó a Mariño el laminador intestinal para que lo examinara. "Este, sin decir palabra, se dedicó a desarmarlo pieza por pieza. Primero con fingida seriedad y luego imitando el ademán del payaso que reparte golosinas en el circo, comenzó a arrojar las innumerables piezas, desparramándolas sobre la cama. Al fin, gritó, con su alegre vozarrón: '¡Tomá, Enrique, armalo vos ahora, si podés!'. Pocas veces lo he visto reírse tanto a Finochietto."
- **Mesa quirúrgica móvil:** antes de Finochietto, las operaciones se hacían sobre mesas o camillas rígidas. Dicen que, accidentado el decano de la Facultad de Medicina, el doctor Iribarne, llegó al quirófano del doctor Enrique en situación desesperante. Las múltiples fracturas y heridas le hicieron muy difícil al cirujano ubicar al paciente en la mesa sin lastimarlo todavía más, e Iribarne se murió. Tiempo después, Finochietto llamó a su colega Mariano Castex para mostrarle su nuevo invento: una mesa ortopédica que permitía ubicar a los enfermos, sin movimientos bruscos, en todas las posiciones posibles. "Esto lo hizo usted para Iribarne", dijo Castex. "Es verdad. No pude dormir tranquilo hasta terminarlo", le contestó Enrique Finochietto.

Nadie, ni el propio doctor, hizo jamás un catálogo completo de sus centenares de piezas y elementos para cirugía, diseñados con la obsesión de lo perfecto. Muchos de los instrumentos, explicados y detallados en excelentes croquis y dibujos sobre papel milimetrado, no llegaron a realizarse industrialmente. Otros figuran todavía en los catálogos más consultados del mundo, con el nombre del autor al lado de pincitas que, más de medio siglo después, no han sido superadas.

Según lo que sugieren sus biógrafos, Enrique nació en Buenos Aires el 13 de marzo de 1881 con una edad mental ya en el momento de llegar al mundo bastante adulta y con un grado de madurez avanzado para lo que se espera de un lactante.

En la Facultad de Medicina, su gran maestro, Marcelino Herrera Vegas, lo definió como un joven de características diametralmente opuestas a las que por lo general se advierten en quienes pasan por esa edad alocada.

"Lo conocí –dijo Herrera Vegas– en el umbral de su juventud, cuando apenas escaso y sedoso bozo apuntaba sobre su sonrosado labio. Suave en su expresión, de modales finos, prefería convencer antes que tratar de imponer sus ideas por la violencia. Era tranquilo, de modales distinguidos y correcto en el vestir. Por encima de todo, tenía el concepto del cumplimiento del deber".

El doctor Finochietto le tomó los elogios al pie de la letra y acuñó un lema que repitió miles de veces a lo largo de su vida: "Sólo cumple con su deber quien va más allá de su obligación".

Para cumplir con la norma que él mismo se había impuesto, ni bien se recibió se encapsuló en el hospital Rawson, indisolublemente atado para siempre a su memoria. Crearon para él el cargo de médico interno *ad honorem*. Finochietto fue durante dos años el único médico interno del Rawson. No faltó durante todo ese tiempo ni sábados ni domingos ni feriados. Se pasaba semanas enteras sin siquiera salir del hospital.

Viajó a Europa para perfeccionarse, de 1906 a 1909. Volvería al Viejo Continente, también en carácter misional, pocos años después, con la Primera Guerra Mundial. Tenía, por entonces, 33, cuando se hizo cargo del Hospital Argentino en París con tal empeño y obsesión que los franceses casi no tuvieron más remedio que condecorarlo por duplicado, con la Medalla de la Guerra y el grado de oficial de la Legión de Honor.

Este santo, este dios de la medicina nacional, era, no obstante, un ser humano y, al parecer, regresó triunfalmente de Europa con una clásica enfermedad venérea para la que aún no había cura y que lo habría acompañado, crónica y fiel, hasta su prematura muerte, ocurrida a los 67 años, en 1948, después de largos sufrimientos.

No es oficial, pero se dice también que fue la sífilis la causa que lo indujo a renunciar al casamiento.

Después de aquellos arrebatos europeos, no volvió a perder el mayor de los Finochietto su austero instinto del deber, ni aun en los momentos de recreación y esparcimiento, pese a que le gustaba, es verdad, tirar una canita al aire en los templos de la noche porteña y lo atraía mucho la música de la ciudad en la que había nacido.

Una noche, en el mítico Chantecler, disfrutaba en muy buena compañía con la orquesta de su amigo Julio De Caro cuando entró en el salón un hombre cuyo traje raído lo distinguía, en cierto modo, respecto de una abrumadora mayoría de smokings brillantes. Otro tanguero legendario, Oscar Vaccarezza, relató más tarde que aquel intruso, a quien él conocía de vista, estaba desesperado porque se le moría la mujer. Casi no tuvo tiempo Vaccarezza de explicarle a Finochietto lo que pasaba: éste se levantó de la silla, acompañó al desesperado a su casa, hizo internar a la mujer en el hospital Posadas, la operó esa misma madrugada y, naturalmente, le salvó la vida sin cobrarle un centavo.

Cuando volvió al Chantecler, un par de noches después, De Caro le tenía preparada una sorpresa. Con el letrista Juan Carlos Marambio Catán, le había compuesto un tango, conmovido por la actitud del doctor Finochietto. Se llama "Buen amigo", y éstos son sus versos:

En las buenas o en las malas,
triunfante, de pie o vencido,
la mano del buen amigo
se tiende, cordial y buena.
Consuelo en la dura pena,
aliento en la amarga vida...
Si adoré a mi madre en vida
también cultivé amistades.

Si alguna vez me ves rodar
tu mano firme y fiel

me alzará, fraternal.
Tu corazón noble, sin par,
está vibrando al son
del violín dormilón.

En los riscos del camino
mil veces lloré vencido,
mil veces fui malherido,
sangrando en la dura huella.
De pronto, alumbró una estrella.
Tu mano me dio la vida.
Se cerraron mis heridas
al soplo de tu bondad.

Mil veces caído, sentí desmayar,
mil veces tu mano me diste al pasar.
Hermano fiel, en mi orfandad
tu mano firme y noble floreció en amistad.
El tiempo cruel no ha de borrar
jamás tu fiel recuerdo,
buen amigo leal.

La prisa con que fue compuesto y la belleza de la situación descripta son buenas razones para disimular las deficiencias métricas de la composición. Por cierto, la alusión al "violín dormilón" fue todo un acto de modestia de De Caro, que era, para decir la verdad, un violinista formidable. Todos los otros datos del texto eran ciertos: detrás de su silencio y su formalidad, nuestro héroe era a la vez una persona solidaria y generosa.

Claro: más allá de las pinzas, su obra de cirujano se hubiera diluido con los años. No es que la cirugía sea una especialidad que no deja huellas. Diría que más bien ocurre todo lo contrario. Pero la labor del maestro del bisturí tiende a desaparecer con la muerte de su beneficiado, que ocurre de modo indefectible, bien sea en el acto y dentro del quirófano, bien sea varias décadas más tarde, en la tranquilidad del lecho.

Sin embargo, la obra de Finochietto perduró, porque su autor la eternizó en un método: ¡el famoso método Finochietto!

Para decirlo en términos profanos, consistía en prever hasta el último detalle lo que ocurriría durante la operación y en actuar en el momento de la verdad con la fría eficiencia del autómata que no está programado para fallar, dejando el mínimo margen indispensable para la improvisación frente a las circunstancias inesperadas.

Abrir por las dudas, para ver qué pasa, era algo que Finochietto detestaba. Cuando abría era porque la suerte estaba echada.

Con su hermano Ricardo, trató de inmortalizar su método en una colección de libros que llevaban por título *Técnica quirúrgica* y que debió haber constado de 16 volúmenes. Sólo alcanzaron a escribir once, pero bastante gruesos. Por supuesto, los cirujanos de hoy los siguen consultando a menudo.

Ricardo Finochietto, el mesías, impuso entre sus múltiples discípulos los diez mandamientos de su hermano, que debían ser observados, respetados y recitados, según señala el profesor doctor Eduardo A. Zancolli, "a modo de catecismo".

Los diez mandamientos de Finochietto eran:

1) Darás a tus enfermos la mejor asistencia.
2) No perderás tu autoridad médica mientras sepas merecerla.
3) Mantendrás conducta intachable y dedicación constante.
4) Cumplirás estrictamente las horas de trabajo.
5) Harás prácticas de anatomía y cirugía experimental.
6) Aprenderás idiomas.
7) No dejarás de seguir las técnicas escritas.
8) Será importante viajar al extranjero y visitar otros servicios.
9) Cuidarás la mística por amor al prójimo y por espíritu de sacrificio y te despojarás de toda soberbia.
10) No deberás sentirte imprescindible, ya que cualquiera de tus compañeros ya formado podrá reemplazarte.

A pesar de que repetía como un credo este último versículo, Ricardo se sentía irreemplazable, impresión que toda la gente tiene sobre sí misma, pero que, en su caso, estaba fundada en argumentos sólidos. Aun hoy los colegas que llegaron a conocerlo, como el ya mencionado Hirsig, sostienen que Ricardo Finochietto era de verdad irreemplazable.

Pero tenía un carácter muy distinto al de su hermano. A propósito: por una extraña razón, Enrique había tratado de desalentar a Ricardo, siete años menor, en su decisión de seguirle los pasos. Cuando, pese a su oposición fraternal, se puso a estudiar medicina y le llevó la nota que había obtenido en el examen de Anatomía General, un 8, parece que Enrique lo ridiculizó: "¡Bah! –le dijo–, ¡un ocho no es nada más que un cero arriba de otro cero!". Tal vez fue eso lo que llevó a Ricardo a endurecerse tanto.

Cuenta Uriburu que –ya en el Rawson, pegado a su hermano, y casi tan famoso como él– Ricardo imponía a sus alumnos una férrea disciplina: prácticas de anatomía, ejercicios de técnica quirúrgica en perros, por las noches, turnos semanales de anestesia, horarios que llegaban hasta la madrugada, reuniones sabatinas para que los médicos expusieran sus casos más difíciles, obligación de lavarse las manos durante no menos de quince minutos antes de cada intervención y a pesar de usar guantes y obligación de presentar por escrito una descripción de todas las decisiones que se habían tomado en el quirófano eran normas que ningún discípulo se animaba a quebrantar, porque la represalia podía ser muy dura.

"Cierto es que era de temperamento difícil, y aquí arreciaron las críticas: que era hosco, violento, brusco, propenso a expresiones intempestivas y extemporáneas para con sus ayudantes. Pero se olvidaban de añadir la contrapartida buena: su capacidad formidable", dice el doctor Uriburu, quien admite que, a diferencia de lo que sentía cuando estaba frente a Enrique, si se quedaba a solas con Ricardo no podía evitar que un ligero temblor le tomara las piernas y los brazos.

Al gran maestro Ricardo, celebridad de celebridades, le gustaba el poder. Lo tuvo y lo perdió, y entonces comenzaron sus desgracias.

La historia es ésta: en los primeros tiempos de Perón, Ricardo era un gorila, en el sentido pintoresco que los peronistas le han dado a esta palabra. Cierta vez, durante una visita de Evita al hospital, la hizo objeto de un feo desplante. Enterado del episodio, el general lo convocó a la Casa Rosada, pero no para amenazar o castigar al genio de la medicina mundial que tenía adelante, sino para conquistarlo.

"¿Cómo está usted, maestro?", lo recibió Perón. ¡Era muy zalamero el Viejo, y no tardó en ganárselo y colmarlo de halagos! Así fue como, después de haberla destratado, Ricardo llegó a ser médico de cabecera de Evita. Y más aún: fue él quien puso en las manos de la muerta el rosario de plata regalado por el papa Pío XII en 1947, durante la visita de la señora al Vaticano.

Como no hay nada que disguste más a los integrantes de una etnia que la traición a la especie, llegada la Revolución Libertadora, en 1955, los gorilas se vengaron. Y lo hicieron en forma, prohibiéndole a Ricardo Finochietto la entrada al hospital Rawson, despojándolo de su cátedra en la facultad y condenándolo a un ostracismo para el que la historia de la medicina universal todavía no encuentra justificaciones.

Marginado de los ámbitos académicos, el gran Ricardo se vio obligado a dar sus clases magistrales no en el teatro de sus magníficas operaciones sino en el teatro Candilejas, epicentro de la comedia porteña de su época. Es verdad: expulsado de la academia, Ricardo Finochietto transmitía sus vastísimos conocimientos desde el escenario, una vez terminado el vodevil y antes de que comenzara el sainete.

Hasta 1965, el año de su muerte, la vida dejó de sonreírle. Los cirujanos que hasta el día de la fecha no dejan de admirarlo susurran que Ricardo, casado con Delia Artola, adoptó un hijo que no siguió en todos los aspectos los parámetros de conducta a los que se había abrazado su padre.

No es para escandalizar a nadie: la medicina no es una ciencia exacta.

Llegó la hora de sacar conclusiones y, en lo posible, de sacarlas con pinzas. Como hemos visto, los hermanos Finochietto han sido autores de proezas dignas de emular, pero con las debidas precauciones y el debido cuidado.

No estaría bien que el lector se precipitara sobre las primeras tijeras o sobre el primer cuchillo de cocina que estuviera al alcance de su mano, pero sí que reflexionara sobre las siguientes virtudes y que, sin lastimar a nadie, ni humano ni animal, tratara de imitarlas:

- **La pasión:** dedicaos en cuerpo y en alma a lo que más os gusta, dice el Evangelio según Finochietto. No temáis: la sulfamida y la penicilina ya hace muchos años que han sido inventadas.
- **La contracción al trabajo:** nada rinde más frutos que la constancia.
- **El ingenio:** ved una oportunidad de deslumbrar al mundo con tu inteligencia allí donde los demás ven solamente una dificultad insuperable.

- **El amor fraternal:** amad a vuestro hermano más chico aunque presientas que pretende opacarte. Si lo estimulas con mil sobornos y lisonjas, probablemente desistirá de su intención. En cambio, si te le enfrentas, no se dará tregua hasta que te haya superado.
- **La solidaridad:** si aceptáis sacrificaros noche y día por los demás, se os brindará como recompensa un tango incantable.
- **La salud del espíritu:** cultivad la templanza y la calma, con el fin de evitar el odio de tus biógrafos, que es, entre todos los odios, seguramente el más temible.
- **La salud física:** comed sano y acostaos temprano. No olvidéis que el hospital tiene las luces encendidas y que a cualquier hora puede haber un cirujano de guardia.

PROEZAS DEL ASFALTO: EL COLECTIVO

Bondis versus el diablo inglés

Antes de la Segunda Guerra, el imperio británico sufrió su primera pesadilla: los colectivos argentinos. Si bien correspondió a Hitler, autor de la pesadilla número dos, la dudosa hazaña de haber terminado con la influencia que tuvo hasta entonces en el mundo la Corona inglesa, aquel triunfo se opacó por su final más bien ruinoso: los Estados Unidos se quedaron con el imperio.

En cambio, la proeza de nuestros colectiveros fue más perdurable. La una vez todopoderosa Compañía Anglo Argentina de Transportes desapareció y en su lugar reinan todavía, varias décadas después, nuestros gloriosos combatientes del bondi.

Hitler perdió el volante, el acelerador y la palanca de cambios. Nuestros colectiveros todavía los conservan.

La victoria de aquellos modestos empresarios argentinos sobre el demonio inglés tuvo ribetes de heroísmo, pero ésa fue sólo una de las grandes proezas relacionadas con el asunto que evocamos. Los colectivos que supimos conseguir son motivo de orgullo por muchas otras razones, incluso por ese folklore anticolectivero que le dio pie al ingenio popular para componer bromas contra quienes nos hacen viajar, como decía Eladia Blázquez, "más aplastados que una sardina".

Pero hay una proeza que, por más que se repite mucho, no es del todo cierta: la de que el colectivo es un invento argentino. Entre las pruebas documentales contra esa fábula hay una irrefutable: aquí comenzaron a andar regularmente en septiembre de 1928, pero en los Estados Unidos, en la ciudad de Los Ángeles, los colectivos existían desde el 1° de julio de 1914. Eran, como los nuestros, taxis más tarde carrozados que cubrían un recorrido fijo por el valor de un *jitney*, es decir, una monedita de cinco centavos de dólar. Así, como la monedita, *jitneys*, se llamaron los colectivos de Los Ángeles.

Aunque tuvieran razón historiadores como don Ismael Helio Rodríguez y en verdad haya habido intentos locales anteriores, en Avellaneda, con base en la plaza Mitre, en 1922, los yanquis nos habrían sacado ocho años de ventaja, así que habría que desistir caballerescamente del reclamo.

Es cierto que nuestros colectivos llegaron segundos cronológicamente, pero nadie nos quita el primer lugar en calidad: ni por asomo aquellos *jitneys* fueron tan bellos, tan barrocos, tan delicadamente ornamentados, tan representativos del alma y de la cultura populares como lo fueron los colectivos porteños.

En sus buenos tiempos, un colectivo como la gente debía tener, entre otros chiches:

- pipas o terminales de bronce para los pasamanos.
- flechas indicadoras de dirección, debidamente pintadas.
- portaesponjas, en los que el chofer humedecía sus dedos para contar los billetes que le daban.
- monederos cromados.
- boleteras, algunas de dos pisos, de las que emergían mágicamente boletos capicúas.
- cajas metálicas para billetes.
- tapas de guantera adornadas con paisajes o con vírgenes y santos.
- escarpines colgando del espejito retrovisor.
- defensas cromadas sobre las parrillas (crecieron tanto y con tal fantasía que las prohibieron porque ocupaban toda la acera).
- perillas luminosas en la palanca de cambios.
- artísticos filetes a los costados, dando vuelo a los nombres de las carrocerías (El Halcón, La Favorita, Velox) o floreando consignas poéticas del tipo: "Lo mejor que hizo la vieja es el nene que maneja".
- flores de lis.
- guías oscilantes de acrílico, rojas o verdes, que iban sobre los guardabarros y que también se iluminaban, en la década del 40.
- dados metálicos con luces.
- conejos de metal para el capot.
- también para el capot: unicornios de cuerno rojo, estrellas con lanzas, una dama desnuda con alas, jinetes que enarbolaban lanzas tan largas

que hubo que reglamentar su dimensión porque pinchaban a los peatones que cruzaban la calle.
- farolitos para el techo.
- bocinas de pera.
- un Lucifer haciendo pito catalán.
- lagartijas.
- indicadores de ramales que se cambiaban manualmente.
- floreros con flores de verdad sobre el tablero.

Semejante explosión de fantasía había empezado por necesidad. En 1928 sólo los ricos tomaban taxi, y los taxistas estaban muchísimo más aburridos que ahora. "Había una mishiadura de órdago. No se levantaba un pasajero ni por equivocación. Entonces, yo había visto que los domingos Felipe Quintana, a quien llamaban 'Canario', hacía viajes al hipódromo cargando varios pasajeros a cincuenta centavos cada uno. Fue allí cuando se me ocurrió…", contó el "inventor" del colectivo, Manuel Rosendo Pazos, nacido en el seno de una familia humilde, en 1900, y muerto en Catamarca, en junio de 1975, sin haber mejorado sustancialmente su nivel de consumo, ya que, desde un punto de vista material, su creación fue para él bastante neutra.

Pazos se asoció con siete colegas y fundó la Línea 1. Los primeros autos-colectivos fueron de Lacarra y Rivadavia hasta Plaza Flores y después se aventuraron hasta Primera Junta.

Llevaban cuatro pasajeros atrás (¡ah, aquellos coches de principios del siglo XX eran tan anchos!) y uno al lado del conductor, más dos en los así llamados "transportines". Pese a que la empresa publicaba pequeños anuncios en los diarios, la promoción más rendidora era la que se hacía a garganta pelada: "¡A Flores, por diez centavos! ¡A Primera Junta, por veinte!", voceaban los choferes. Al regresar a casa, sus esposas los esperaban con una jarra de leche tibia mezclada con desinfectante y cognac, poco atractiva al paladar pero muy buena para hacer gárgaras.

La autoridad observó el fenómeno de los colectivos con simpatía inversamente proporcional a su expansión, que fue, por otro lado, rapidísima. "La policía no nos quería –relató Rogelio Fernández, uno de los primeros siete colectiveros–. Una vez uno de los nuestros chocó contra un camión de mudanzas y se le cayó un ropero encima. Fue a denunciar el caso a la comisaría y cuando le preguntaron contra qué había chocado, respondió la verdad: contra un ropero. Lo metieron preso por insolente..."

Había todo tipo de problemas en los trámites para obtener la habilitación municipal. Entre muchísimos otros casos, las crónicas de la época destacaban el del chofer Luis Grau, a quien le rechazaban sistemáticamente el permiso. Cuando, ya harto, preguntó por qué, le dieron una respuesta ofensiva: "Porque su vehículo es un adefesio, mal construido, además de elemental y casero".

¿Pobres colectiveros? En realidad no tan pobres, porque el negocio se iba volviendo suculento. Tanto, que la poderosa The Anglo Argentine Tramways Company Limited comenzó a llenarle la cabeza al intendente y éste –que ya la tenía bastante llena– se tomó muy en serio la denuncia, que fue por "competencia desleal". Los británicos argumentaron que los colectivos, al eliminar la necesidad de guardas, tenían costos más bajos que los tranvías, y también hicieron gala de una sensibilidad social que no habían mostrado con sus propios operarios, que en ese mismo instante se quejaban de que en la Compañía se trabajaba "sin reglamentación y sin salario establecido ni equitativo".

No importa: de la boca para afuera, los británicos adujeron que si se les daba cuerda a los colectiveros llegaría "el fantasma de la desocupación".

The Anglo Argentine Tramways Company Limited había sido fundada en Londres el 22 de diciembre de 1876. Enseguida compró Tramway Argentino, creada por Mariano Billinghurst en 1870. Parece una obviedad decirlo, pero todavía los tranvías eran a caballo. A dos caballos por cabeza, para más datos. El primer tranvía eléctrico surcó las calles de Buenos Aires recién el 22 de abril de 1897, yendo de Plaza Italia a Las Heras y Canning: la tecnología se imponía... en un trayecto de seis cuadras.

The Anglo... etcétera también se quedó con las otras empresas nacionales (había varias y los nombres de todas comenzaban con la palabra "*tramway*": Buenos Aires y Belgrano, La Capital, Gran Nacional y Metropolitano), entre 1897 y 1905. Además de desplazarse en tren, el monopolio inglés también viajaba en colectivo a lo largo y a lo ancho de los cien barrios porteños. Había unos pocos ómnibus dando vueltas, pero no resultaban gran cosa como competencia: tarde o temprano, también serían ingleses.

Pero ¡qué bella es la eterna lucha de los pequeños contra los poderosos, en la que siempre se imponen los pequeños hasta que crecen, se vuelven poderosos y deben enfrentarse con otros más pequeños, que también crecerán y tendrán que enfrentarse a su vez con otros tan pequeños que ni siquiera han nacido todavía!

Nuestros heroicos colectiveros no se amedrentaron. Fueron inteligentes: sabían que llevaban las de ganar en la práctica, en esa universidad de la calle nunca más literal que cuando sirve a señores como los colectiveros, pero también quisieron ganar en la teoría, y fundaron entonces su propia tribuna de doctrina. Que fue un diario o revista que se tituló, ya que no valía la pena extremar el ingenio, *El auto colectivo*, y cuyo primer número apareció en 1932.

Desde allí –¿por qué no?– se libró la batalla en el plano ideológico. Veamos cómo quemaban y fulguraban aquellas plumas de *El auto colectivo*:

> Hay gente que se devana los sesos por encontrar argumentos contra el transporte de pasajeros en automóvil colectivo. Las peculiaridades del sistema de organización –que, al permitir exclusivamente integrar las líneas a los poseedores de una herramienta de trabajo, impide la trustificación– han desatado las furias de las empresas contra este medio de transporte que escapa a su control discrecional. El colectivo es un sistema que se caracteriza por su rapidez dentro del horario de la línea y que es doblemente útil e interesante a los ancianos y señoras que huyen de los apretujones y de las impaciencias de los que no detienen ni por favor el vehículo para que suban y bajen los pasajeros. Hoy mismo, a pesar de todas las medidas y providencias adoptadas, que ciertamente no se cumplen, el famoso "un pasito más adelante", "póngase de costado", etcétera, es en los tranvías el parlamento musicalizado con interjecciones que acompaña a los viajeros, que viajan como pueden. Además, está la cuestión de las tarifas...

Las tarifas eran un poquito más baratas en el colectivo que en los tranvías, pero muy poquito. La comodidad, sí, era muy superior, porque en el colectivo al principio todos viajaban sentados. Pero no pasaría mucho tiempo hasta que los colectiveros también invitaran a sus pasajeros a correrse al interior, y hay que aceptar que no lo hacían ni lo hacen en francés ni con muchos remilgos.

Muy pronto los primitivos taxis tuvieron que ser agrandados, para satisfacer la demanda creciente y hacer más rentables los viajes. Así nació otra proeza del colectivo argentino: el diseño.

En este campo, la gloria es compartida, pero corresponde sacarse el sombrero ante el rosarino Roberto Chiumento. El maestro Chiumento había adquirido tal título no de modo espontáneo sino en la fábrica de carrocerías conducida, en su ciudad natal, por Napoleón Bravo y Cerruti Testa, de tan exquisito nivel artesanal que la gente entraba por una puerta como aprendiz y salía por la otra como maestro y de ese modo debía ser tratada.

Seguro en lo industrial e inspirado en lo estético, Chiumento carrozó su primer taxi colectivo en 1930, sobre un chasis de Chevrolet modelo 29. Con él, los colectivos tomaron su forma clásica, la de los colectivos con trompa, pero notablemente más pequeños y elegantes que los Mercedes Benz 1114, que fueron los últimos de ese estilo que existieron antes de ser reemplazados por esos ómnibus enormes, agresivos y horribles que hoy vemos pasar con terror por la calle.

El Museo Virtual del Transporte Argentino tiene un sitio en la Web (www.busarg.com.ar) donde se muestra una preciosa galería de colectivos. Cualquiera se queda maravillado ante los diseños casi poéticos y muy osados de don Alberto Gerónimo Gnecco, cuyas ideas fueron admiradas (y afanadas) por compañías de transporte de los cuatro puntos cardinales del universo.

Bien merecen aquellos primeros autos carrozados el título de "verdaderos colectivos". No existen más. Lo que vino después fue una cosa distinta. El "verdadero colectivo" era para once pasajeros. La condición para poder viajar de pie era tener un físico subdesarrollado, dado que su tamaño era aproximadamente tres veces inferior al de los ómnibus de su tiempo, por ejemplo los Mack C-41, pintados invariablemente de gris.

Sólo bastante después tuvieron que alargarse, y así se los llamó, "alargados", cuando alrededor de 1943 los empresarios comenzaron a cortarlos por el medio para agregarles un pedazo. La belleza comenzaba a perderse. Gnecco lloraba. La ventanilla del medio, a la altura en que se había practicado el brutal corte, quedaba inevitablemente desfasada.

Fue un sacrificio que hubo que rendir a la prosperidad de los colectiveros, que se habían nucleado, desde 1933, en la Cámara Empresaria de Autotransporte de Pasajeros (CEAP).

En los tiempos del célebre pacto Roca-Runciman, el grupo patronal nacía armado para el combate. Por esa época, los colectivos eran discriminados de manera odiosa: mientras que ellos tenían que pagar tasas municipales de 145 y 155 pesos, ómnibus y tranvías estaban exentos de impuestos.

Se acercaba la pelea de fondo: el debate de la ley de transportes. Y era una pelea a cara lavada. Mister J. M. Eddy, un inglés que vivía en Southampton y presidía el Ferrocarril del Sud (de otro "*south*" más lejano), señalaba de viva voz: "Sin coordinación de los transportes, debemos competir con quienes actúan sin fiscalización, con tarifas que suben y bajan. Se ha pedido el monopolio de los transportes, debiendo entenderse esto desde un punto de vista más comprensible que el que tienen los que usan del término sin saber lo que quiere decir".

Pero ¿cuántos significados hay para "monopolio"? Tres, según el diccionario de María Moliner. A saber:

1. Concesión hecha por el Estado a una empresa para que explote con carácter exclusivo alguna industria. Por ejemplo, el tabaco. Empresa que explota el monopolio.
2. Situación de mercado en que un solo vendedor controla la oferta de un producto, sin que exista competencia.
3. Por extensión, disfrute de una cosa por alguien, con carácter exclusivo: "Su mujer cree que tiene el monopolio del buen gusto".

A lo mejor, mister Eddy sabía algún otro significado, pero nunca llegó a expresarlo. Mientras tanto, técnicos británicos en "coordinación de transportes", como Charles Harris, venían a reclamar que se creara una Corporación que diera poder de decisión a los capitalistas del Reino.

Era un asunto muy interesante. El 15 de julio de 1936, opiniones favorables a que se creara la Corporación en la Argentina se alzaron en la Cámara de los Comunes. El diputado conservador contralmirante sir Murray Sueter le preguntó al ministro de Relaciones Exteriores, sir Anthony Eden, "si se pondrá en conocimiento del gobierno de la Argentina que no se puede emitir una opinión con respecto a la renovación del tratado comercial hasta que quede sancionada la ley de coordinación de transportes".

La ley, que disponía la expropiación de los colectivos cuyos dueños se negaran a ingresar en la Corporación de Transportes, llevó el número 12.311 y fue sancionada el 25 de septiembre de 1936, en medio de grandes discusiones.

El diputado socialista Américo Ghioldi dijo en aquella oportunidad: "Esto quedará como una mancha para la presente legislatura". Y el senador conservador Matías Sánchez Sorondo le contestó: "Si nos equivocamos, nos equivocaremos con todo lo que la nación tiene de más representativo". Con esto de "lo que tiene de más representativo" se refería, como es natural, a sí mismo y a su grupo de amigos.

Con la sanción de la ley argentina, Dios bendijo a la Reina y al Rey, pero no lo hizo en el momento indicado, ya que precisamente entonces apareció el ya citado Hitler y a poco los británicos dejaron de cortar boletos y comenzaron a preocuparse exclusivamente por la guerra. La Corporación ya estaba creada y comenzó a operar, pero fue desde sus primeros momentos un desastre. Ciertamente, trató de quedarse con los colectivos rebeldes, y lo hizo en algunos casos. Otras veces no pudo: los colectiveros escondieron sus unidades en el campo, al lado de las vacas, en los tambos, o bajo fardos de heno lo suficientemente voluminosos.

Y con el tiempo pasó el invierno, y la Corporación quebró y los transportes urbanos quedaron en manos estatales poco antes de que comenzara la época de Perón, que les compró a los ingleses todo lo que a esa altura ellos estaban dispuestos a regalar, y fueron reprivatizados y los colectiveros prosperaron y se multiplicaron hasta dominar, prácticamente, el mundo, expresión que desde el punto de vista de un porteño identifica exclusivamente a la bendita ciudad de Buenos Aires.

El primer estatizador fue el presidente-general Ramírez, en 1943, y el que comenzó con la reprivatización, aunque nadie lo crea, fue el general Perón, a comienzos de lo que sería el último año de su segundo gobierno, el terrible 1955.

Perón lo hizo, aunque de modo un tanto tibio, ya que dispuso que las concesiones otorgadas no tendrían validez ni principio de ejecución hasta la fecha en que el Ministerio de Transportes de la Nación aprobara esa forma de venta. Hubo un período en que los colectiveros no supieron si eran o no los dueños de sus colectivos. Uno de aquellos pequeños empresarios, Benito Darder, narró sus dudas existenciales de aquellos días, en los que el gobierno hablaba y actuaba por boca de sus gremios leales:

En una asamblea –dijo Darder ya caído Perón, el 18 de octubre de 1955–, pregunté a Isaías Santín y a Dorindo Carballido, dirigentes de la UTA, si en virtud del contrato que habíamos firmado éramos o no dueños de los colectivos que se nos habían entregado. Replicaron que yo era un elemento revolucionario y antiperonista y amenazaron con ordenar mi detención. De más está decir que no nos aclararon el punto. Cuando firmamos el documento, con la excusa de que no había tiempo, no nos dejaron leerlo, y luego jamás tuvimos en nuestras manos una copia del contrato.

Ésa fue la eterna historia del dueño de colectivo: estar siempre entre dos fuegos. Ser percibidos como anarquistas simpáticos, por un lado, y por el otro, como patronos explotadores de sus obreros. Desarrollaron el capital nacional, cosa que está bien vista, y muchos de ellos saben lo que es estar de los dos lados del mostrador al mismo tiempo: al volante y detrás del escritorio, sacando cuentas.

A efectos de nuestra reseña, nos quedaremos con la imagen más favorable. Muchas veces da la impresión de que algunos de los choferes nos tiran sin piedad sus moles encima, estresados por las urgencias de regularidad horaria que les imponen los amos de sus compañías, como si todavía estuvieran cazando al diablo inglés por las calles del centro. Pero no lo diremos. Al fin y al cabo, nos llevan bastante puntualmente adonde debemos ir, cosa que muchas veces no pueden decir los europeos. Y menos los norteamericanos, en muchas de cuyas ciudades conseguir un colectivo es nada más que un sueño.

Nadie en el Primer Mundo te invita a dar un paso más adentro.

En el caso de este capítulo y debido a su tono discursivo, las conclusiones han sido anticipadas en el texto y no tiene sentido reiterarlas. Para aprovechar este espacio de normas, máximas y consejos, las reemplazamos por esta única vez por una lista de datos relativamente inútiles, siguiendo el esquema de "¿lo sabía?"

- ¿Sabía usted que en los primeros tiempos de los colectivos no existían los boletos y que se pagaba al bajar? ¿Y que la primera boletera data de 1943 y fue adoptada por la línea 25?

- ¿Sabía usted que, también en los años 40, al faltar gomas hubo colectivos que anduvieron sobre los rieles del tranvía?
- ¿Sabía usted que la línea de colectivos más famosa, la 60, se llamó en otros días 31, y que se distinguía porque tenía pintada a los costados la figura del ratón Mickey?
- ¿Sabía usted que los célebres Chevrolet Sapo andaban a los saltos y croando aun bajo los fuertes soles del verano y en largas temporadas sin lluvia?
- ¿Sabía usted que la primera colectivera porteña fue una ucraniana muy hermosa, que manejó en la década del 60, que se llamaba Elvira Konovaluk, que conducía el interno 17 de la línea 310 (Córdoba y Madero-Avenida del Tejar), que tenía tres hijos, dos nenas y un varón, y que estaba separada de su esposo?
- ¿Sabía usted que durante un año, de 1945 a 1946, en la línea 13 hubo molinetes para subir al colectivo?
- ¿Sabía usted que las carrocerías de los colectivos dejaron de ser de madera para pasar a ser metálicas sólo a partir de 1943/1945?
- ¿Sabía usted que hasta los años 50 las ventanillas eran de subir y bajar, del tipo "guillotina", que las ventanillas corredizas aparecieron de 1955 a 1959, que las de cristal inastillable lo hicieron de 1965 a 1973 y que las "panorámicas", con generosa visión del exterior, llegaron en 1974?
- ¿Sabía usted que el primer colectivo que intentó llegar a Plaza de Mayo, en 1928, no pudo alcanzar su destino porque la policía había cerrado la avenida por la asunción del presidente Hipólito Yrigoyen?
- Ahora lo sabe: ha llegado usted a una parada desconocida en el viaje interminable del conocimiento.

PROEZAS CINEMATOGRÁFICAS:
CRISTIANI, ANTES QUE DISNEY

Quirilandia

–¡Otra vez no! ¡Quirino!
–¡Traé para acá esos lápices!
–¡Quirino, es la décima vez que hago pintar esa pared!
–¡El vecino pregunta quién le ensució la puerta de la casa!
–¡Quirino!
–¡A la cama sin postre, Quirino!

La familia Cristiani ya no sabía qué hacer con la manía del más inquieto de sus cinco hijos. Dicha manía consistía en dibujarlo todo, sin limitarse a los blocs o cuadernos con que se contentan otros pequeños.

No es que lo hiciera mal. Al contrario: se podía decir que Quirino tenía incluso cierta habilidad particular para el garabato y que tenía incluso cierta habilidad particular para que sus monigotes parecieran moverse. Pero, hasta donde papá y mamá podían verlo (no podían saber todavía que Quirino llegaría a ser el autor del primer largometraje de dibujos animados del mundo), esa inclinación sólo podría traerles a su hijo y a ellos un dolor de cabeza.

Otro dolor más, puesto que los Cristiani habían tenido ya tantos dolores de cabeza que ahora todo lo que querían era sentarla... y que se quedara bien sentada.

Ellos habían hecho su vida en el pequeño pueblo italiano de Santa Giulietta, cerca de Pavia. Allí, en Santa Giulietta, papá Luigi Cristiani trabajaba como secretario de la municipalidad, y un mal día se quedó sin trabajo. Durante mucho tiempo, mamá Adela Martinotti, su mujer, hizo milagros para parar la olla. Pero la varita mágica se apagó y, como tantos otros, los Cristiani se subieron a un barco con la proa puesta en la Argentina, que por entonces era la tierra prometida.

Corría el año 1900 y Quirino, futuro enmascarado de la carbonilla y el crayón, acababa de cumplir cuatro años.

Este niñito que en Buenos Aires salía de gira por el barrio con la determinación de dejar su marca en todas partes no resultaba fácil de convencer. Como se escapaba de la secundaria para tomar clases con maestros como Alfredo Guido, Lorenzo Gigli y Ángel Vena en la Academia de Bellas Artes, los padres se dieron cuenta de que no sería doctor. Sería algo parecido a un artista, la peor variante desde los puntos de vista social y económico para una pareja esforzada de inmigrantes. Pero así se presentaban las cosas, y, como ya lo dejamos entrever, la criatura estaba, en cierto modo, llamada a hacer historia. Así que ¡adelante!

Quirino crecía y seguía dibujando. Sus papás le explicaban que no todo sería siempre comer y pintar: había que traer dinero al hogar, donde el horno no estaba para bollos. El chico comenzó a tomar en cuenta la posibilidad de emplearse.

Cuando cumplió 19 años, Quirino consiguió su primer trabajo serio como dibujante, en el estudio de Federico Valle, otro pionero maravilloso de los muchos que había en Buenos Aires a comienzos del siglo XX.

Valle, también italiano –había nacido en Asti, en 1880–, había llegado a la Argentina en 1911 con la experiencia de haber trabajado como camarógrafo nada menos que para los hermanos Lumière, reconocidos como inventores del cine. Le gustaba, sobre todo, el género documental. Realizó lo que el crítico e investigador Domingo Di Nubila califica como "una de las aventuras más fantásticas, si no la mayor, del cine argentino", al filmar por primera vez, embarcado en precarias canoas y abriéndose paso por los bosques a golpes de machete, las bellezas del sur argentino.

Muchos años después, Valle sería el productor de los cortometrajes filmados en la Argentina por Carlos Gardel, pero cuando lo conoció Quirino, alrededor de 1916, se dedicaba exclusivamente a los noticieros, los famosos *Film Revista* o *Cine Revista Valle*. Se le ocurrió que una buena manera de terminar cada una de esas reseñas semanales de curiosidades y noticias era incluir una caricatura política.

"Un broche humorístico funcionará, sin duda", dijo Valle. El público le dio la razón.

Pero el nuevo empleado tenía ideas más audaces en mente. Trataba de explicarle a su jefe que las caricaturas podían moverse. A Valle le parecía aquello, en el mejor de los casos, una fantasía. Pero Quirino seguía insistiendo: "Es algo que ya se viene haciendo y tiene posibilidades que todavía nadie imagina", le decía.

Cristiani le contaba a Valle que el cine de animación incluso había precedido al documental, con el "praxinoscopio" de Emile Reynaud. La primera función había sido el 28 de octubre de 1892, en el Museo Grevin, de París, con un cortometraje que incluía 500 dibujos. También le recordaba (aunque, en rigor, Valle nunca lo había sabido antes y, además, le interesaba poco: lo escuchaba entre bostezo y bostezo) que otro francés, Emile Courtet, también conocido como Emile Cohl, había hecho el primer corto de animación propiamente fílmico en 1908 (*Fantasmagoría*) y que, en 1910, el polaco Vladislav Starewicz había abierto el panorama hacia el mágico mundo de los muñecos con *La hermosa Lukanida*.

Tanto habló y tanto dijo Quirino que terminó por quebrar la resistencia de su patrón. En 1916, Valle accedió a producir lo que sería el primer cortometraje animado del cine nacional. Como se adivinará por su título, *La intervención en la provincia de Buenos Aires*, no se trataba de un cuento de hadas sino de una sátira política de dos minutos y medio sobre el enfrentamiento entre el presidente Hipólito Yrigoyen y el gobernador Marcelino Ugarte, a quien acusaban de corrupto.

Fue una hazaña de la técnica artesanal criolla y también una enorme sorpresa para los espectadores, que se quedaron con ganas de ver más.

Eso le dio luz verde a *El apóstol*, estrenada el 9 de noviembre de 1917 y, ésta sí, verdadera proeza argentina, aceptada sin discusión por los historiadores de cine de todo el mundo como la primera película animada de larga duración, nueve años anterior a la tercera (sí, la tercera: *Las aventuras del príncipe Ahmed*, alemana, de Lotte Reiniger y Berthold Bartosch) y, por supuesto, veintiún años anterior a *Blancanieves y los siete enanos* (1938), con la que Walt Disney comenzó a construir su imperio.

El apóstol duraba 70 minutos y contenía 58.000 dibujos, que fueron fotografiados uno por uno por el director en la terraza de su domicilio particular, haciéndoles frente con valor a la lluvia y al viento. Cristiani recortaba los dibujos y les cosía articulaciones para que movieran los brazos y las piernas sin tener que repetirlos por entero. Había ideado un soporte en forma de torre para colgar su cámara y poder manejarla con pedales, manteniendo así las manos libres para darles con ellas movimiento a sus ilustraciones.

El argumento era político, pero también fantástico. La cosa era reírse del enigmático presidente Yrigoyen, a quien se presentaba como un fundamentalista encendido por el deseo de darle una terrible lección moral a su pueblo. Para lograrlo, Yrigoyen ascendía al Cielo, se entrevistaba con Júpiter y el dios le regalaba sus rayos para que purificara por el fuego a los argentinos.

Cuenta el investigador Raúl Manrupe, en su *Breve historia del dibujo animado en la Argentina*, que para la secuencia final Cristiani recibió la ayuda del arquitecto francés Andrés Ducaud, quien creó una maqueta extraordinaria de Buenos Aires, con todos sus principales edificios. Esa escena fue la más festejada.

El apóstol permaneció un año en cartel, a sala llena, y seguramente los amables lectores lamentarán tanto como yo el hecho de que ya no sea posible verla.

En 1926, un incendio destruyó los Estudios Valle y, con ellos, todas las copias existentes, y ese incendio no fue sino el primero de una serie ignífera que persiguió a Cristiani durante toda su carrera, haciendo que no quedara casi nada de su obra. No se puede exculpar de antemano a Yrigoyen y a Júpiter por esta sucesión de catástrofes, que parecen alimentadas por espíritus vengativos y perversos.

Las reseñas que recibió *El apóstol* fueron muy elogiosas. "Es un film magnífico, que muestra cuán maravillosamente ha progresado nuestro cine", dijo *Crítica*. *La Razón* coincidió: "Es un trabajo gráfico que revela una enorme labor, paciencia e inclusive talento". Sin embargo, en ninguna parte de los comentarios se mencionaba a Quirino Cristiani, genio perseguido por el olvido, el fuego y todo tipo de contrariedades que, sin embargo, jamás mellaron su espíritu alegre. Así hay que ser: la alegría es la mejor amiga, siempre.

El nombre de Cristiani había quedado opacado por otros dos: Valle, el productor, y Diógenes Taborda, llamado "El Mono" porque sus rasgos no coincidían con los cánones clásicos de la belleza humana.

El tal "Mono" era el dibujante más famoso de aquel momento. Había alcanzado notoriedad a través de las páginas del diario *Crítica*, donde tenía una tira antiyrigoyenista. En ella, el primer presidente radical aparecía con una vela encendida en la cabeza, y la gente reía a carcajadas, porque era fantástico y de muy buen tono que todo el mundo se riera de aquel mandatario un poco excéntrico después de haberlo votado.

Taborda era un gran artista, pero no sentía ninguna inclinación por los dibujos animados. Lo suyo era el papel de diario, pero Valle lo contrató porque pensó, con toda lógica, que su presencia en los créditos sería un buen argumento de marketing. De modo que sin empeñarse demasiado, más allá de algunos diseños y caricaturas, "El Mono" se quedó con la mayor parte de la gloria, que, en realidad, le hubiera correspondido a Quirino.

Demostrando su calidad de ser humano, Cristiani no se dejó ganar por los celos, sino que, en cambio, trabó con "El Mono" una amistad profunda, al punto de elegirlo más adelante como padrino de casamiento.

Al revés de Taborda, nuestro héroe había hecho de la animación su vida, de modo que, contra viento y marea, siguió en lo suyo. A partir de su segundo gran proyecto, la suerte comenzó a serle esquiva...

Era 1918. Corría la Primera Guerra Mundial y la Argentina –pese a que muchos de nuestros generales, germanófilos, hubieran deseado lo contrario– se mantenía neutral. Entonces, al embajador alemán en nuestro país, el barón Carlos de Luxburg, se le ocurrió una idea sinuosa para obligarlo a Yrigoyen a declararles la guerra a los aliados: ordenó al capitán de un submarino alemán que hundiera un buque argentino (el Monte Protegido) fingiendo que los culpables habían sido los aliados. Les pidió, por supuesto, que tuvieran mucho cuidado, que no dejaran seña alguna que los comprometiera, pero olvidó la condición frontal y el escaso talento para simular de los militares germanos: la maniobra fue descubierta, y Luxburg fue depositado en la frontera con recomendación de no volver ni siquiera de paseo en lo que le quedara de vida.

A nuestro buen Quirino ésta le pareció una historia extraordinaria para un dibujo animado de larga duración. Y lo hizo: fue el segundo de toda la historia, ocho años anterior a *Las aventuras del príncipe Ahmed*, que por eso es mencionado más arriba como "el tercero", y tuvo un título premonitorio: *Sin dejar rastros*.

Por un lado, ésa había sido la orden del barón Luxburg a sus hombres: que no dejaran rastros. Por el otro, eso fue lo que le sucedió a la película: se exhibió solamente un día y se perdió para siempre en la nada, también sin dejar huellas.

¿Qué había ocurrido? Órdenes de arriba... Si bien Yrigoyen estaba furioso con Luxburg, tampoco quería darle publicidad al asunto, ya que deseaba evitar que la fuerza de la indignación popular lo empujara a alistar al país con los aliados.

Tras ese único día de exhibición, *Sin dejar rastros* no recibió no digamos ya una reseña completa, sino ni tan siquiera una mención en los periódicos, y el Ministerio de Relaciones Exteriores dispuso su discreto secuestro y destrucción, amparándose en "razones diplomáticas".

Fue un golpe duro. Tiempo después, Cristiani comprendió que aquella vocación infantil, aquellas visiones animadas, no alcanzarían para alimentar a su familia. Ya tenía dos hijos cuando se vio forzado a buscar otra salida, que fue también bastante original: consiguió un camión viejo y lo convirtió en cine ambulante.

Daba funciones en los barrios más apartados, donde la gente estaba físicamente lejos del séptimo arte, y exhibía por centavos películas de Chaplin y cortos publicitarios de animación que él mismo hacía y que constituían el corazón de su ganancia.

El negocio era magnífico. Cristiani volvía a convocar multitudes. La bolsa se llenaba de monedas. Pero... siempre hay un pero en esta vida llena de hazañas: el intendente lo detuvo. Lo acusó de alterar el orden público y de interrumpir el tránsito, le confiscó el camión y lo dejó otra vez, podría decirse, tan sólo con el lápiz y el pincel en la mano.

Cristiani no bajó los brazos: sobrevivió prestando a la ciencia y al deporte sus servicios de precursor mundial del cine animado. Hizo cortos que ilustraban intervenciones quirúrgicas, destinados a los estudiantes, y grandes eventos, como la pelea de Firpo y Dempsey y el campeonato mundial de fútbol que ganaron en la década del 20 los uruguayos. Con todo ello, mantuvo sus estudios activos y consolidó una razonable situación económica.

Y, como cada vez que reunía los medios, Quirino se sintió otra vez en condiciones de intentar la aventura grande. Otra vez se metió con Yrigoyen, que andaba a los tropezones por su segunda presidencia, justificando con su tendencia a encerrarse que ya no lo llamaran por su nombre sino por el apodo de "Peludo", en alusión al animalito que encuentra todo lo necesario para la subsistencia adentro de su propia cáscara.

La película, *Peludópolis*, su tercer largometraje, fue la peor idea que Cristiani haya tenido. La comenzó a hacer en 1929, cuando el gobierno trastabillaba, y la presentó el 16 de septiembre de 1931, un año después del golpe que había tumbado a las autoridades constitucionales.

El día del estreno —al que acudió el propio presidente de facto, José Félix Uriburu— las risas fueron pocas y forzadas. Poco después, cuando Yrigoyen se murió y comenzó a convertirse en mito de nuevo adorado por su pueblo, se hizo necesario ocultarla. ¡Otra vez el Peludo había consumado su venganza!

A pesar de su escaso sentido de la oportunidad, *Peludópolis* tuvo muchos detalles destacables. Por ejemplo, duró todavía diez minutos más que *El apóstol* (80), y le valió al autor otro record mundial: fue el primer largometraje de animación con sonido. Tuvo críticas que fueron del elogio con pequeños reparos ("Las imágenes son un poco rígidas, pero el dibujante Cristiani muestra un talento singular para su arte", *La Nación*) al elogio exultante ("Esta obra es, indudablemente, una de las más importantes del cine nacional... Un film divertido, encantador y tonificante", *La Razón*).

Todas las copias se quemaron en otros dos incendios que sufrieron los Estudios Cristiani, en 1957 y en 1961.

Esos estudios habían sido creados en la década del 30 y se dedicaban, sobre todo, a tareas de laboratorio cinematográfico. La especialidad de la casa eran las traducciones y subtitulados de películas extranjeras, entre ellas las de dibujos animados que comenzaba a enviar de modo cada vez más nutrido la compañía Disney.

Tendremos que hablar una vez más de la nobleza de nuestro héroe: no se puso tiñoso cuando vio *Blancanieves*, sino que se volvió un fanático del tío Walt, tal vez porque estaba demostrando que lo que él había soñado no era imposible y que si Quirilandia nunca había llegado a existir eso se había debido al poder de las inefables circunstancias, jamás a que su sueño había sido una locura.

Quirino y Disney se conocieron cuando el norteamericano vino al país, en 1941. Por entonces, Walt alentaba un "proyecto latinoamericano", prueba de la importancia diferente que el subcontinente tenía en aquellos tiempos para los emprendedores del Norte, y quiso llevárselo a Cristiani para sumarlo a sus estudios.

Quirino se sintió muy honrado y agradeció profundamente a su benefactor, pero rechazó la propuesta. En cambio, le recomendó a un colega, que sí aceptó trabajar para la Disney: Julio Molina Campos, el dibujante de los almanaques de Alpargatas.

Total, él era todavía joven, no le faltaba dinero, tenía una carrera por detrás y tal vez no tendría por qué comenzar otra distinta a los 40 años. A su cubilete todavía le quedaba otro tiro: la sociedad con el autor de cuentos infantiles y editor Constancio C. Vigil, para llevar a la pantalla algunas de sus narraciones, por entonces muy populares.

De esos cuentos, sólo se pudo concretar *El mono relojero*, personaje al que le puso voz el actor cómico Pepe Iglesias, "El Zorro". Resultó un gran éxito, y la Municipalidad le dio a Cristiani un premio especial, pero por alguna extraña razón Vigil desistió de seguir adelante, y la serie de cortometrajes quedó reducida a su mínima expresión: uno.

Después de dos cortos menos resonantes (*Entre pitos y flautas*, sobre fútbol, y *Carbonada*, sobre comida criolla), Cristiani colgó definitivamente sus botines. Se fue a vivir a Unquillo, en la provincia de Córdoba, desnudo de sus viejas ilusiones y también de todo tipo de prendas de vestir, ya que en ese período avanzado de su vida Quirino se hizo nudista.

También se había vuelto vegetariano, hábito que le aseguró una vida larga y saludable: murió cerca de los 90 años, en 1984.

Hacía mucho tiempo que su nombre, nunca demasiado conocido, permanecía injustamente olvidado. Pero, para que nuestra historia tenga un final feliz, hablaremos ahora del hombre que puso las cosas en su lugar: Giannalberto Bendazzi.

Bendazzi es un historiador del cine, un notable crítico milanés, cuyo libro *Cien años de cine animado* fue publicado en los Estados Unidos por la Universidad de Indiana y en Gran Bretaña por John Libbey. Como no podía ser de otra manera, en esa obra se rinde tributo a Cristiani.

Pero no se conformó solamente con eso. En 1981, Bendazzi supo que Cristiani aún vivía y, en noviembre de ese año, se lo llevó a Italia. Había conseguido una invitación especial del gobierno de Pavia para que el hijo pródigo fuera debidamente agasajado. Esa fue la primera y la última vez que Quirino se subió a un avión. Nunca antes había necesitado hacerlo para volar.

Es evidente que la simpatía que despierta el personaje de Quirino se basa en su optimismo y en la fe inquebrantable en sus ilusiones y sueños. Da gusto tratar con gente así después de lidiar con tantos decepcionados. Además de la belleza de la historia, rescataremos, a los efectos didácticos que nos hemos propuesto, los siguientes puntos descollantes:

- No reprimamos nunca, ni en nosotros mismos ni en nuestros hijos, los instintos que asoman en la infancia.
- Un pequeño que corta en tiritas la mejor camisa de su padre puede ser el día de mañana un estupendo cirujano.
- Si no nos gusta el mundo en que hemos caído, dibujemos algún otro que sea de nuestro agrado.
- Un mundo dibujado tiene sobre el mundo real la ventaja de su plena inexistencia.
- Además, ocupa menos espacio.
- Si el fuego lo devora, no por eso lo hace desaparecer.
- Dado que nada puede destruir lo que nunca ha existido.
- Por eso, mientras que alguna vez Disneyworld deberá cerrar sus puertas en Orlando...
- ...Quirilandia seguirá estando siempre latente.

PROEZAS DE LA ABUNDANCIA:
LOS QUE TIRABAN MANTECA AL TECHO

Una modesta proposición

Hubo una vez argentinos riquísimos. No los de la plata dulce de los años 70 ni los turistas compulsivos de la década del 90, que aprovechaban cualquier ráfaga favorable para comprarse computadoras a mitad de precio. Ricos de verdad, que supieron acumular y que también supieron despilfarrar, que pisaron fuerte en todo el mundo y derramaron la leche de su prestigio sobre sus compatriotas menos afortunados.

Hoy ya no existen: es preciso mirarle sin miedo los ojos perros a la realidad para recuperar el tiempo perdido, asumir sin pudor la desgracia de habernos quedado sin millonarios y actuar en consecuencia para recuperarlos. Sólo quien reconoce que es huérfano puede conseguir nuevos padres.

¿Cómo se siente un argentino cuando lee la lista Forbes de los afortunados del planeta? Horriblemente mal. El criollo mejor ubicado, Gregorio Pérez Companc, ocupó en el año 2005 el indigno puesto 387, con apenas 1.700 millones de dólares, a distancia sideral de Bill Gates (u$s 46.500.000.000) y soportando la humillación de tener a un mexicano, el señor Carlos Slim, 383 lugares por encima.

Algo pasó, algún mal viento sopló de norte a sur y se llevó a nuestra aristocracia. Ya no se dice con envidia de alguien inmensamente adinerado: "Es rico como un argentino", como se decía cuando el curso de la historia se desarrollaba de modo atinado. En la aldea global, el argentino ya no vive en un palacio, sino en una choza de barro y paja. El mundo tiene del país una imagen ruinosa. La admiración ha dado paso a la lástima. Naciones plebeyas se nos imponen. China acecha. Se olvida Europa de que una vez ha estado a nuestros pies como una mucamilla.

Hay que mirar atrás, y después hacer algo.

¿Cuán ricos eran nuestros ricos antes? Cuenta la escritora Pilar de Lusarreta que cuando murió, el 16 de octubre de 1873, doña Estanislada Arana de Anchorena, dejó a sus herederos los siguientes bienes inmuebles:

- Casa en la calle Piedras 243/247, por valor de 900.000 pesos.
- Casa en Balcarce 76/78, $ 200.000.
- Edificio de altos en Moreno y Bolívar, $ 4.556.049,61.
- Dos edificios contiguos en Defensa 87/97, $ 3.682.272,70.
- Casa de altos en Reconquista 104/108, $ 3.732.254,22.
- Edificio en 25 de Mayo y Corrientes, $ 2.000.000.
- Edificio en calle del Temple y Maipú, $ 2.500.000.
- Corralón en Esmeralda y Arenales, $ 2.000.000.
- Corralón en Santa Fe 17/21, $ 700.000.
- Terreno en Paraná y Montevideo, $ 217.940.
- Casa en la calle Cuyo 165, $ 665.843,75.
- Casa de altos en Rivadavia 426/428, $ 1.177.612,85.
- Edificio en Balcarce 52, esquina Moreno, $ 1.200.000.
- Casa de altos en Defensa 112/114, $ 2.517.707,80.
- Casa de altos en Rivadavia 279/281, $ 6.110.918.
- Casa en Chacabuco 24, $ 628.351,39.
- Edificio de altos en 25 de Mayo 121/127, $ 4.159.900.
- Edificio en Reconquista 99/101, $ 1.416.009,12.
- Edificio de altos en Rivadavia 571/575, $ 1.081.307,45.
- Casa de altos en Corrientes 89, $ 1.329.198,60.
- Casa en Reconquista 392/394, $ 1.341.083,65.
- Casa de tres pisos en Cangallo 21/25, $ 1.551.742,85.
- Casa de altos en Rivadavia 279/281, $ 611.828,08.
- Casa en Chacabuco 24, $ 628.351,35.
- Edificio de altos en 25 de Mayo 121/127, $ 4.159.900.
- Edificio en Reconquista 99/101, $ 1.416.009,12.
- Edificio de altos en Rivadavia 571/575, $ 1.081.307,40.
- Casa de altos en Corrientes 89, $ 1.329.198,64.
- Casa en Reconquista 237, $ 630.159,78.
- Casa de altos en Rivadavia 392/394, $ 1.341.083,65.
- Casa de tres pisos en Cangallo 21/29, $ 1.157.742,85.

- Casa en Florida 282/284, $ 1.382.355,95.
- Edificio en Reconquista 144/148, $ 3.104.932.
- Casa de altos en 25 de Mayo 66/68, $ 1.148.796,10.
- Edificio de altos en Defensa 122/134, $ 2.296.721,60.
- Casa en Maipú 254, $ 445.333,92.
- Edificio de altos en Corrientes 231/243, $ 1.715.751,89.
- Edificio en Maipú 337/339, $ 750.472,75.
- Edificio en Reconquista 154/156, $ 997.499,81.
- Edificio en Buen Orden 207/217, $ 1.444.984,95.
- Edificio en Suipacha 26/30, $ 1.947.364,66.
- Tres casas contiguas en Reconquista 162/166, $ 2.203.047,60.
- Edificio de tres pisos en Moreno 68/72, $ 3.500.000.
- Casa de altos en Mendoza y Necochea, $ 1.600.000.
- Casa en la calle Colón 340/348, $ 1.200.000.
- Edificio de cuatro pisos en Cangallo 72/76, $ 4.000.000.
- Chacra en San Isidro, $ 1.539.963.
- Terreno en San Fernando, $ 32.644.
- Chacra en Morón, $ 310.694.
- Estancia en Pergamino, con 26.840 vacas, $ 10.800.000.

En moneda fuerte del siglo XIX, la finada legaba bastante, a pesar de que su hijo Juan, para atemperar las discusiones de los herederos, dijera que ella había dejado sólo "unas grandes deudas". Además de lo que está en la lista, se presume que la señora Estanislada tenía también algo de cambio chico en el monedero y una buena vajilla, para que los invitados no criticaran el servicio a sus espaldas.

A continuación, otro ejemplo: entre las posesiones terrenales de los Alzaga se contaban:

- 230.000 hectáreas en Tres Arroyos.
- 20.000 hectáreas en San Antonio de Areco.
- Estancias La Pelada, La Postrera, Juancho Chico y Juancho Grande, sobre el río Salado.
- 65.000 hectáreas en Castelli.
- 70.000 hectáreas en General Madariaga.

¡Los Alzaga, los Lezica, los Escalada, los Alvear, los Obligado, los Oliden, los Martínez de Hoz, los Anchorena, los Unzué! ¡Qué nostalgia!

Cuando éramos importantes, unas 400 familias que crecían gracias a la exportación de productos agrícolas se ocupaban también, en persona o a través de sus apoderados directos o indirectos, de la conducción política de la nación. Y, a pesar de algunas inevitables objeciones, la cosa marchaba. Quienes no habían tenido la puntería de nacer en la familia indicada gozaban al menos del privilegio de pronunciar aquellos grandes nombres, que les servían como puntos de referencia seculares. Como ocurre en el plano deportivo: los éxitos de once habilidosos son sentidos como propios por inmensas legiones de futbolistas lamentablemente mediocres.

Además, los orígenes de aquellos pioneros no fueron fáciles. Ninguno tuvo desde el comienzo la vaca atada, porque los españoles que llegaron después de la conquista al Río de la Plata no eran de sangre verdaderamente azul ni tenían fortuna. Vinieron sin nada. Contaba con cierto furor el notable ensayista Juan José Sebreli que el primer Anchorena que llegó a estas tierras (Juan Esteban, en 1751) tuvo que poner una pulpería con tal de apechugarla.

Su hijo, Tomás Manuel, se vio forzado a concentrarse sobre todo en sus actividades comerciales. Llamado por Belgrano para que lo ayudara en la campaña del Alto Perú, llegó dieciséis días tarde a la batalla de Tucumán porque se desvió hacia Catamarca con su esclavo Miguel para vender de pueblo en pueblo baratijas a lomo de caballo.

La guerra que libraban aquellos patriarcas era por sus ahorros. Los futuros millonarios llevaban una vida austera, llena de privaciones, mientras su riqueza se incrementaba. Cuando no tuvieron más remedio que dejar de comerciar con los españoles, comerciaron con los ingleses. Enseña Sebreli que aunque no se destacaron gran cosa con la espada, recibieron como consuelo inmensos campos de parte de cualquiera que fuera el que gobernara.

Ya en el exilio, traicionado por su otrora leal Nicolás de Anchorena, don Juan Manuel de Rosas comentaba: "Esas tierras, que tienen en tan grande escala por mí, se hicieron de ellas comprándolas a precios muy moderados. Hoy valen muchos millones, las que entonces compraron por unos pocos miles". Una hectárea que había costado en 1832 cuarenta y dos centavos costaba en 1927 1.840 pesos, habiendo aumentado en ese lapso el 438.000 por ciento.

Así llegaron a ser lo que fueron. Cuando se acostumbraron a ganar plata, comenzaron con exquisitez a gastarla. A pesar de que rindieron honorable tributo al precapitalismo inteligente, a veces fueron odiados por hacerlo. Sarmiento, que casi siempre se apoyaba en ellos, pero también los detestaba, decía:

> No quieren saber nada de derechos, de impuestos a la hacienda. Quieren que el gobierno, quieren que nosotros, que no tenemos una vaca, contribuyamos a duplicarles o triplicarles su fortuna a los Anchorena, a los Unzué, a los Pereyra, a los Luro, a los Duggan, a los Cano, a los Leloir, a los Pelero y a todos los millonarios que se pasan su vida mirando cómo paren las vacas.

¿Tenían los caballeros la culpa de que aquel iracundo careciera de vacas? Orgulloso de su carácter marginal y de su condición de *self made man*, Sarmiento no podía comprender la utilidad de una clase ociosa que, a pasos de gigante, se multiplicaba y se refinaba.

La mayor parte de las veces los estancieros no llegaban a conocer personalmente todas sus posesiones, pero si les tocaba pasar una temporada en el campo, allá se iban con toda elegancia. Sin el menor atisbo de ironía, Enrique Larreta describe en "Zogoibi" cómo los patroncitos "se calaban el monóculo para mirar la llanura".

El esplendor llegó a su grado más fuerte en la década de 1880, hoy celebrada con razón por todos los analistas políticos con más de dos dedos de frente. Después de la conquista del desierto (no tan desierto, ya que como lo verificaron los conquistadores estaba lleno de indios), el presidente Julio A. Roca puso en la mesa de saldos y ofertas más de treinta millones de hectáreas, aunque buena parte de la tierra ya estaba distribuida entre los mismos patrocinadores de la conquista. Las inversiones extranjeras aumentaron diez veces respecto de la década anterior, fundamentalmente con capitales británicos. De 100.000 hectáreas sembradas en 1875 se pasó a 800.000 en 1885. Las exportaciones de trigo aumentaron de 1.100 toneladas a 327.000 y las de maíz, de 15.000 a 700.000. El número de cabezas de ganado, con sus correspondientes cuerpos y costillas, se duplicó en apenas siete años.

Y aunque había menos desempleados que ahora, el grueso de los beneficios –¡qué delicia!– iba sólo a un puñado de elegidos, lo que demuestra que la relación entre riqueza y pobreza no es directamente proporcional ni inversamente proporcional ni obedece a las reglas de la progresión aritmética o a las reglas de la progresión geométrica, como lo creen los maximalistas ingenuos, sino antes bien a todo lo contrario.

A partir de esa década espléndida, la austeridad tradicional de nuestros oligarcas cayó en desuso, como algo sin sentido, ya que tarde o temprano había que gastar lo cosechado.

Nuestros ricos salían de sus cuevas y comenzaban a mostrarse. Iban al Jockey Club, fundado el 15 de abril de 1882 por los señores Carlos Pellegrini, Santiago Luro y Vicente Casares. Se afanaban por llegar a ser uno de los apenas 1.400 socios que tenía en 1897 el Club del Progreso, donde, según decía el notable Lucio V. López, "era necesario ser crema batida de la mejor burguesía social y política para hollar las mullidas alfombras del gran salón o sentarse a jugar un partido de *whist* en el clásico salón de los retratos".

En Buenos Aires no había dónde ir antes de los gloriosos años 80. Después, sobraron los lugares. Un paseo por la calle Florida estaba bien y era todavía mejor, en las tardes de jueves y domingos, el Corso de Palermo. Allí cuatro filas de coches tirados por animales de raza desfilaban por la actual avenida Sarmiento.

Se abrieron confiterías paquetas, como la del Gas, en Rivadavia y Esmeralda; El Águila, en Callao y Santa Fe, y la París, en Charcas y Talcahuano. Los señoritos jóvenes podían ir de trasnoche a Lo de Hansen y, con su nombre y su galera, podían divertirse sin temor con las mujeres o patoteando a pelafustanes sin heráldica. A la Fiesta de la Recoleta, que duraba una semana y culminaba el 12 de octubre, día de Nuestra Señora del Pilar, acudía la gente de la sociedad más alta. Exquisitos salones particulares abrían sus puertas, entre ellos los de Gabino Salas y Magdalena Dorrego de Ortiz Basualdo.

Eran años de presidentes de los que nadie podía avergonzarse. Como Manuel Quintana, de quien Joaquín de Vedia decía que su presencia "imponía la obligación de abrirle paso". Monsieur Leroux, su sastre parisino, tenía en su establecimiento de D'Antia 8 un gran retrato de don Manuel para rendirle culto a su principal cliente como si fuera un santo de ultramar, cuando levantaba las cortinas de su local cada mañana.

La gente de nivel, como era natural, se vestía exclusivamente en el extranjero. Agustinita Ortiz de Rosas encargaba medias, zapatos, trajes y cosméticos a Londres y París por intermedio del señor Caumartin, que hizo con ella sola una enorme fortuna.

Aunque los ancestros de esas celebridades habían sido, en su mayoría, un poco brutos, sus descendientes supieron darse educación esmerada. Una educación europea con todas las letras del alfabeto, en francés y en inglés, porque, lo quisieran o no, del español poco a poco se iban olvidando.

Es sabido que el distinguidísimo Benigno Ocampo se quedó perplejo en cierta oportunidad al ver un anuncio de la confitería La Pilarica que ofrecía sus afamados churros. "¿Qué es esa palabra tan rara?", se preguntaba, atónito, don Benigno. "Son unos *cakes* para tomar el chocolate", le explicaron, y sólo así lo entendió el doctor Ocampo.

Él saludaba a sus amigos, en todas sus esquelas, con la siguiente fórmula: "Reciba usted mis más cordiales *shake hands*".

Hasta bastante entrado el siglo XX se les disparaba sin querer el francés. En 1953, el escritor Manuel Mujica Lainez recibió un angustioso llamado telefónico. *"Ils l'ont brulé... ils l'ont brulé"*, le repetía como un autómata a través de la línea Federico de Alvear: los peronistas le habían prendido fuego al Jockey.

Y aun escribiendo o hablando en castellano, el amaneramiento francés, esa coquetería pretenciosa y sutil, se les había metido en el alma, aunque se dispusieran a narrar la vida de los gauchos. Observemos este pasaje del inefable Ricardo Güiraldes, gloria de las letras del Río de la Plata. Pertenece a la novela *Raucho*, que vale la pena incorporar a la colección de objetos curiosos de la casa:

> Cantos, cantos y oropeles y sedas y risas y bailes; y en sus manos anilladas, las báquicas uvas lloraban como ojos reventados de lujuria. Y el traje no era traje que esconde, sino que luce la joya carnal, con engarce táctil de papila; e invitaban sus voces a un tiempo la ciega impulsión de las pasiones sin freno, y Raucho sintió vencida su inercia, cayendo como un moscardón ebrio en la llama fulgente de aquel extraño ensueño; e hincó sus dientes en la fruta jugosa, que temblaba de risa juvenil, respondiendo a su fiereza. Y dejó el seno por la cintura, que arrastra al placer, en su caída al través de todos los precipicios del goce; y desciñó sus brazos de la cintura hendida, para enrojecerse los labios contra una boca carminada como una brasa, y

alejó la boca, para volcarse como una urna en los ojos, la firmamental hondura de dos pupilas claras, y fue propulsado, y poseyó el fuego de los labios y las vulvas, y las acuáticas fluideces de las almas que se derraman por los ojos, y los delirios sobrehumanos de las vorágines corporales; y cayó sobrepasado de placer en la negrura de una total ausencia, como si la integridad del poder sensorio empleado le hubiese para siempre sorbido los sentidos.

¿No es delicioso, no es verdaderamente refinado llamar "acuáticas fluideces de las almas que se derraman por los ojos" a las lágrimas? Sólo un gran caballero argentino viviendo en París en la década de 1920 podía haber descripto una noche de garufa con adjetivos tan bonitamente empolvados.

Por más que significara un mes de barco, el viaje a Europa era la cosa más natural del mundo para nuestros ricos de ayer. Los que no se quedaban allá unos años iban y venían cuando se les daba la gana y los que nunca habían ido debutaban de manera ritual: gastaban mucho, para hacerse notar, pasaban a la carrera por el Louvre y después se dedicaban a la farra.

Lucio Vicente López –testigo y también actor principal– describe a esos adinerados de última hora en *Recuerdos de viaje*, a través de la simpática figura de Don Polidoro.

> Habían pasado muchos días sin ver a Don Polidoro. La otra noche, en Laborde, me paseaba con varios amigos. El baile estaba en todo su esplendor. Era aquella una feria de mujeres, de diamantes y perlas, de telas y encajes. ¡Cuánta gracia lasciva en esos cuerpos delgados y esculturales! ¡Qué cabezas adorables, si no fueran vacías como las amapolas! La música excita y la luz eléctrica da a aquella escena un fulgor especial.
>
> –Perdone usted, y americanos: ¡allí viene el señor Don Polidoro!
>
> Me doy vuelta y, en efecto, me veo a Don Polidoro Rosales, al mismo Don Polidoro, restablecido de la insurrección que intentó en su estómago la langosta del Café Riche, del brazo de una damisela de carita *chiffonnée*, con una *toilette* deslumbrante, tierna como una alondra, maligna como una viborita, entregada a su compañero como una novia en la primera cuadrilla de las nupcias.

Don Polidoro, al divisarme, quiso hacer una evolución como un general que se encuentra con el enemigo a retaguardia, pero en vano. Me adelanté y llegué a su lado más pronto de lo que él había presumido.

–¡Adorable Don Polidoro! ¡Es usted un hombre feliz!

–¡Qué le parece, amigo! ¡Si este París me ha sacado de mis casillas!

–Pero ¿y misia Petrona, Don Polidoro? ¿Y misia Petrona?

–Durmiendo, amigo. Hoy ha visitado cuatro museos y todavía nos queda una semana de trabajo para ver lo que no hemos visto...

Y, cambiando la conversación:

–¡Háblele, amigo, usted que sabe hablar francés! ¡Verá qué bien habla!

–No, Don Polidoro. Yo hablaría por mi cuenta, pero no por la suya. ¡Adiós!

Y Don Polidoro sigue la rueda del baile con su linda compañera, que le ha dado vuelta la cabeza como a un niño que recién comienza a vivir...

Leopoldo Lugones, otro parisino vocacional, criticaba a los rastacueros argentinos de apellidos menos pomposos pero igualmente adinerados: "Toman por hilo las aspas del Moulin Rouge para rematar la fiesta a las siete de la mañana ahítos de explotación desvergonzada, de lubricidad grosera, de tango y de champagne caro y mediocre".

Semejantes aves de paso sólo merecían el desprecio de nuestros auténticos embajadores, ciudadanos ilustres de la Ciudad Luz. Así describe el historiador Paulo Cavalieri el tren de vida de la familia Alvear:

> Los Alvear se habían ido estableciendo en París en las últimas décadas del siglo XIX. Carlos Torcuato vivía en el 82 de la avenida de Champs Elysées. Su familia política, los González Moreno, poseía un *hotel particulier* en la rue Copernic y un castillo cerca de Versalles, con 26 habitaciones. Don Ángel de Alvear había vivido y fallecido en el Hotel Ritz, y Marcelo, el futuro presidente, tenía su casa en el 119 de la avenida Wagram. La familia de don Federico decide hacer lo propio, y allí se radican entre 1913 y 1916 y entre 1923 y

1926. Recuerda su hija, Felisa Alvear de Santa Coloma, que por aquel entonces para los argentinos en París "el dinero no existía". No había noción del costo de la vida, y mientras la madre se dedicaba a comprar muebles antiguos y las cuatro niñas tomaban clases de dibujo en la Academia Julien, el padre concurría a las carreras de caballos en Longchamps y Chantilly. La familia contaba con tres autos y todos los mucamos tenían sus casas propias. El personal doméstico estaba uniformado con libreas que llevaban botones con las iniciales F. de A.

Los más jóvenes y los más alocados terminaban perdiéndolo todo. Pero ¡qué manera de quebrar! En el minucioso retrato que hace Pilar de Lusarreta de Fabián Gómez de Anchorena, nacido en 1851, dice de él que "echó al viento puñados de oro sin cuidarse de ver dónde caían".

Fabián se enamoró a los 19 años de una cantante del Colón, ya madura y bastante desafinada, Josefina Gavotti. Se casó en medio del escándalo familiar y se fue a Florencia, donde compró un palacio extraordinario, pero muy pronto descubrió que la Gavotti ya estaba casada y pidió la anulación del matrimonio. Además, ofreció un millón de pesos —cifra astronómica para aquel entonces— a quien le ayudara a encontrar al marido, un tal Fiori.

Vivió después en Madrid y en París, donde tenía casas puestas y había fijado un día a la semana para darles limosna a los mendigos. Estuvo a punto de casarse con una prima de la célebre emperatriz Eugenia. Le regaló un suntuoso collar de diamantes, pero, enterado de que la joven lo había empeñado, tal vez para pagar el café con *croissants* de cada día, que también agrada a los nobles empobrecidos, retiró su compromiso de boda.

Tuvo otra mala experiencia conyugal: desposó a la bella marquesa Catalina de Henestrosa y le hizo construir, en Buenos Aires, un chalet desmontable traído de París que, ubicado en Esmeralda, Suipacha, Arenales y Sargento Cabral, fue la vivienda más deslumbrante de la ciudad. Pero Catalina murió pronto y Fabián no encontró mejor salida a su dolor que... derrochar en serio.

Se hizo amigo de Alfonso XII, hijo de la destronada reina Isabel de Borbón. Para ayudarlo a recuperar el trono le entregó un cheque en blanco. Cuando se convirtió en rey, Alfonso le devolvió la gentileza dándole el título de conde del Castaño.

En el yate de Fabián viajaban, encarnadas, las mayores fortunas de Europa. Por la libertad de los hábitos a los que se entregaban a bordo, se los llamaba "peregrinos del placer", y al yate se lo conocía como "el paraíso marítimo" o, mejor, como "la orgía flotante", aunque en realidad se llamara "Enriqueta".

En Venecia, tuvo palacio y góndola propias. En París, trabó amistad con el príncipe de Orange, pretendiente al trono de Holanda. Fabián le dio el espaldarazo con una fiesta para 223 personas. De una gigantesca torta con la forma de la almeja de Botticelli emergió la vedette más conocida del mundo en esa época, Cora Perl, sólo cubierta por un collar de perlas de ocho vueltas que le había regalado nuestro héroe.

Por supuesto, en un momento dado se quedó sin un peso, pero de su final oscuro en General Pirán no diremos una palabra, ya que no se relaciona con la idea que queremos desarrollar y hasta podría destrozarla si cayera en conocimiento de mentes capciosas. Sólo hay que recordar esta frase ejemplar, una de las últimas que dijo en público: "Si volviera a tener cien millones, como los he tenido, otra vez volvería a gastarlos como los gasté, porque desprecio el oro...".

Es un error de percepción frecuente juzgar la vida de una persona por la manera en que termina, como si pudiera haber finales felices. Sobre el lecho de muerte del más casto también planean el dolor y la tristeza, con la diferencia de que el santo ya venía agonizando desde su más temprana adolescencia, sin conocer el sabor de la risa. Nuestros *playboys* con nombres de calles de la Recoleta, en cambio, sólo agonizaron brevemente a lo largo de sus entretenidas existencias.

Hasta el momento en que se redactan estas líneas, el último *playboy* con las características hasta aquí comentadas fue el excelente Martín "Macoco" Alzaga Unzué, nacido en 1901 y muerto el 15 de noviembre de 1982 en Buenos Aires. En los ochenta y pico de años transcurridos entre esas dos fechas, Macoco paseó por todo el mundo esa fama de admirador de las mujeres que había sentido nacer en los primeros grados de la escuela primaria y de la que fueron testigos, bajo las polleras acampanadas de la época, las piernas de casi todas sus maestras.

No dilapidó una, sino varias fortunas, y tampoco lo sintió demasiado: "Las monedas, como decía Napoleón, son redondas para que rueden", argumentaba este ser impecable, en quien seguramente se inspiró el dibujante Dante Quinterno para su Isidoro Cañones. De todos esos viejos esplendores sólo nos queda hoy una revista de historietas...

Nuestra proposición es simple hasta el asombro. Si queremos los argentinos volver a la edad de oro tenemos la oportunidad dorada, valga la redundancia, de lanzar al mercado, en ocasión del bicentenario inminente de la primera fecha patria o, a más tardar, para el bicentenario del 9 de Julio, una edición especial de nuevos ricos.

Entre todos podemos lograrlo: se pagan tantos impuestos cuyo destino y utilidad se ignora que nadie notará uno más sino por los enormes réditos que a la larga devolverá a la gran masa del pueblo.

El IRA (Impuesto para la Riqueza Argentina, no "Impuesto *a* la Riqueza Argentina") será íntegramente destinado a enriquecer hasta niveles verdaderamente internacionales a un muy selecto grupo de familias, a las que no solamente se les entregará lo recaudado sino que se las instruirá con todo rigor sobre los modos y maneras en que deben gastarlo: entre la libertad y el libertinaje, optarán siempre por el segundo término, para que los públicos de todo el planeta se impresionen como es debido por la munificencia de nuestros enviados.

¡Basta ya de enviar cartoneros a París y de mostrarlos como si ésa fuera la cultura imperante en las pampas! Con el IRA podremos mantener un plantel diplomático de oligarcas magníficos, derrochones, exhibicionistas, que harán que el mundo entero comente nuestro inmenso poder, que crea en él y que desee de todo corazón traer aquí sus inmensos capitales.

Da poco quien ayuda por caridad o lástima y, en cambio, lo entrega todo quien actúa embriagado por la admiración de ajenas hazañas.

¡Necesitamos con urgencia reconstruir nuestra clase ociosa! Esta proposición no busca otra cosa que constituirse en un modesto comienzo para recuperarla.

Entre las lecciones que se desprenden de este capítulo, conviene recordar las siguientes:

- Para salir de la miseria, hay que ayudar a los ricos.
- En lugar de hacerlo, se los ha venido persiguiendo, vituperando e insultando de todas las maneras posibles.

- Como consecuencia de esa persecución, los ricos están apichonados.
- De ahí esta maldita crisis que nunca termina.
- Que se mantiene y aumenta porque la Argentina es percibida desde el exterior como un país pobre.
- Más hoy, que todo es cuestión de imagen.
- Por lo tanto: para levantar cabeza, lo primero es cambiar la imagen.
- Comencemos por los muy ricos que se han venido a menos. Vamos a ver, lector: en principio, ¿cuánto estaría usted en condición de destinarles?
- ¿Nada más que eso? ¡Busque en el fondo de la cartera! Con semejante tacañería no llegaremos nunca a ningún lado.

PROEZAS DE LA INDEPENDENCIA:
FRAY LUIS BELTRÁN

Dios, el diablo y el caldero mágico

Fray Luis Beltrán fue para José de San Martín lo que el druida Panoramix fue para Asterix. Dos hombres de fe –uno real y otro dibujado– detrás de dos hombres de batalla. Dios en sus diversas expresiones corporizado para combatir al diablo, español en un caso, romano en el otro. El pequeño Asterix machacaba legiones romanas con aire displicente sólo cuando Panoramix le daba su poción mágica. Y bien: ¿qué campaña militar hubiera podido librar el gran San Martín sin armas?

La verdad es que cuando San Martín llegó a Mendoza con su precaria tropa la situación no era floreciente. La patria recién nacida no tenía cien mil millones de dólares para arrojarlos sobre el enemigo en forma de obuses. Al director supremo Pueyrredón su título le sonaba como una expresión de deseos. Cuando despachó a San Martín con destino al frente de combate le ordenó: "¡Váyase a la cordillera, libere la Argentina y, ya que está, también limpie de realistas Chile y Perú! ¡Y rápido, antes de que llegue Rosas! ¡Y arrégleselas como pueda con la plata, y si hace falta algo más, adelántelo de su propio bolsillo!" Ni él mismo estaba en condiciones de pensar que sus indicaciones pudieran ser cumplidas.

No era posible todavía llamar a nuestro buen amigo el traficante y encargarle fusiles por teléfono. El pago con tarjetas era desconocido: la French y Beruti Express no era aceptada por ningún comerciante del planeta. Tampoco era posible presentarse en el frente de batalla sin municiones, confiando en que el instinto caballeresco de los rivales los llevaría a no hacer fuego contra personas desarmadas o en que su instinto de madre patria les impediría disparar contra los hijos.

Algo había que hacer, y la solución llegó del cielo, por la vía divina y en la persona de nuestro héroe franciscano, el cura Luis Beltrán.

Todo estaba arreglado: Beltrán haría las armas.

Claro: se dice fácil, pero quienquiera que haya intentado fabricar por su cuenta una bala de cañón sabrá que no es sencillo. Además, tanto por sus dificultades técnicas como por el peligro físico que supone y por sus posibles consecuencias legales, la idea de producir de modo casero fusiles, trabucos y bayetas es altamente desaconsejable, de modo que la presentamos aquí tan sólo como ejemplo histórico.

En sus trescientos años al timón de esta porción del mundo, los españoles también habían desestimado, en general, no sólo la producción de armamentos sino la industrialización de cualquier otro artículo en el Río de la Plata, tal vez por considerar que no valía la pena fabricar nada para un mercado argentino tan pequeño que apenas llegaba en 1797 a las 310.628 almas, tal vez porque intuían, ya en aquellos lejanos orígenes, que la Argentina no sería jamás una nación sustentable.

Con la revolución surgieron algunas fábricas de armas y de pólvora en Tucumán, en Buenos Aires y en la estancia Caroya, al norte de la ciudad de Córdoba, pero la calidad no era la óptima, sobre todo en lo tocante al acero: descuartizar al enemigo con bayonetas como aquéllas requería firmeza de ánimo y una considerable cuota de cooperación del candidato.

Había que importar muchos pertrechos, especialmente norteamericanos e ingleses, pero aquellos ancestros astutos del general Haig y de Margaret Thatcher solían enviarnos, a precio de oro, únicamente los que no funcionaban. Las pocas armas que quedaban se iban deteriorando con las batallas y necesitaban un buen servicio. Fray Luis Beltrán fue el llamado a prestarlo.

Pero ¿quién era este hombre? Su partida de nacimiento es discutida. Se sabe cuándo nació: el 7 o el 8 de septiembre de 1784, pero no está claro dónde. Se lo disputan San Juan y Mendoza. El historiador Mario Manuel Vázquez llegó a una solución salomónica: habría nacido en una carreta, en tránsito de la provincia en la que más tarde el niñito Sarmiento miraría a su madre tejiendo en el telar hacia la que se convertiría en capital nacional del vino.

El papá de Beltrán era francés y se llamaba Luis, como él. Su apellido original, Bertrand, había sido sometido a sutiles mutilaciones y cambios por los funcionarios de migraciones.

La mamá, Micaela Bustos, era indiscutiblemente sanjuanina. Nuestro héroe tenía cinco hermanas. El interminable y alegre parloteo de Tránsito, Jacoba, Margarita, Sinforosa y Antonia habría llevado a Luisito a tomar dos determinaciones: 1) aprender a fabricar alguna cosa que, llegado el momento, consiguiera acallarlas y 2) hacerse cura, para que Dios lo absolviera de sus pensamientos criminales.

Como quiera que haya sido, la vocación de Luis estuvo en él desde sus primeros juegos infantiles. Primero la cultivó en el Convento de los Franciscanos de Mendoza, guiado en mecánica e ingeniería por fray Benito Gómez, y después en el Convento Provincialicio de Santiago de Chile.

El niño aprendía rápido. Le resultaban muy sencillas la física y la matemática, tanto como la música. A los 18 años, cuando lo ordenaron sacerdote, también lo nombraron vicario de coro y maestro de canto. Pronto cambió las fusas por los fusiles, ya que los aires de la época eran marciales y el jovencito se había vuelto patriota. En 1812 se alistó en el ejército chileno, se volvió capellán y se le presentó al general O'Higgins, ornado con sus múltiples talentos.

O'Higgins, a quien volvían loco las torpezas de sus improvisados operarios, lo puso a cargo del parque de armas.

Entre el fuego y la fragua, fray Luis se sentía como en su casa. Experimentaba, copiaba, fundía, inventaba y muy pronto se vio que su misión sacramental sería explosiva. En vez de dialogar con los pájaros, como el fundador de su orden, les dispararía. Pero todo tiene un porqué: era América la que lo acicateaba y lo urgía.

Aunque todo iba bien, Dios no regala nada. Dos años después de haberse ganado los favores de O'Higgins, el 2 de octubre de 1814, los militares trasandinos y el monje nacido entre San Juan y Mendoza, ante Su Absoluta Indiferencia, tuvieron que beber la copa de la horrible derrota ante los españoles, en el Campo de Marte. Sobrevino entonces el desbande.

Dice Bartolomé Mitre que después del desastre de Rancagua Beltrán "regresó a pie a su patria, con un saco de herramientas al hombro". Ese saco "contenía los instrumentos que había inventado o construido por sus manos para elaborar por adivinación los variados productos de su genio".

Como buena parte de los sobrevivientes (no todos habían cruzado la Cordillera a pie, como el buen fraile, a quien no le prestaron ni siquiera una mula), Beltrán se fue derecho a hablar con San Martín, y le hizo una amplia descripción de sus habilidades.

Tan bien "vendió", como suele decirse, sus talentos el que en virtud de la acuciante necesidad a la carrera había regresado de Chile que el general se le rindió antes de que se disparara una bala.

"Este hombre es todo un genio –dijo San Martín–. Con que haga la mitad de lo que promete, habremos resuelto los problemas más difíciles de la campaña." De inmediato, lo favoreció con un puesto en los talleres de El Plumerillo.

Así comenzó la era de sus grandes hazañas. En *Recuerdos históricos de la provincia de Cuyo*, Damián Hudson, que había visto trabajar a fray Luis Beltrán con sus propios ojos (con los de Hudson, claro), lo describió en plena faena:

> Veíasele allí entre cien fraguas ardiendo, en medio de cien yunques que atronaban el aire a los golpes del martillo, de las limas y demás herramientas de la herrería y carpintería, como al dios Vulcano, agitado, inspirado, correr de un lado a otro, dando órdenes, enseñando prácticamente a trescientos trabajadores. Estaban su rostro y manos ennegrecidos del carbón, de la pólvora y del humo de que se encontraba recargada aquella atmósfera. Su voz se había casi extinguido, a resultas de tanto esforzarla para hacerse oír, y en ese estado quedó, ronco hasta el fin de sus días...

El cura ronco arrojó su garganta al fuego, pero con eso no alcanzaba. Además hizo requisar todo el hierro y el bronce disponible en Mendoza: ollas, morteros, pailas, candelabros y hasta las campanas de las iglesias.

¡Disimule el Altísimo esta sonora ofensa y en Su Infinita Sabiduría sepa aceptar que se haya llamado a misa, como se llamó en aquel tiempo, con soplidos de quena, puesto que así como para cocinar tortillas hay que romper huevos para obtener la independencia a veces es preciso mandar centenares de campanas al horno!

Los cañones que había que fabricar en El Plumerillo no eran para dejarlos de adorno. Había que moverlos: había que llevárselos al otro lado de la cordillera.

"Tenga en cuenta, capitán Beltrán, que hay que pasar los Andes y que, en consecuencia, los cañones deberán ser alados como los cóndores", le dijo

San Martín, consciente de que su frase pasaría a la historia convertida en máxima. El fraile tampoco descuidó el factor literario al contestarle: "Estése tranquilo, mi general. Tendrán alas los cañones...".

Así, dicho y hecho, fabricó las famosas zorras de su invención, para facilitar el traslado de los pesados artefactos. Aquellas zorras fueron pasmo de los tecnólogos del momento, que mientras San Martín ponía pecho a las balas se deleitaban pensando: "A este paso, ¿adónde nos llevará el progreso?"

Muy pronto, un fracaso estratégico que estuvo a punto de frenar la campaña demostró lo bien que se entendían San Martín y su armero.

Después del desastre de Cancha Rayada, O'Higgins y la plana mayor de su ejército se preguntaban si valía la pena seguir adelante. "No nos ha quedado ni una honda", se lamentaban. El Santo de la Espada mandó llamar a Luis Beltrán. "¡Dígales a estos señores cómo estamos con el armamento!", le ordenó, mientras le dirigía una mirada significativa, que quería decir: "Mienta, padre; mienta usted de manera descarada". "Hasta los techos —mintió el cura—; hasta los techos..."

Diecisiete días después las fuerzas de la nacionalidad ganaron la batalla de Maipú gracias a aquella mentira.

La historia siguió su marcha, pero ¡ángeles del cielo, cómo tuvo que forjar y templar sin descanso nuestro héroe durante esas dos semanas y media! Y no sólo forjar y templar, sino cumplir con su palabra, rindiendo culto, al mismo tiempo, a diversiones extramilitares: en sus ratos libres, también tuvo que darse maña para fabricar los fuegos artificiales con los que el espíritu juguetón de nuestros próceres deseaba festejar, en pleno zafarrancho, el aniversario de la independencia chilena.

Aquellos fueron días de gloria. Una voz interior le decía: "Fray Luis, para ti no existe el imposible". Pero esa voz del mismo modo podría haberle susurrado: "Fray Luis, estás por llegar al cenit, y puesto que nada en esta vida se detiene y no es posible ascender por encima del punto más alto, es preciso que te prepares para el inevitable descenso. ¿Tienes, acaso, tu rosario a mano?"

Faltaba todavía un tiempo de victorias, que comenzó el 20 de agosto de 1820, cuando, desde Valparaíso y a bordo del bergantín Potrillo, Beltrán se fue con San Martín a liberar Perú, cosa que hicieron con notable solvencia en Callao, el general mandando a descargar fusiles y cañones contra los realistas y el cura fabricándolos y garantizando con su bien ganado prestigio la nobleza de su mercadería.

San Martín lo asoció a la Orden del Sol, distinción que venía con una pensión de 250 pesos anuales, y le dio una medalla de oro sólo para oficiales distinguidos, que decía, con vigor espartano: "Yo fui del ejército libertador". San Martín le dio todo lo que pudo darle: confianza, afecto, reconocimiento, medalla y, en la medida de sus recursos limitados, también un poco de efectivo. Pero un mal día San Martín se fue...

Por celos, por envidia o tal vez porque tenía su propio cabo armero, el responsable ahora absoluto del ejército libertador, Simón Bolívar, se dedicó a lastimar cada vez un poquito más el orgullo de fray Luis Beltrán. Lo trataba como a uno del montón, como si fuera un hombre vulgar, y le encomendaba de modo perentorio tareas a las que ningún héroe nacido de madre humana podría haber respondido.

Le exigió, por ejemplo, que completara en sólo tres días el arreglo de mil tercerolas y fusiles. A pesar del esfuerzo realizado, no hubo forma de cumplir la orden. Bolívar se enojó y hasta amenazó con fusilarlo.

Eso amargó mucho a fray Luis Beltrán (¿quién no se hubiera amargado?) y además lo ofuscó, lo aturdió, lo anonadó y lo privó transitoriamente de la razón.

Fray Luis Beltrán, que había sido el druida de San Martín, se volvió loco. Cuentan que se lo veía vagar por las calles de Lima "como un fantasma", sin comentar con nadie las incidencias de la epopeya americana, con los ojos en blanco y dando respuestas incongruentes a las preguntas más sencillas. Y dicen que esos días, cuando tenía fuerzas para vagar por las calles de Lima, eran sus días más animados. Cuando la depresión le mostraba los dientes, pasaba semanas encerrado en su cuarto, sin comer y sometido a los gases tóxicos que salían de su brasero. Eran impulsos suicidas surgidos, como cualquiera puede ver, de un cuadro severo de moral contrariada.

El 14 de agosto de 1824, Beltrán —llamado otrora reiteradamente Arquímedes y Vulcano del Ejército de los Andes— metió la cola entre las patas y partió a Buenos Aires, ciudad que desde sus más remotos orígenes sabe acoger noblemente a todo tipo de caídos.

Pronto encontró refugio en el convento de San Francisco, donde lo rodearon de cortesías. Pero, dado el estado de desazón general en que se hallaba, los mimos no impidieron que se muriera el 8 de diciembre de 1827, a los 43 años, una edad en que muchos héroes de nuestros días siguen soñando con la posibilidad de reunir las fuerzas necesarias para hacer abandono del hogar materno.

En ese breve lapso entre su llegada al Plata y su última partida, tuvo Beltrán aún la ocasión de presentarse en la batalla de Ituzaingó para ayudar al almirante Guillermo Brown en la guerra contra Brasil. Ni siquiera esos fuegos alcanzaron para soldar la herida de su alma.

He aquí el himno a Beltrán, compuesto por Mario Manuel Vázquez:

> Las palmas nos llaman con grito sagrado.
> ¡Apura la marcha, tenaz forjador!
> Armando de hierro el nombre argentino
> alzamos en triunfo, ayer, al valor.
>
> Fatiguen los brazos su fuerza en el golpe
> forjando el arado, cincel de la paz
> y en gloria serena repita la gesta
> la augusta figura del padre Beltrán.
>
> Al tope la enseña, que brote del horno
> el himno del yunque, la voz del deber.
> Al himno el progreso las huestes reviste
> que harán de la Patria fecundo taller.

¿Qué enseñanzas nos dejan las proezas de fray Luis Beltrán, a la hora de extraer conclusiones que puedan ayudarnos cuando la guerra de la Independencia ha terminado? Destaco las siguientes:

- Si tu talento te ha permitido brillar al servicio de determinado jefe, ten la inteligencia y la templanza de ánimo para tomar distancia cuando veas que ese jefe ha caído en desgracia. Porque:
- Nada irrita tanto al nuevo jefe como un subordinado talentoso que viene de la gestión anterior.
- No trates de encenderle a cada santo una vela.
- Como suele decirse: no gastes pólvora en chimangos.

- Si al caminar por Corrientes y Florida ves acercarse al general Bolívar, cambia discretamente de vereda.
- Trata de que tu proeza, por grande que haya sido, no se te suba a la cabeza. Porque:
- Alguien dirá que los cañones de fray Luis Beltrán podrán ser buenos, pero no mejores que los cañones de otro Beltrán cualquiera.

PROEZAS MUSICALES: EL TANGO

Buenos Aires, marca registrada

He aquí una proeza insuperable del tango: es el único género de la música popular que se impuso en el mundo sin disociar jamás su nombre del de la ciudad que fue su cuna.

(Perdón, queridos hermanos uruguayos. Hay un resabio imperialista del Río de la Plata en estas líneas. También ustedes contribuyeron a la invención del tango. Gardel no, pero Gerardo Hernán Matos Rodríguez, el autor de "La cumparsita", era uruguayo. Julio Sosa también, pero los perdonamos. Sin embargo, nadie que escucha "tango" asocia esa palabra con la encantadora Montevideo, sino con la Corrientes ancha o angosta, decorada con un obelisco ubicado, como todos sabemos, en pleno centro de la ciudad de Buenos Aires.)

El tango nació en Buenos Aires en las últimas décadas del siglo XIX, viajó por todo el planeta, lo conquistó sin moverse un centímetro, murió mil veces y resucitó mil cien, está más saludable que nunca y es nuestro embajador allí donde se encuentre.

Esa hazaña no la registra el jazz, oriundo, tal vez, de Nueva Orleans, porque se transformó en símbolo de otras grandes ciudades adoptivas, como Chicago y Nueva York, donde se localizan el barrio de Harlem, el Blue Note y el Village Vanguard, los templos jazzísticos que proyectaron a los artistas más célebres. Tampoco puede ufanarse de una proeza semejante el rock, pese a que domina la escena desde hace medio siglo, ya que sólo alguien que esté muy casado con los Beatles lo identificará exclusivamente con el puerto de Liverpool.

Nápoles podría reivindicar sus canzonettas y Lisboa su fado, pero la pasión universal que desataron esas especialidades fue, en caso de haber existido, pasajera. Nadie es capaz de determinar, en tanto, cuál es la capital del bolero o la de la en cierto sentido declinante *bossa nova*.

Decir tango es decir Buenos Aires, como decir vals es decir Viena. Sin embargo, el historiador inglés Simon Collier, autor de una extraordinaria biografía de Carlos Gardel y estudioso de la historia latinoamericana, desecha el paralelo: "Aunque el vals inició su carrera de fama internacional en Viena –dice Collier–, no había nacido en la ciudad misma. La relación del tango con Buenos Aires, en cambio, se estableció desde el principio".

Pero ¿es de verdad el tango un invento argentino? Etimológicamente, no, y tampoco se sabe qué quiere decir "tango". Algunos creen que es la primera persona singular del indicativo en tiempo presente en una conjugación arcaica del verbo "tañer". Otros, que como los esclavos negros de la colonia no sabían decir "tambor" decían "tango". Otros argumentan que los indios de Honduras tocaban "tango", un instrumento de percusión parecido al bombo. Por otro lado, también se llama "tango" a una variante viva del cante-jondo flamenco. Musicalmente, algunos opinan que la base del tango es la sensual habanera, sumada al ritmo negro de la milonga.

Se dicen muchas cosas, mas si el bulto no interesa ¿por qué pierden la cabeza ocupándose del tango? En un rapto de chauvinismo diremos que lo hacen por envidia, para desprestigiar esta marca registrada mundial del atletismo musical porteño que es la invención más pura y absoluta de esta danza cantada, canto bailado o sentimiento triste que se baila.

Además, es necesario recordar que, de un modo u otro, todo lo que sale de Buenos Aires es fusión, ya que en el principio sólo era aquí una pareja de indios perdidos buscando el camino de regreso a Córdoba.

Sin embargo, hay que reconocer que, entre otros acreedores, el tango está en deuda con:

> 1) Italia. Los italianos aportaron gran parte de los términos lunfardos de que están llenas nuestras composiciones. Como parece que los lunfardos, o lombardos, tenían cierta debilidad por el robo –por el "afano"–, este vocabulario de cafishios y "malandrinos" fue elaborado en buena medida en la Academia del Hampa. Las prostitutas –es decir, los "yiros"– le donaron al tango, con el cuore en la mano, casi todo lo que le faltaba. Nuestros poetas devolvieron la gentileza usando en sus canciones el idioma del Dante, como se ve en el caso de

"Canzonetta", de Enrique Lary: *"Cuando ascolto 'O sole mio' senza mamma e senza amore, sento un freddo acá en el cuore que me llena de ansiedad"*. Para no hablar de "La Violeta" (Nicolás Olivari): *"La Violeta la va, la va, la va sul campo che lei si sognaba ch'era il suo gigin, che guardandola staba"* (versión original).

2) Los inmigrantes en general. No sólo de inmigrantes italianos se nutrió Buenos Aires. A fines del siglo XIX llegaba gente desde diversos países de Europa, incluido Portugal. Fue, como dice el investigador Pablo Vila, una época de transición, que el tango reflejó en sus letras. La ciudad pasó de 187.000 habitantes en 1869 a 1.576.000 en 1914. El porcentaje de extranjeros era muy alto: seguramente más del cincuenta por ciento.

3) Francia. Le debemos nada menos que a Carlitos Gardel, nacido Charles Romuald Gardes en el hospital Saint Joseph de la Grave, Toulouse, bajo el signo de Sagitario, el 11 de diciembre de 1890, hijo de la planchadora Berthe Gardes y de padre desconocido y llegado a la ciudad que le daría lustre a la edad de dos años, cuando su madre se cansó de que la miraran torcido por haber dado el mal paso, al parecer con un hombre casado.

Aunque, ya adulto, Gardel fue devuelto por largas temporadas a su país de origen, donde era mimado por el público y por los críticos de los mejores diarios franceses, allí lo presentaban en los grandes teatros en los que actuaba con la siguiente fórmula: *"Mesdames, messieurs, le chanteur argentin Charles Gardel"* y la platea rugía sin reparar en el detalle de que el *chanteur* era, según toda constancia, francés.

Cuenta el muy documentado Collier que en su primera época artística, tal vez para no comprometer el honor de su madre, tal vez para evitar una convocatoria militar, ya que Francia se debatía en la Primera Guerra Mundial, Carlitos inventó la historia de que había nacido en Tacuarembó, Uruguay. Llegó a reclamar, incluso, la nacionalidad uruguaya, que más tarde cambiaría definitivamente por la argentina, pero parece que nunca pisó Tacuarembó, ni siquiera cuando era un tierno infante.

Es verdad que en el Río de la Plata se aburría un poco y que siempre pensó que París era el cielo en la Tierra, pero antes de tomarse el Conte Verde y surcar el Atlántico rumbo a Francia decía cosas como ésta, para dejar sentadas las preferencias de su alma: "El piróscafo me lleva hasta la villa donde impera Maurice Chevalier y, como criollo, hoy parto a conquistar ese país bacán y copero con nuestro gotán porteño. Hasta luego, muchachada posta de mi Buenos Aires querido..."

Ya que estamos, "piróscafo", gracioso término cuyo significado es "buque a vapor", es también palabra italiana, y aunque tiene un origen bastante distinguido fue incorporada al vocabulario lunfardo.

4. Alemania. Le debemos el bandoneón, sin el cual sería imposible que el tango hubiera llegado a ser lo que es. En su juventud extrema, cuando todavía el compás era de dos por cuatro (hace prácticamente un siglo que se toca en un compás de cuatro tiempos, es decir, en 4x4, pero los tradicionalistas tangueros siguen hablando, de modo más bien simbólico, de "dos por cuatro"), los conjuntos de tango se armaban, sobre todo, con flauta, guitarra y violín. En las orquestas "típicas", el bandoneón sólo aceptó la compañía instrumental del último, una vez que llegó para quedarse.

La versión más consistente sobre el bandoneón dice que fue inventado alrededor de 1835 por un nativo de Hamburgo llamado Heinrich Band. Este hombre no tenía el dinero suficiente para encarar por su cuenta la producción en serie de su invento y tuvo que recurrir a una cooperativa (o "unión") de *sponsors* para fabricarlo, comercializarlo y sacar algún provecho de su idea.

La unión de "Band" y "unión", algo alterada, habría formado "bandoneón", dicho sea esto sin intención alguna de hacer un juego de palabras.

Los argentinos ya conocían el acordeón, que tocaban los músicos negros en tiempos de Juan Manuel de Rosas, pero el sonido algo aniñado de esta creación vienesa no resultaba interesante para los fornidos precursores del tango. Dicen que los primeros bandoneones llegaron al Río de la Plata alrededor de 1870 y que un soldado del general Mitre en la guerra del Paraguay, José Santa Cruz, fue el primero en tocarlo.

Fue otro alemán, Alfred Arnold, quien recogió la herencia de los bandoneones. Sus "Doble A" se fabricaban, básicamente, para ser exportados a nuestro país. Venían con el siguiente eslogan: "Este instrumento es el único ideal para una perfecta interpretación del tango argentino".

Habida cuenta del rápido enriquecimiento del señor Arnold a expensas de billeteras argentinas, consideramos que la deuda de honor con la patria de Goethe se encuentra, en cierta medida, bien pagada. Oscar Zucchi, que ha escrito la historia del bandoneón en el tango, explica de este modo la preferencia de los tangueros por el instrumento: "Posee una dualidad artística, porque abriendo el fuelle su sonoridad es brillante y diáfana, pero cerrándolo suena ripioso, apagado y camorrero, como si lucharan en él la beatitud y el malandrinaje".

Esa mezcla es el tango: veinte por ciento de beatitud, veinte de malandrinaje y otros veinte de amor herido, picardía y nostalgia. Sobre todo, esto último: mucha nostalgia.

Según el propio tango, el tango es algo que brilló mucho más en otros tiempos. Desde su nacimiento, ha vivido añorando un pasado que en realidad nunca existió, o que si existió tuvo una existencia tan fugaz como la de los malevos que vivían apoyados en un farol esperando que pasara otro malevo para marcarles la cara con un tajo.

La especialidad del tango es la invención del pasado, y tanto ha insistido en inventarlo que muchas veces le damos la razón y hablamos de él como de un género muerto, sin actualidad ni proyección en el futuro.

Pero se trata de una fábula: es parte del embrujo de esta víbora del arrabal amargo. El tango se aprendió de memoria esa lección que dice: a veces llora el que más liga.

En realidad, el tango se expande hoy con más fuerza que nunca. En Buenos Aires, crece el número de instrumentistas jóvenes de excepción y cada vez son más los chicos y las chicas que quieren aprender a bailarlo. En el resto del mundo, está llegando a lugares inesperados. Cientos de millones de sitios en Internet dan cuenta de sus conquistas. Como el panorama es completamente inagotable, las siguientes son apenas unas pocas muestras de cómo se va extendiendo su imperio:

Rusia y alrededores

- Del 25 al 28 de agosto de 2005 se realizó en Moscú el Tercer Festival de Tango Argentino, cuyo organizador es Alexander Vistgof.
- En Moscú hay cuatro clubes importantes de tango: Casa del Tango, La Milonga, Go Tango y Ameli.
- En San Petersburgo hay cinco principales: Tango Argentino, Edissa, Berezhnov's Tango, El Abrazo y Libertango.
- En Irkutsk está La Palma Dance Club, dedicada al tango.
- En Kiev, Ucrania, Tango in Kiev (www.milonga.kiev.ua).
- En Yaroslav está abierto en este preciso momento el boliche de Tatiana Lahnova (lahnova@rambler.ru).
- En Ekaterinburg, está Clavellina.
- Todos los domingos se baila tango hasta altas horas de la noche en el club Na Brestskoy, de Moscú, en el número 6 de la calle Brestskaya. Llegar es muy sencillo, ya que queda a pocos metros de la estación Mayakovskaya del subte moscovita.

Singapur

Tradicionalmente distante de nuestro suelo, Singapur ha decidido acercarse. Ha sido fundada en 1999 una comunidad de amantes del dos por dos cuatro, la Tango Singapore, que mantiene un museo con imágenes, ropa, fotografías y partituras tangueras. El organizador, Kace Ong, ha declarado: "Estamos teniendo más visitantes de los esperados, por lo que estamos muy felices de ver que existe semejante interés por el tango en Singapur".

La sociedad realiza anualmente el Tango Rendezvous Festival. Las estrellas de la edición 2005 fueron los bailarines uruguayos Esteban Cortez y Evelyn Ribera, quienes trabajan con asiduidad en Hong Kong, Taipei, Kuala Lumpur, Pekín y Shangai. Después de ser aplaudidos largamente, requeridos por la prensa local, Cortez y Ribera sostuvieron: "Esta es la segunda era de oro del tango. La primera fue en los años 30 y 40, pero ahora se trata de un fenómeno mucho más global".

Escocia: Edimburgo

Hay una asociación oficial, increíblemente activa, que mantiene al día sus noticias en el sitio www.edinburghtango.org.uk. Se organizan clases de tango para todos los niveles de aficionados. A diferencia de lo que ocurre en San Juan y Boedo, tanto los representantes de un sexo como los representantes del otro llevan faldas.

Austria: Viena

Eventos regulares

- Todos los lunes, desde las 20, Colortango en el Volksgarten, la tradicional plaza pública vienesa.
- Todos los lunes, de 20.30 a 24, Tango-Salón en el Club Internacional Universitario, calle Schottengasse 1.
- Todos los martes, desde las 22, milonga en Edison, Alser Strasse 9. Antes de la milonga, clases de tango con Jorge y Birgit.
- Todos los martes, desde las 21, Tango Bar en la Deutschmeistersaal, Albertgasse 43.
- Todos los viernes de verano, de 19 a 22, milonga en el Burggarten, naturalmente, al aire libre: confirmando cualquier sospecha semántica, "*garten*" significa "jardín".
- Todos los viernes, de 21 a 1, Tango Almagro (clases de baile), en Kuefsteingasse 38.
- Todos los viernes, desde las 21.30 (no hay hora de clausura), milonga a la luz de las velas, en Studio 0.1, Rienoesslgasse 4, organizada por Helmut Hawel.
- Todos los sábados, de 21.45 a 2.30, clases de tango en El Firulete, en Bäckerstrasse 16.
- Todos los sábados, de 21 a 1, tango al aire libre con el DJ Paul, en Fuerstengasse 1.
- Todos los domingos, de 19 a 22, tango en el restaurante Aux Gazelle, Rahlgasse 5. La entrada cuesta cinco euros.

- Hay, además, innumerables eventos especiales, que no tiene sentido consignar porque habrán sido sustituidos por otros al momento de la lectura de este libro.

Canadá: Toronto

En 1990 fue fundado el Club Milonga, organización tanguera sin fines de lucro que está ubicada en el número 60 de la avenida Bowden. En 2004, dos mil canadienses acudieron al club para tomar lecciones de tango. Los propósitos declarados de la entidad son:

- promover el tango argentino en Toronto.
- brindar lecciones a los bailarines de todos los niveles, en una atmósfera "informal y amistosa".
- difundir información sobre la Argentina y su música, no sólo en Toronto, sino en todo el resto del territorio nacional.
- Quienes deseen suscribirse no tienen más que llamar al (416) 699-0875 o enviarle un e-mail a Jayne Patterson, titular del Club Milonga, a president@tangotoronto.com.

La Cumparsita en finlandés

En el siglo XXI, el mundo además de bailar tango lo canta. En Finlandia, donde siempre se amó la música porteña, no sólo hubo y sigue habiendo compositores de tangos tan destacados como Valto Tynnilä, Tatu Pekkarinen, Arvo Koskimaa, Veikko Virmajoki, Kerttu Mustonen, Unto Mononen y Kaj Chydenius, sino que son populares las traducciones de clásicos temas argentinos.

Pirjo Kukkonen, en el ensayo que integra el libro *El tango nómade*, publicado por Corregidor, consigna esta versión –un tanto edulcorada, como se verá– de "La cumparsita", llamada en su patria "Tropiikin yö", es decir, "Noche tropical".

Yö tropiikin
niin kiehtovan ihmeellinen
peittää kuultavaan
hehkuvaan syleilyynsä
tuon niin pienen
ja kauniin hurmaavan maan
tuo maa, se on minun
unelmieni kohde.
Tuo maa, se on Kuuba
lemmen ja rakkauden
satumaailma.

Transcripciones a otros idiomas representan, por cierto, desafíos menores. Veamos este fragmento de "Cafetín de Buenos Aires" (Enrique Santos Discépolo, 1947) en italiano:

Da ragazzino ti guardavo da fuori
come quelle cose che non si raggiungono mai
il nasino schiacciato sul vetro
in un azurro di fredo
que poi solo vivendo fu uguale al mio.

"El día que me quieras" (Gardel y Le Pera, 1935), queda increíblemente dulce en alemán:

An dem Tag, an dem du mich liebst
wird sich die schmückende Rose
für das Fest mit ihrer besten Farbe kleiden,
die Glocken werden zu dem Wind sagen
dass du schon mein bist
und die Springbrunnen, ganz verrückt,
werden deine Liebe erzählen.

In der Nacht, in der du mich liebst,
werden die eifersüchtigen Sterne
uns vom Blau des Himmels zuschauen

und ein mysteriöser Strahl
wird in deinem Haar nisten
neugieriger Leuchtkäfer
der sehen wird
dass du mein Trost bist...

También los norteamericanos han traducido nuestras piezas más recordadas. El gran Louis Armstrong grabó al menos dos de ellas: "El choclo", rebautizada "Kiss of fire", o "Beso de fuego", y "Adiós muchachos", llamada "I get ideas", "Se me ocurren ideas". Además, Satchmo tiene una muy simpática versión de un clásico estadounidense inspirado en el género: "Hacen falta dos para bailar el tango".

La primera fiebre

En muchas de esas traducciones, el contenido melancólico de las letras originales —"El choclo" dice: "Hoy que no tengo más a mi madre siento que llega en punta 'e pie para besarme..." y "Adiós muchachos": "Ya se acabaron para mí todas las farras. Mi cuerpo enfermo no resiste más"— se cargó de connotaciones pasionales. El clima de sexualidad animal de la película de Bernardo Bertolucci *Último tango en París* es el que el público ha percibido desde siempre como característica de nuestra danza nacional. Justamente ésa fue la razón que desató, en Buenos Aires y en el mundo, la primera fiebre tanguera, a partir de la primera década del siglo XX.

Los guapos del arrabal no andan con vueltas: toman de la cintura con firmeza a su compañera, la sujetan, la atraen enérgicamente contra su propio cuerpo y dejan muy poco margen para el libre albedrío de la pareja cuando le imponen con brazos, manos y piernas la coreografía que ejecutarán, la cual está repleta de figuras que aluden de manera bastante poco metafórica a los movimientos del acto sexual.

El contacto del tango no es como el de los primos lejanos del vals, que disimuladamente juegan con los pies debajo de la mesa, sino más bien como el de los gatos en celo que se buscan con furia, sin reprimir instintos que por ser los gatos de envergadura no demasiado desarrollada podrían calificarse sin rubor de bajos.

Las escasas letras de los albores del tango reforzaban con títulos tan inequívocos como "Dos sin sacarla" la idea general que alentaba esta danza.

El espectáculo resultaba natural para los humildes protagonistas de nuestra historia, en extremo atractivo para los señoritos que viajaban del centro al arrabal para espiar y escandaloso para las clases ilustradas, cuya dificultad para advertir el nacimiento de cualquier fenómeno cultural es una tradición que se arrastra con pena y sin gloria a través de los siglos y las generaciones.

Fue motivo de gran sorpresa para damas y caballeros de la sociedad porteña que muy poco después de haber nacido el tango provocara en París una conmoción que no tardó nada en reproducirse en el resto de las capitales europeas.

Grandes adelantados, como el violinista Alfredo Gobbi, su esposa, la cantante Flora Rodríguez, y el guitarrista y compositor Ángel Villoldo se establecieron en París alrededor de 1907. A partir de allí comenzó el desagradable bullicio que arrastró por el fango la imagen de la Buenos Aires culta que nuestros prohombres proyectaban. ¡Lo peor era que la madre Europa le diera legitimidad a semejante marranada!

Azorado, Enrique Larreta, por entonces ministro argentino ante Francia, se vio compelido a aclarar que el tango "es en Buenos Aires una danza privativa de las casas de mala fama y de los bodegones de la peor especie. No se baila nunca en los salones de buen tono ni entre personas distinguidas". Y nuestro vate principal, Leopoldo Lugones, dedicó al feo fenómeno este párrafo:

> El tango no es un baile nacional, como tampoco la prostitución que lo engendra. No son, en efecto, criollas, sino por excepción, las pensionistas de los burdeles donde ha nacido. Aceptarlo como nuestro porque así lo rotularon en París fuera caer en el servilismo más despreciable. Cuando las damas del siglo XX bailan el tango, saben, o deben saber, que parecen prostitutas, porque esa danza es una danza de rameras. El pesado mamarracho del tango exagera el contacto corporal cuanto puede, haciendo de la pareja una masa tan innoble que sólo el temperamento de un negro puede aguantar su espectáculo sin repugnancia.

Las advertencias hicieron poca mella en el espíritu de los bailarines. Peor que eso. Dice la investigadora francesa Béatrice Humbert que desde principios del siglo pasado los argentinos estuvieron muy presentes en París.

> A menudo son grandes terratenientes acompañados por sus hijos, llegados para seguir la exportación de la carne congelada, cuyo comercio muy lucrativo ejercen, y para divertirse en esa patria espiritual donde todo, o casi todo, se les permite. Aprovechan aquí para dejarse llevar por algunos pasos de tango, para gran solaz de los franceses, sedientos de exotismo.

Gente elegantísima, como el escritor Ricardo Güiraldes, se plegó al enemigo. En el salón parisino de madame de Reské Güiraldes bailaba el tango acompañado al piano por el insigne compositor nacional Alberto López Buchardo. Cuenta el historiador F. O. Assunçao: "Al terminar, es un frenesí, una locura. Todos quieren saber, todos quieren aprender, todos se quieren informar de qué es eso del tango argentino".

En 1913, la información ya se había extendido. El 1° de abril, en el baile del Instituto de Agronomía, el tango argentino fue bailado por el presidente de la República Francesa, Raymond Poincaré, con su mujer, una pareja refinada que se correspondía mal con la descripción de Lugones.

Cualquiera que enseñara a bailar tango podía hacer una fortuna rápidamente. Viajaron profesores argentinos muy buenos, como Bernabé Simara, Enrique Saborido y Francisco Ducasse, y también viajaron profesores improvisados. Tan feliz estaba con su suerte uno de estos compatriotas, M. Zamacois, que le escribió a sus padres este poema para contárselo:

> De esta época farsante
> adulemos, digo, el vértigo.
> Tengo la buena marca argentina:
> ¡seamos profesores de tango!
>
> Y gracias a la extraña manía
> yo me hice un ingreso
> que ni siquiera con genio
> jamás hubiera obtenido.

¡Todo París se me disputa,
de la virgen a la virago!
Cada una se me enamora.
¡Soy profesor de tango!

Hubo en París tés-tango y cenas-tango. Los diseñadores de moda inventaron un color tango, mezcla de naranja y rosa, y hubo una línea de ropa interior femenina llamada Tango, lo mismo que vestidos, perfumes, un champagne, cigarrillos y lamparitas eléctricas irrompibles. En los flamantes templos del tango –El Garrón, Palermo, el Florida, Le Perroquet o Le Coq Hardi– era una hazaña encontrar lugar. Los artistas considerados serios comenzaron a interesarse por la novedad: en 1918, el compositor Igor Stravinsky echó mano del tango para su suite "La historia de un soldado".

Ciertamente, ante semejante ola de excitación también se levantaron en Europa las voces de censura. El famoso caricaturista Sem (que más adelante se destacaría como bailarín de tango y que había rebautizado a París como "Tangoville") se preguntaba antes de sucumbir a la marea tanguera: "Esta gente que se frota, que se masajea mutuamente con tanta aplicación obstinada y metódica, ¿practica un masaje abdominal? ¿Es un tratamiento de educación física? ¿Es un deporte o un vicio? ¿Son neuróticos, exhibicionistas, maníacos?".

Algunos periodistas, como monsieur Warnod, advertían sobre las consecuencias de entregarse a la moda argentina:

> Hombre joven inconsecuente, joven mujer imprudente, pensad que a partir del momento en que vosotros hayáis hecho el primero de los seis pasos caminados por los cuales la teoría nos enseña que comienza el tango, a partir de ese momento, vuestro espíritu no albergará más que un solo pensamiento: bailar el tango, y las diferentes evoluciones del tango se impondrán sobre vuestros miembros doblegados como tantos otros movimientos reflejos...

Otros también levantaban la perdiz, pero por motivos menos altruistas, como monsieur Germain: "Nuestros huéspedes (los argentinos) nos han impuesto sus músicas y sus danzas. Poseen apartamentos mejores que los nuestros: los de la planta baja. ¡Y para colmo nos vuelan nuestras amantes!"

También se agitaban, furiosos, los dignatarios eclesiásticos. Muchos prohibieron por su propia cuenta el tango en sus respectivas diócesis y trataron por todos los medios de convencer al Papa –por entonces, el buen Pío X– de que dispusiera una prohibición *urbi et orbe*.

Antes de los carnavales de 1913, Pío X recibió en audiencia privada a una delegación de jóvenes nobles italianos que, prendados del tango, buscaban la bendición divina para bailarlo. El pontífice se negó a dárselas: "Comprendo muy bien que os guste el baile. Estamos en carnaval, que es cosa de vuestra edad. Danzad, ya que os divierte. Pero, ¿por qué adoptar esas ridículas contorsiones bárbaras de negros o indios? ¿Por qué no elegir más bien un bonito baile de Venecia, que caracteriza tan bien a los pueblos italianos por su elegancia y por su gracia: la furlana?"

Al recomendar esta danza, y sin saberlo, tal vez porque nunca la había practicado, Pío X metió la pata, ya que muy pronto comprobó que en la bonita furlana, si bien la coreografía era bastante estática, los pechos de la pareja se mantenían todo el tiempo apretados y además, cosa que no ocurría en el tango, también se apretaban los labios, ya que niños y niñas se besaban como tórtolos aunque nunca se hubieran hablado antes.

El día en que la furlana, recomendada por el Papa, hizo su presentación formal en París, un padre de familia que había acompañado a sus pequeñas al baile no pudo menos que exclamar: "Pero, ¡señoras y señores! ¡Esto es mucho más voluptuoso que el tango! ¿Cómo pudo el Papa…?". Y una vecina le contestó, también a voz en cuello: "¡Lo que pasa es que el Papa no tiene hijas!".

La segunda fiebre

El predominio del tango bailado sobre el vocal fue notable hasta la década del 30. Sólo muy pocas de las primeras letras tenían otro contexto que el pornográfico, y ese contexto político, aunque fuera ocasional, tampoco tranquilizaba a los guardianes de la moral pública.

Pablo Vila rescata un par de esos viejos tangos políticos. Uno de ellos, famoso durante la Semana Trágica, en el primer gobierno de Yrigoyen, decía:

Señor Vasena
oh gran señor

que chupa la sangre
al trabajador.
La hora ha sonado
sin compasión
y hay que humillarlo
al bravo león.

Y otro, maravilloso, "Se viene la maroma", celebraba el triunfo de la revolución comunista en Rusia:

> Cachorro de bacán, andá achicando el tren.
> Los ricos hoy están al borde del sartén
> y el vento en el cobán, el auto y la mansión
> bien pronto rajarán por un escotillón.
> Parece que está lista y ha rumbiado
> la bronca comunista pa este lado.
> Tendrás que laburar para morfar.
> ¡Lo que te van a gozar, pedazo de haragán!
> Bacán sin profesión, bien pronto te verán
> chivudo y sin colchón.
>
> Ya está, llegó, no hay más que hablar.
> Se viene la maroma sovietista.
> Los orres ya están hartos de morfar salame y pan
> y hoy quieren morfar ostras con sauternes y champán.
> Aquí ni Dios se va a piantar
> el día del reparto a la romana
> y hasta tendrás que entregar a tu hermana
> para la comunidad.

Pero eran excepciones. Gardel llegó a la fama cantando estilos y temas de raíz folklórica, pues él no había compuesto todavía sus bellísimos temas, de riqueza melódica insólita para un autor que no sabía leer ni escribir música, ni se habían abierto todavía paso los otros compositores que darían vuelo a la canción porteña.

El camino para el tango cantado, con los temas y los lugares para ese entonces nada comunes que hoy le conocemos, comenzó a ser abierto en 1918, cuando el Zorzal grabó los versos de "Mi noche triste", que el primer gran poeta del género, Pascual Contursi, escribió sobre la música de Samuel Castriota.

A esa lámpara que se resistía a iluminar el cuarto del malevo abandonado, porque "su luz no ha querido mi noche triste alumbrar", la siguió muy pronto "Flor de fango" ("Tu cuna fue un conventillo alumbrao a kerosén"). Los dos temas de Contursi fueron éxitos inmediatos. Gardel necesitaba más tangos y Celedonio Flores, Enrique Delfino, Francisco García Jiménez y muchos otros se los sirvieron en bandeja.

Cuando salió para Europa (primera escala: Madrid, en 1923), ya se llevaba en la valija un repertorio bien nutrido de tangos-canciones, que desatarían la segunda ola de la fiebre tanguera en el Viejo Continente.

Cuando volvió a España en 1927, el diario *La Vanguardia,* de Barcelona, anunció que llegaba "Carlitos Gardel, el único, el incomparable creador del tango argentino".

Si algo hay para añadir sobre la conquista de París por Gardel a partir de 1928, ese algo está en la carta que el cantante le envió a su amigo, luego pareja artística, luego socio, luego representante y, por último, ex pareja artística, ex socio, ex representante y ex amigo José Razzano a poco de llegar a la capital de Francia: "La venta de mis discos en París es fantástica. En tres meses se han vendido 70.000. Están asustados y no dan abasto. Una revista famosa llamada *La Rampe*, que sale en estos días, en lujosa edición de fin de año, llevará en la tapa mi fotografía. Es bueno caer parado...".

Años después, las películas que filmó en los Estados Unidos dieron más resonancia mundial a los tangos que, ahora sí, Gardel escribía para ellas, como "Sus ojos se cerraron", "Mi Buenos Aires querido" y "Cuesta abajo". Fue en Nueva York donde Gardel conoció al chico que llegaría a escribir otra página de la conquista mundial del tango. A ese muchachito, Astor Piazzolla, el célebre Morocho del Abasto le obsequió un pequeñísimo papel en la película "El día que me quieras". Astor recibió a cambio de su actuación una fortuna pequeña aun para la época: 25 dólares.

El salto del tigre

Como vemos, el tango argentino ha dado y seguirá pegando numerosos zarpazos, pero su salto del tigre más espectacular será por siempre el glorioso desembarco en Japón, gracias al cual dos civilizaciones que parecían demasiado distantes se alimentaron mutuamente, por un lado con música maleva, por el otro con establecimientos especializados en la elaboración y venta a granel de *sushi, sukiyaki, tempura* y *sake*.

"Tango" nunca fue una palabra desconocida para los japoneses. Pero significaba otra cosa. Según la explicación que el presidente de la Sociedad Japonesa de Estudio de la Música Iberoamericana, Yoyi Kanematz, le remitió al investigador argentino Luis Alposta, "tan" quiere decir "principio" y "go", "quinto". A principios del quinto mes, el 5 de mayo, se celebra en Japón el "Tango no Sekku", es decir, el Día del Niño.

Existe también un lugar llamado "Tango" entre las miles de islas que conforman el país oriental, y ese lugar es famoso desde hace siglos gracias a la leyenda de Urashima Taro.

Dice la historia que el joven pescador Urashima navegaba en alta mar cuando vio venir a una joven. Ella quiso llevarlo a su casa y él la siguió no sin sacrificio, ya que la mansión de la bella dama estaba en el reino de las aguas profundas. La joven era hija del rey y Urashima se casó con ella. Después de tres años de feliz matrimonio, el muchacho sintió el deseo irresistible de ver a su familia. Antes de dejarlo partir, la princesa le entregó un cofrecito que jamás debería abrir pero gracias al cual, le dijo, podría localizar, a su regreso, el palacio marino. Cuando Urashima llegó a su país natal lo encontró cambiado y al hablar con sus actuales habitantes comprendió que los cambios eran perfectamente lógicos, porque desde su partida habían pasado setecientos años. Desesperado, Urashima abrió el cofre. De él salieron nubes de humo que volaron hacia el mar, y cuando quedó vacío el cuerpo del joven experimentó un escalofrío. Su cabello viró al blanco y, en general, Urashima sufrió un proceso de envejecimiento súbito que concluyó, en cuestión de instantes, con su muerte. Los parroquianos lo enterraron y construyeron en torno suyo una capilla que todavía puede verse en la costa de Tango.

Dice Alposta, en cuyo maravilloso libro sobre el tango en Japón no se consigna la leyenda precedente, que la danza y la canción porteñas llegaron a aquellas lejanas playas en 1926 gracias al barón Tsunayoshi Megata. Este aristócrata disfrutaba de la vida con tal delectación que, habiendo viajado a París en 1920 para operarse de un angioma que tenía en la cara, se había tomado seis años de farras, mujeres y champagne para recuperarse de la intervención quirúrgica.

Provisto de una colección de discos y de una técnica envidiable como bailarín de tango, Megata instaló en Tokio una academia en la que enseñó los pasos a todos los amigos que quisieran aprenderlos. Por supuesto, no cobraba ni un yen por ello: el vil metal era lo que le sobraba. Eso sí: resultó ser muy exigente como maestro. Entre otras cosas, recomendaba a sus alumnos que no comieran salsas japonesas antes de la clase, porque opinaba que las salsas podían hacer que los caballeros exudaran un aroma demasiado penetrante, que seguramente desagradaría a las damas.

Otro pionero fue el biólogo Junzaburo Mori, quien escribió en 1933 un libro de gran éxito con instrucciones para bailar el tango y que después de haberle dedicado mucho tiempo y esfuerzo a la cuestión llegó a decir: "Hoy, transcurridos los años, la palabra 'Argentina' brota hasta en los labios de la más humilde muchacha campesina del Japón, y eso es algo que me alegra enormemente". También merecen ser citados el periodista Tadao Takahashi, que fue quien llevó a tierra japonesa los primeros discos de Gardel y quien presentó, en vivo y en directo, en el teatro Koma, de Tokio, a la orquesta de Francisco Canaro, y el filósofo, periodista y dibujante Yoyi Kanematz, quien durante los bombardeos aliados que pusieron fin a la Segunda Guerra Mundial y a las principales ciudades japonesas se cubría con un grueso capote y, tapado de esa forma, escuchaba para ahuyentar el miedo un disco tras otro de la cantante de tangos Rosita Quiroga.

Hubo, hay y habrá muchos artistas japoneses de tango, pero el corazón porteño guardará siempre en un rincón muy especial a la cantante Ranko Fujisawa, aplaudida por Perón en su primera visita a la Argentina, en 1953, y elogiada por Aníbal Troilo, cuya orquesta la acompañó muchas veces.

> Con algo de Malena o de Estercita –dijo Troilo–, Ranko proyecta en Buenos Aires su emoción oriental, para hacernos saber que allá, muy lejos, bajo la luna de un Oriente vestido de pagodas, se respira la dulce cosa nuestra. Esa misma que encontró por Chiclana o por San Juan y Boedo antiguo, la misma de los lengues y del taco

repartiendo las rosas de los ochos sobre los patios pobres del parral y los ladrillos. Mensaje del Japón que aquí nos llega, portador de un abrazo, en esta figurita de mujer escapada, acaso, de un cuento de Pierre Loti. Mensaje que recojo en nombre de mi pueblo y del que quieren ser eco mi bandoneón y mi alma. Bienvenida, muchacha. Buenos Aires, mi patria, el tango y yo te declaramos nuestra y te hacemos un lugar en el rincón más puro de la orilla. Esta noche tus ojos oblicuos y brillantes entran en la emoción, con la ganzúa de tu voz japonesa, hasta el mismo cogollo de nuestro porteñismo. Un fuelle y una viola te saludan en nombre de la Patria...

¡Qué bien se expresaba el maestro Aníbal Troilo! Sus frases, elegantes, salían del corazón, porque era amor lo que sentíamos por Ranko, amor tan puro como el que sentían los habitantes de Osaka, los de Kyoto, los de Yokohama o los de Nara por los músicos argentinos que, en innumerable legión, viajaban para allá llevando los sonidos del tango.

Al Japón fueron Troilo y Juan D'Arienzo, el maestro de maestros Horacio Salgán y Florindo Sassone, Enrique Mario Francini y José Libertella, Leopoldo Federico, Carlos García y, cómo no, el legendario Osvaldo Pugliese con su orquesta.

Otro que se tomó el piróscafo rumbo a esas lejanías fue Edmundo Rivero, en mi opinión el cantor más importante que, después de Gardel, tuvo el tango. De él cuenta Alposta que cuando estaba actuando en la ciudad de Sapporo, en la isla de Hokkaido, lo invitaron a tomar un trago de *sake*. Seguro de que nadie iba a entender la broma, Rivero le dijo a uno de sus guitarristas: "Mirá adónde tuve que venir a darme un saque". De inmediato, un japonés acodado en la barra emergió de su letargo y le preguntó al cantante: "¿Usted dice como la falopa, señor Rivero...?".

A esos extremos de comunicación habíamos llegado con el tango.

Las proezas del tango aquí narradas dan materia para un puñado de conclusiones prácticas sobre lo poderosa que puede ser la identidad. Cuando alguien le dice a otro: "No seas así", puede ser que intente menoscabarlo o desvirtuarlo (excepto en caso de que lo diga mientras el otro le pega por enésima vez con una toalla mojada), y tal vez al querer transformarlo en algo distinto de lo que es se está arriesgando a perder ese matiz particular que podría, como ha ocurrido en el caso del tango, ser aceptado, valorado y amado por la humanidad toda. De modo que:

- No permitas que nadie te desprecie porque tu cuna fue un corralón de arrabal bien proletario.
- Que ningún pretencioso pituco pretenda aleccionarte sobre tus movimientos. Invariablemente, respóndele: "¡Qué saben los pitucos, lamidos y shushetas! ¡Qué saben lo que es tango, qué saben de compás! ¡Aquí está la elegancia! ¡Qué pinta, qué silueta, qué porte, que arrogancia, qué clase pa'bailar".
- Si tu viejita pretende despertarte antes del mediodía con el pretexto de que es hora de que salgas de tu sopor y te dediques a conseguir empleo, exígele con voz tonante: "¡Cerrame el ventanal, que quema el sol su lento caracol de sueños!".
- Cuando, hastiada de tu resistencia al cambio, tu compañera amague con abandonarte, pregúntale, galante a la vez que lloroso: "¿No te acordás que conmigo usaste el primer sombrero y aquel cinturón de cuero que a otra mina le quité? ¿No te acordás que traía aquella Crema Lechuga que hasta la última verruga de la cara te sacó?".
- Si de todas maneras se va, no pierdas el amor propio. Canta: "Me da tristeza el panete, chicato inocente que se la llevó. ¡Cuando desate el paquete y manye que se ensartó..!".
- Ante quien te reprocha el que hayas tirado por la borda los mejores años de tu vida, mantente firme: "Yo no siento la tristeza de saberme derrotado y no me amarga el recuerdo de mi pasado esplendor".
- "Levanta la frente, no escondas la cara, enjuga tus lágrimas, échate a reír. No tengas vergüenza, a tu rostro aclara... ¿Por qué tanta pena, por qué tal sufrir? Ya sé que tu falta será para el mundo escándalo, risa, placer y baldón, mas yo soy tu hermano, y al ser juez me fundo según los dictados que da el corazón."

PROEZAS DEL CARÁCTER:
DOMINGO FAUSTINO SARMIENTO

Gloria y loor al pequeño Valentín

Domingo Faustino Sarmiento –el fogoso, el bocón, llamado El Loco y Don Yo y El Gran Cucú y The Presidente Sarmientson por los guasones de la revista *El Mosquito (política, gráfica y humor en el siglo XIX)*– fue inventado en un momento indefinido de la década de 1830 por un muchacho "taimado y pacato", como se describiría a sí mismo en *Recuerdos de provincia* el creador de aquella máquina contradictoria y magnífica algunos años después de consumado el hecho.

Del pacato inventor poco se sabe. Sólo que se llamaba Faustino Valentín Quiroga Sarmiento y que, como le pasó al doctor Frankenstein, se dejó absorber por su propia criatura, que se le fue muy pronto de las manos. Dicen que era un joven sensible, lo que es probable a juzgar por la ternura que le despertaban los alelíes y las mujeres. Lo llamaremos en adelante Valentín para que no se lo confunda con el tremebundo y genial Domingo.

Era el tal Valentín un autodidacta. No tenía más remedio, dado que había nacido en un hogar de personas venidas a menos. La posición social de la mamá, Paula Albarracín, "estaba tristemente marcada por la menguada herencia que había alcanzado hasta ella", dice su hijo elegantemente, para significar que los otrora opulentos Albarracín la habían dejado sin un peso.

José Clemente, el papá, se había encargado, por su parte, de terminar con el ya declinante capital de su familia. Tal vez signado por el nombre de la estancia en que se había criado (La Bebida, al oeste de la capital sanjuanina) se dio desde muy temprano, tal vez desde las seis de la mañana, a la aventura y la juerga. Se dio –dicen con cierta saña los que lo conocieron– a cualquier cosa menos al trabajo, cuya mecánica le parecía poco atractiva.

Desde muy chico, Valentín supo que quería ser otro. No le disgustaba demasiado la tranquilidad provinciana, pero no podía soportar los desaires con que lo trataba la suerte, aun en el marco de su mediana aldea. A Valentín le sobraba orgullo, fuente de todo saber e inteligencia, y por eso le dolió tanto que le hicieran el desplante de vedarle el ingreso al Colegio de Ciencias Morales de Buenos Aires, incluso en la dudosa condición de niño pobre.

También en el Monserrat cordobés le cerraron la puerta en las narices. Con sus hermanas, Bienvenida, Paula, Rosario y Procesa (nombre inimaginable en los tiempos que corren) dependía para comer de lo que produjera el telar materno.

Las chicas sanjuaninas de buen nombre que le gustaban a Valentín lo despreciaban y se le reían en la cara. ¡La situación era tan insoportable para alguien de sus condiciones que un buen día Valentín dijo: basta, seré Sarmiento! Y una vez que cumplió su propósito, El Pacato se apartó de la escena pública y dejó en su lugar a Domingo.

Pero ¿cómo logró un pequeño muy despierto, eso sí, pero también muy pobre y retraído, componer un personaje semejante, que ocasionaba hilaridad pero también respeto y temor y que llegó a presidente sólo por antojo, contra todo pronóstico, sin partido y después de haberse peleado a muerte con prácticamente todo el mundo?

Diversos factores —algunos probados, otros seguramente frutos de la imaginación colectiva— ayudaron a Valentín a darle forma a su proeza, que es la que aquí festejamos, dado que las de Domingo ya han sido festejadas mil veces.

- *Primer factor que ayudó a Valentín a darle forma a su proeza:* el sentido teatral, la facilidad para el mito, tan necesaria para sostener un personaje sin fisuras de la cuna a la tumba. Este sentido parece haber sido un legado de la rama paterna de su familia y era, según todo lo indica, un sentido célebre.

    "La familia de los Sarmiento tiene en San Juan una no disputada reputación, que han heredado de padres a hijos, direlo con mucha mortificación mía, de embusteros", admitiría Sarmiento de adulto. Dotado para el embuste como estaba, Valentín convenció a todo el mundo de que él era Domingo Faustino Sarmiento.

- *Segundo factor que ayudó a Valentín a darle forma a su proeza:* el año largo que pasó con su tío cura José de Oro en San Francisco del Monte (1825-1826, a los 14-15 de existencia).

  Don José influyó extraordinariamente en el pequeño, que enseguida comenzó a imitarlo en todo. Se quisieron con locura, como sólo pueden quererse un loco ya establecido y consolidado y otro que iba en camino de establecerse. "Tenía mi maestro y mentor tales rarezas de carácter que a veces, por disculpar sus actos, se achacaban a la locura de la familia sus extravagancias de juventud. Su alma entera transmigró a la mía y en San Juan mi familia, al verme abandonado a raptos de entusiasmo, decía: ¡Ahí está don José Oro hablando!"

  Porque una vez no lo invitaron a un baile, don José irrumpió en la fiesta totalmente desnudo, se bañó en el estanque lentamente y se fue caminando muy despacio, dejando a todo el mundo con la boca abierta.

  A José de Oro le gustaba leer y le gustaba galantear. "Tenía —dice su sobrino— un profundo enojo con la sociedad." Aunque no pisó tan fuerte en su circunstancia como otros Oro, todos ellos bastante peculiares, don José fue el modelo perfecto para el pequeño. "Salí de sus manos con la razón formada", confiesa el sobrino Valentín. Y también con la mitad de su Domingo hecho.

- *Tercer factor que ayudó a Valentín a darle forma a su proeza:* habría sido hipnotizado por Ña Cleme, la "pobre de la casa" de la ya considerablemente pobre Paula Albarracín.

  "Lo que había de más notable en esta vieja es que se la creía bruja, y ella misma trabajaba en sus conversaciones por darse aire de tal bruja y confirmar la creencia vulgar." Sarmiento pasaba bastante tiempo con ella, por lo que la teoría del hechizo podría no resultar tan endeble como seguramente supondrán los espíritus menos supersticiosos.

- *Cuarto y último factor que ayudó a Valentín a darle forma a su proeza:* los libros que la criatura devoraba en todo momento.

  Hay un prejuicio en favor de la lectura que deja de lado los efectos disolventes que puede ocasionar la exposición prolongada de los niños a la letra impresa. Y no tan sólo de los niños: no hay que olvidar lo que le pasó a Alonso Quijano por leer demasiado. Creyó que era Amadís de Gaula y salió a los caminos a desfacer entuertos, cosa que también quiso hacer nuestro héroe.

Valentín, con sobredosis de libros, comenzó a creerse Domingo Faustino Sarmiento. Si bien cuando leyó la *Vida de Cicerón*, sintió que estaba "viviendo entre los romanos", hubo una obra que lo marcó más a fondo: la biografía de Benjamin Franklin.

"Yo me sentía estudioso como él, y dándome maña y siguiendo sus huellas, podía un día llegar a formarme como él, ser doctor *ad honorem* como él y hacerme un lugar en las letras y en la política americanas."

Ya estaba casi terminada la criatura de Valentín, y de allí en adelante y ya valida por sus propios medios realizó un cúmulo de cosas notables, entre las que remarcaré rápidamente las buenas, ya que por desgracia todavía me falta contar, en este caso con mayor detenimiento, algunas malas, y no quisiera ser demasiado injusto con un prócer que amo. Es verdad: amo a ese fantasmón inabarcable, aun sabiendo que era apenas el fruto de la fantasía de un sanjuaninito humillado.

- Fue el mejor escritor argentino, y no escribió poco: sus obras completas comprenden 53 gruesos volúmenes.
- Fundó infinidad de diarios (*El Zonda, El Progreso...*) y como periodista era más combativo que la mayoría de los temerarios colegas que lo sucedieron.
- Fundó escuelas y colegios y defendió la educación universal y laica.
- Al menos de palabra, y a veces incluso en los hechos, fue partidario de la razón.
- Le gustaban los árboles. Hizo plantar palmeras y plátanos y creó el parque 3 de Febrero.
- Aprendió francés e inglés solo, aunque pronunciaba tan mal este último idioma como Domingo Cavallo, que muchos años después quiso imitarlo con el argumento de que también se llamaba Domingo y era pelado.

Como es obvio, estos dones le sobraron al venerable Valentín para inscribir su nombre en la Historia. Pero algunos defectos de confección, ciertos tirones en la sisa, tiñeron su currículum.

Se ve por la desmesura de su empresa que el vicio original de Valentín era la vanidad, y con esa misma desmesurada vanidad fue amasado el personaje de Sarmiento.

Domingo vivió reclamando para sí los títulos y honores que creía merecer y de los que su desairado creador había sido despojado desde la infancia. Por eso detestó a Urquiza cuando, juntos en la campaña contra Rosas, el caudillo entrerriano se negó a darle a Domingo un rango militar más alto y lo usó nada más que para redactar el boletín del ejército.

Para colmo, Domingo trató de convencerse de que le habían asignado una misión importantísima. "Estoy contento con el boletín. Distrae los ocios del campamento, pone en movimiento a la población, anima al soldado y asusta a Rosas", le escribió a Urquiza.

El general no se dignó siquiera a responderle por su propia mano. Lo hizo, en cambio, a través de un ayudante, y con cruel ironía: "Su excelencia ha leído su carta y me encarga que le diga, respecto de los prodigios que dice usted hace la imprenta asustando al enemigo, que hace muchos años que las imprentas chillan en Chile y otras partes y que hasta ahora don Juan Manuel no se ha asustado. Por el contrario, está cada día mas fuerte...".

"Debo confesarle que su carta me dejó helado", contestó escuetamente Domingo.

Años después, su desesperación por obtener el ascenso que le había sido negado por Urquiza se tradujo en incontables mangazos, tan acuciantes como éste, dirigido al presidente Mitre: "Hágame coronel. ¡Por Dios, compréndame!".

También su intensa relación con la educadora norteamericana Mary Mann, viuda del famoso Horace, se manchó de intereses parecidos cuando Domingo le insinuó a ella que le gestionara un doctorado honoris causa "en alguna universidad norteamericana". ¡En cualquiera, y en cualquier rama de las humanidades o las ciencias!

Además de vanidad, la criatura Domingo padecía también los efectos del amor propio herido. No hizo buena figura en la relación con su mujer, Benita Martínez Pastoriza. Primero la convirtió en infiel, al arrebatarla del lecho de su marido, el maduro Domingo Castro; después, la engañó reiteradamente. Pero cuando se enteró de que ella, a su vez, se había entregado a otros brazos, por decirlo de un modo romántico, su despecho y su orgullo estallaron de manera furiosa.

Domingo le escribió al pobre Mitre, que en vano intentaba encauzar de modo más o menos civilizado la crisis de la pareja de Domingo y Benita:

> Yo he llevado en el seno una víbora y disimulado sus mordeduras, hasta que me mordió el corazón. He roto con Dominguito, es decir, me he arrancado una parte de mi corazón. Sé que mi esposa derrocha dinero con profusión, gracias a usted y a la falta de delicadeza de ella para recibir dobles pensiones. Si Ud. cree conveniente alguna vez suspenderle la pensión que le lleva mi administrador Ocampo para forzarla por hambre a salir (del país), dígaselo de mi parte.

¿Con qué derecho se exaltaba tanto contra una mujer que le había hecho lo mismo (aunque sólo con un ejemplar del sexo opuesto) que él a ella (aunque con muchos)? ¡Una falla muy fea de nuestro personaje, aunque no tan grave como las ambivalencias del gran educador en la educación de su propio hijo!

Domingo adoraba a Dominguito, pero la temprana muerte del vástago en la batalla de Curupaytí, en la guerra de la Triple Alianza contra el Paraguay, deja mucha tela para cortar a cualquier psicólogo aficionado —es decir, a cualquier compatriota— que lea *Vida de Dominguito*, escrita por el padre.

Así como Valentín crió a Domingo a la medida de sus sueños y de sus ambiciones, Domingo crió a Dominguito a su propia medida: lo puso en la disyuntiva de ser un héroe y tal vez un mártir o no existir en absoluto. Dominguito eligió ser un mártir.

Oigámoslo de los propios labios del Viejo: "Veíase venir en el cadete improvisado en San Juan el voluntario de la primera llamada a las armas en nombre de una idea o en defensa de la patria; y Dios me lo perdone, si hay que pedir perdón de que el hijo muera en un campo de batalla, pro patria, pues lo vine dirigiendo hacia su temprano fin".

Y ahora, escuchémoslo de los labios del hijo. Bueno, tal vez no de los labios, sino más bien de una carta escrita por Dominguito al presidente Nicolás Avellaneda, poco antes de la caída: "Mi suerte está echada. Me ha educado mi padre con su ejemplo y sus lecciones para la vida pública. No tengo otra carrera, pero para ser hombre de Estado en nuestro país es preciso haber manejado la espada, y yo soy nervioso, como Enrique II, y necesito endurecerme al frente del enemigo".

Para Dominguito, las lecciones homicidas comenzaron muy pronto. Volvemos, en la siguiente anécdota, a la florida pluma de Domingo, sin agregarle o sacarle una coma, pero intercalando entre paréntesis algunos comentarios indispensables:

> A la edad de tres años hacíanle tal impresión las detonaciones de cohetes voladores que huía aterrado y pidiendo a gritos que no tirasen cohetes, bien que era en las plazas o a gran distancia que se les oía desde casa. Los niños mimados suelen pedir una estrella o la luna, a la que hacen cariños, como a una amiga. No era seguro que se abstuviesen de tirar cohetes por reclamarlo así el príncipe heredero, pero su aya (es decir, el propio Domingo) se propuso quitarle sus pavores por el camino señalado por Franklin (¡otra vez aquel maldito libro!), que conduce a domesticar el rayo. Proveyóse (el padre, claro, como es natural) de un paquete de cohetecillos colorados de la China (la invasión ya había comenzado por entonces) y con la mayor indiferencia empezó a prenderlos en medio del patio de a dos, de a seis, de a diez. La sensitiva (término que se aplica, con burla, a la persona demasiado sensible o afectiva; en este caso, el tierno Dominguito, tratado en género femenino, como si hubiera sido una niña) ganó luego el olivo metiéndose en sagrado, en la sala, pero desde allí oyendo con terror desplomarse el mundo. Al día siguiente igual operación, con aumento de cohetes, y asomar la cabecita el asustadizo recluso, admirado de ver que no le hacían nada al que los prendía (es que estaba tallado en piedra). El curso de lecciones seguía diariamente, el alumno se acercaba con precaución, acortaba por minutos la distancia. Llegó al fin hasta a tomar un cohete prendido y arrojarlo para que reventara lejos, terminando el curso (¡atención!) con mantener en su propia mano, hiriéndole el cuerpecito, como un azogado (se aplica a la persona que se mueve incesantemente) de los pies a la cabeza, un paquete entero (¡entero!) de cohetes y agotarlo heroicamente sin soltar la presa. El inconveniente de este sistema de curación fue el del uso del alcohol o de la morfina que el enfermo pide a cada momento.

No es preciso agregar nada más: nuestro caso está concluido. Y, sin embargo, no hemos conseguido otra cosa que agigantar por vías muy opuestas la figura de Domingo, este Golem que pese a llevar casi 120 años muerto se sigue paseando por las calles, las llanuras y montañas de un país al que todo podría haberle faltado, menos este prócer ilusorio, hijo de la turbación de un jovencito taimado y pacato.

He aquí las enseñanzas que deja a las generaciones actuales y futuras el cuento del niñito Valentín y de la invención que lo arrancó del anonimato para siempre:

- Por muy poquita cosa que te sientas, dentro tuyo se agitan posibilidades monstruosas.
- Si te aplicas, puedes convertir este alfeñique que eres hoy en una estatua ecuestre.
- Incluso tú, que lees con escepticismo estas líneas, podrías lograrlo, en el caso de que tuvieras conducta.
- Todos podríamos ser Sarmiento: es deseable y, además, es posible.
- Con esa perspectiva, convendría prohibir de manera perentoria la importación de fuegos de artificio fabricados en el Lejano Oriente.

PROEZAS DE LA AMBICIÓN Y EL MÚSCULO:
LOS EMPRENDEDORES

Historias de gente industriosa

"¡Argentinos, a las cosas!", gritaba el filósofo español José Ortega y Gasset, para nuestra vergüenza y descrédito. Detrás de su apariencia cariñosa, la frase encerraba una crítica: Seréis muy buenos, coño, para la cháchara y el blablablá, muy inteligentes y agudos para desmenuzaros entre vosotros, sacándoos mutuamente el cuero como cretinos. Seréis muy perspicaces para la ironía y la cuchufleta, pero, queridos míos, cuando llega la hora de las manufacturas concretas sois, según mi nada modesto entender y parecer, holgazanes y nabos, desaprensivos, inoperantes y gilipollas. ¡Gozáis, diantre, de todos los favores que os ha concedido el Cielo! ¡Poneos de inmediato a trabajar, válgame Dios, antes que me venga a mí un soponcio y se les declare a ustedes una artrosis galopante en los diez dedos de esas manos inútiles que les cuelgan como adornos navideños de los extremos de vuestros brazos ociosos!

Es mejor no ser favorecido con el afecto de personas como ésta, porque además de ser muy duro, su voto de censura tiene poca razón estadística. No es verdad que en el curso de nuestra breve historia nos hayan faltado ingenio, músculo, industriosidad y empeño. Más bien hemos tenido esos artículos en exceso, y los escollos interpuestos en la senda que conduce inevitablemente a la grandeza se han debido, antes que a la pereza, a razones económicas de orden local y universal que no nos parece interesante analizar en este momento.

"¿Así que andáis atravesados? ¿Con que todavía vais a los tumbos? ¡Pues, nada, voto a Bríos: es culpa vuestra!", seguiría tronando Ortega si pudiera. Aunque se ve circunstancialmente impedido de tomar la palabra, otros siguen hablando por su boca, con el mismo mensaje negativo.

No es verdad, repito, que hayan estado los argentinos tan lejos de las cosas. Por el contrario: desde muy poco después de la precaria independencia comenzaron a florecer las fábricas y las industrias más diversas, que fueron frutos, muchas veces, de la osadía y audacia de nuestros grandes, medianos y pequeños emprendedores.

Es verdad, en cambio, que cierto menosprecio de la opinión pública local por el afán de lucro cuando deja de ser teórico impidió que quedaran debidamente narradas las proezas de aquellos hacedores que invirtieron fortunas y haciendas en un país que todavía no era del todo digno de tal nombre.

Si bien queda registro (precario) de cifras y estadísticas, las hazañas, las vidas novelescas y las visiones de nuestros hombres y mujeres de empresa no tienen todavía el libro que merecen.

Admitamos que algunos de los personajes que presentaremos brevemente tras esta introducción no fueron por completo angelicales. Admitamos que se valieron a veces de tretas y artimañas no enteramente leales para cepillar a sus competidores o conseguir ventajas de los gobiernos de turno. Pero ¿no exigen los negocios, la mayor parte de las veces, cierta dosis de picardía? ¿Cubren estas manchas el surco que abrieron o, al contrario, enriquecen además de los bolsillos de sus dueños el perfil de esos seres humanos dados a la aventura de producir lejos del Primer Mundo y no siempre en las mejores condiciones? ¿Qué esperan los poetas para cantar sus hazañas?

Sobre la gran precocidad de nuestra industria habla un censo de 1887, preparatorio de la Exposición Universal de París de 1889. De los 400 establecimientos censados, 41 habían sido fundados antes de 1869. En 1838, poco después de siglos de un dominio español en el que, como se dijo, los ancestros de Ortega habían hecho poco y nada, los hermanos Cayol tenían ya sendas fábricas de cocinas de hierro. El señor Zolezzi fabricaba polvo de rapé. Desde 1848 existieron los astilleros de los señores Badaracco, padre e hijo. Dos años después, en 1850, el señor Ramírez fabricaba guitarras y la viuda de Marius, licores. El señor Dartigues producía alambre tejido, en 1854, y la compañía del señor Muzio lanzaba al mercado excelentes zapatos, en 1856. El señor Espoille torneaba maravillosamente la madera en 1860 y la viuda de Seminario y el señor Godet (cada uno por su lado) hacían extraordinarios chocolates.

Ni los nombres de pila quedaron. ¿Quién sabe los vaivenes de sus vidas? Muy pocos: tal vez, sólo los descendientes. Ningún historiador condescendió a internarse en sus historias.

En las primeras décadas del siglo XX el trabajo y la creatividad argentinos se reprodujeron a toda máquina. Es verdad que muchos héroes de estas páginas habían venido del extranjero, en las grandes oleadas anuales de cientos de miles de inmigrantes, pero también es cierto que no por haber descendido de los barcos somos los argentinos menos hijos del suelo.

Según el censo general de 1913, ya había en la Argentina 18.983 establecimientos dedicados a la industria de la alimentación, 7.081 dedicados al "vestido y tocador", 8.582 a la construcción, 4.441 a los "muebles, rodados y anexos", 996 a los "artículos de ornato", 3.275 a la metalurgia, 567 a los productos químicos, 1.439 a las artes gráficas, 2.458 a las fibras, hilos y tejidos y 957 a quehaceres varios, imposibles de catalogar en una misma categoría. 410.201 argentinos tenían empleo fijo en las fábricas y se encontraban haciendo cosas. Entonces, delicioso maestro Ortega, ¿de qué hablaba usted exactamente?

Veamos, a continuación, una pequeña selección de hacedores. Nos detendremos sobre todo en sus éxitos, no en las quiebras a las que en ocasiones los empujó el destino. Casi nunca son buenos los finales, lo cual no impide que recordemos qué bellos fueron los principios.

El verdadero Papá Noel

Papá Noel era un vasco de Guetaria que llegó a Buenos Aires en 1845 y se dedicó a endulzarles la vida a los chicos.

Se llamaba, en verdad, Carlos Noel. Lo habían hecho correr desde España las guerras carlistas y no vivió en el Polo, sino que se instaló con su mujer, Victoria Iraola, en una casa céntrica, en la calle Defensa cerca de la que hoy es Carlos Calvo y por entonces se llamaba Europa.

"¿Qué haré yo aquí?", se preguntaba Papá Noel, consciente de su destino de leyenda. "¿Cómo podría yo lograr que solamente al pronunciar mi nombre se dibuje una sonrisa en la cara de mis queridos niños?", volvía a preguntarse, hasta que al fin dio con la respuesta: instalaría una gran fábrica de caramelos y de golosinas, de chupetines, chocolatines y confites, de helados coloridos que no se derretirían antes que la lengua de los que se morían por probarlos.

¡Una fábrica con chimeneas que volvieran el aire empalagoso, en la que trabajaran decenas de ayudantes y a cuya puerta esperara estacionado posiblemente un reno! ¿Pero cómo, si todavía no existía en esta nueva patria nada remotamente parecido?

Por arte mágico o empecinamiento, Papá Noel lo logró: una mañana del año 1847, los chicos del barrio se embobaban mirando el flamante cartel que decía: "El Sol. Fábrica de confites de Carlos Noel". Era el mejor nombre posible para la primera industria propiamente dicha, en términos de dimensión y de perspectiva duradera, instalada en la tierra de los argentinos.

Primero fueron los confites acaramelados, pero un tiempo después llegaron los de chocolate, que tuvieron enorme suceso y abrieron nuevas perspectivas. La fábrica crecía y crecía, y también crecía la familia Noel, a la que pronto se incorporaron seis hijos. Papá Carlos, que amaba el progreso, soñaba con reemplazar sus antiguas cocinas y cocederos por máquinas de vapor de última generación, pero soñando lo sorprendió la muerte, que fue en su caso más bien un llamado de las legiones celestes a incorporarse al santoral y a convidar sus delicias a los dioses y todos sus parientes.

El hijo mayor de don Carlos, Benito Noel, se encargó del negocio. En 1871, cuando la compañía ya había duplicado su tamaño, contrató al mejor maestro dulcero del mundo, el francés François Lavigne, y éste multiplicó el hechizo. Cuatro años más tarde, en 1875, Noel y Compañía había reunido un capital de 550.000 pesos, una fortuna descomunal para esos años, y otros cuatro después, en 1879, ya había en existencia una caldera a vapor, con máquina, cuatro pailas, dos morteros y variados accesorios, para elaborar confites por valor de cien mil pesos anuales.

En 1892, Benito fue a París, a la exposición mundial, y se compró la máquina más grande y fabulosa que encontró en toda la muestra. Gracias a ella se pudieron inventar dulces nunca antes vistos, que presentados a principios del siglo XX en la Exposición Universal de Saint Louis obtuvieron de parte del jurado la medalla de oro a los mejores productos exhibidos.

Benito y sus hijos Carlos, Martín y Damián siguieron haciendo chocolate muchas décadas, hasta que la ilusión cambió de signo y Papá Noel fue reemplazado en todo el mundo por ese caballero obeso, de dientes rechinantes y mirada torcida que conocemos. En algún repliegue del tiempo, sin embargo, sigue desenvolviendo sus rojas tabletas, las mismas que comenzó a fabricar aquí cuando todavía no se usaba el gas para alimentar las lámparas de la ciudad y cuando todavía las calles de la gigantesca capital eran de tierra.

La multinacional criolla

Hubo un tiempo en que la Argentina tuvo su propia multinacional. Su nombre, Bunge y Born, llegó a ser sinónimo de todo lo detestable para los adversarios de la globalización y la economía concentrada, pero aun los que lo pronunciaban solamente entre accesos de ira o como si se tratara de un pecado supieron siempre poco sobre la historia de la compañía, que en muchos aspectos se adelantó a su época y hasta inventó procedimientos y especialidades aprovechadas después por los capitalistas de todo el mundo, nos guste o no el desarrollo de los acontecimientos.

Lo que ha quedado más fresco en la memoria, sin duda, fueron los tropiezos finales del imperio Bunge y Born en la Argentina. Hubo varios: comenzaron en el año 50, con la expropiación de las redes de comercialización cerealera por parte del gobierno de Perón, que sobre esa telaraña perfecta construyó su propio monopolio estatal, el IAPI.

Otro golpe a la mandíbula fue, más adelante, el secuestro de los hermanos Jorge y Juan Born, nietos del fundador, en 1975. Cuando los montoneros obtuvieron sesenta millones de dólares a cambio de sus vidas, los directivos de la empresa fueron llevados a juicio, acusados por el gobierno peronista de entonces de haber subvencionado a la guerrilla.

Esos peligros de signos diversos, sumados a la antipatía general (en las manifestaciones populares, frente al romántico palacio de 25 de Mayo y Lavalle, se coreaba la consigna *"Bunge, go home"*) afirmaron a los líderes de ByB en su idea de afincarse en cualquier otro lugar del orbe, siempre que fuera lejos. Se desarrollaron notablemente en sitios tan distantes como Brasil y Australia y hoy la sede central se encuentra en los Estados Unidos.

El tercer traspié, no menos desmoralizador, fue haberse asociado con el gobierno peronista de Carlos Menem, a comienzos de los años 90. Ambos, ByB y el gobierno peronista de Carlos Menem, dieron una cabriola tan vistosa como imperdonable y dos ministros de Economía surgidos de las entrañas de la multinacional (Miguel Roig y Ángel Rapanelli) se sucedieron con escasa fortuna en los primeros meses del menemismo.

Todo esto esconde sucesos olvidados, en parte porque –como se dijo– el mundo del dinero interesó apenas de manera retórica a los historiadores argentinos y en parte porque las mismas familias que se fueron legando el poder a través de las sucesivas generaciones de Bunges y de Borns se preocuparon más por tapar sus huellas que por hacerles propaganda. Sin embargo, la saga existe y encierra en sus repliegues material para una gran novela.

La historia comenzó en Amberes, Bélgica, en 1806. Allí una familia dedicada a la importación de materias primas de las colonias africanas (café, té y algodón, entre otras cosas) con destino a los mercados alemán y belga fundó la Maison Bunge, que con el tiempo también se interesó por los cereales de Canadá y los Estados Unidos.

Cerca del fin del siglo XIX, un sobrino de los dueños un tanto marginado del control de la firma se echó al mar (en un barco de vela) en busca de un lugar con futuro para establecer una subsidiaria de la gran Maison. Recorrió América de norte a sur, olió buenos aires en la Argentina y aquí se quedó casi definitivamente, si es que alguien que goce aún de vida puede quedarse en alguna parte de manera "casi" definitiva.

Ernesto Bunge venía acompañado por su amigo y concuñado Jorge Born. Ambos tenían alrededor de 25 años y estaban casados con dos condesas belgas que, además, eran hermanas. Asociados, fundaron una sociedad independiente de la matriz, aunque comercialmente ligada a ella.

Instalaron depósitos en el puerto para almacenar los cereales que compraban a los productores con el fin de despacharlos en su momento a Europa. Su régimen existencial era el siguiente: vivían seis meses en la Argentina, comprando, y otros seis meses en Bélgica, vendiendo, un esquema ideal para todos aquellos que, sin descuidar el trabajo, quieran seguir disfrutando acá y allá de los mejores momentos de la vida.

El negocio marchaba bien, y hubiera seguido así, creciendo con cierta moderación, si Bunge y Born no hubieran contratado –como lo hicieron, en 1897– a un muchacho alemán afincado, éste sí definitivamente, aquí. En ese niño de 25 años ByB creyeron ver a un futuro genio de las finanzas y los negocios, y tuvieron razón.

Se llamaba Alfredo Hirsch, amaba los árboles y las aves exóticas, le gustaba pintar y escribir, pero algo en su mirada prenunciaba al hombre calculador, severo, rígido, duro, osado y posiblemente expeditivo que llegaría a ser.

Transformado a poco andar en gerente, Hirsch comenzó a mostrar sus cartas en 1902, cuando compró una pequeña metalúrgica y creó Centenera, la fábrica de grandes envases de latón que le permitirían a ByB fraccionar algunas de sus materias primas aquí.

Un año después, en 1903, el pulpo se plantó ante un cliente que no podía pagar a ByB los créditos que la compañía daba antes de las cosechas y se quedó con la fábrica artesanal de harina que el paisano arruinado poseía hasta entonces en la provincia de Buenos Aires, en Olavarría.

Esto sirvió de disparador para la mentalidad de pantera de Hirsch. Él advirtió un detalle incongruente: aunque la Argentina producía trigo excelente, seguía importando buena parte de la harina que consumía. Lo mismo hacían, por supuesto, los brasileños. Hirsch resolvió que en adelante la harina se fabricaría aquí, y creó en 1905, en el barrio que años más tarde se denominaría Puerto Madero, una planta de proporciones considerables: Molinos Río de la Plata.

Como Molinos fue un éxito y como ya por entonces las fronteras significaban poco para ByB, la fábrica tuvo en 1908 su réplica brasileña cerca de San Pablo, Brasil, en el puerto de Santos. Allí la multinacional fundó Moinhos Santista.

Mientras soplaba el huracán Hirsch, los socios Bunge y Born seguían muy contentos con su régimen bicontinental de vida. Sin novedad en el frente, hasta que estalló la Primera Guerra Mundial. El año 1914 los sorprendió en Bélgica. Tuvieron mucho miedo de subirse a la lancha de regreso, ya que el mar era todavía escenario bélico de primer orden, y perdieron durante cinco años el contacto con su empresa argentina.

Dedicados a observar de cerca las alternativas del conflicto europeo, Bunge y Born tomaron un solo recaudo: le entregaron a Hirsch un poder general para que hiciera y deshiciera a su antojo cuanto se le ocurriera hacer y/o deshacer. Hirsch contrató a otro lince, el señor Jorge Oster, y puso manos a la obra. Cuando retornaron los patrones se quedaron, como suele decirse, de una pieza, puesto que comprobaron que su compañía se había quintuplicado en extensión y en volumen y que se había diversificado de manera también notable.

Durante la guerra, Hirsch había comprado (muy barato) un laboratorio químico que no podía seguir trabajando porque se había interrumpido el suministro de los insumos europeos que utilizaba. Entre tanto, un ingeniero de ByB que había ido a ver cómo andaban las cosas en la sucursal de Perú había traído de allá unas tierras y arcillas especiales que podían ser trabajadas como colorantes. Hirsch fundó entonces una pinturería que no fue para nada un negocio menor. Le puso un nombre luminoso: Alba.

Incansable, también creó la Compañía Química, dedicada a fabricar productos para el agro que habían dejado de llegar de afuera. Para aprovechar el desperdicio de las hilachas de las bolsas en que se guardaba el cereal, creó además una empresa textil: Grafa. Desarrolló el transporte de sus mercaderías por ferrocarril directamente en tolvas, por primera vez en el mundo. Donde ponía el ojo ponía la bala: la red comercial de ByB ya cubría todos los puntos del país y se reproducía a ritmo veloz en el resto de América.

Admirados por las ocurrencias de su empleado —y, a la vez, rápidos al calcular que, si seguía así, no pasaría mucho tiempo antes de que se les escapara— Bunge y Born convirtieron a Hirsch en socio, dándole el 29 por ciento de las ganancias.

Pero mientras tanto algo notable había ocurrido: al invadir Bélgica, los alemanes habían confiscado la Maison Bunge, para aprovechar su gigantesco sistema de comunicación mundial. La Maison estuvo ocupada durante toda la guerra, y al final le ocurrió una cosa tremenda, que sólo puede ser dicha en estos términos: se quedó sin *cash*.

Entonces, Bunge y Born, la sucursal argentina, compró, absorbió, deglutió, devoró, es decir se quedó con la casa matriz, y el imperio comenzó a ser dirigido desde Buenos Aires. Gerentes argentinos viajaban a Europa para controlar a sus empleados europeos. ¡La multinacional en cierto modo celeste y blanca era dueña y señora del planeta!

Para socializar esa pasada gloria y hacerla extensiva a todos nosotros, no queda por ahora otro remedio que congelar en la memoria esas décadas, del 20 al 40, en las que la Argentina pudo ver el imperialismo desde una posición distinta a la habitual. La multinacional criolla estuvo a punto de conquistar el globo, y de hecho lo conquistó en un momento determinado, aunque ahora parezca un cuento belga.

Primero fue la Hesperidina

La Hesperidina es un aperitivo cien por ciento argentino, inventado, como era de esperar en este país de inmigrantes, por un inmigrante. En este caso, un norteamericano.

Esto lo saben todos. Lo que no saben los caballeros canosos que levantan el dedo índice encogiendo el meñique para pedir en vano al mozo que atiende el restaurant una Hesperidina con soda es qué demonios quiere decir "Hesperidina".

He aquí una explicación exhaustiva, con las correspondientes hipótesis sobre la correspondencia entre denominación y bebida. Las Hespérides eran las tres hijas de Atlas. Compartían, además del nombre, su jardín, el jardín de las Hespérides, cuyos árboles producían manzanas de oro. Se sentían muy confiadas, porque al jardín lo custodiaba un dragón de cien cabezas. Sin embargo, un día se presentó de improviso el señor Hércules, quien para dar cumplimiento a su undécimo trabajo descabezó al dragón (una tarea que no terminaba nunca) y robó las manzanas.

Primera hipótesis: al marcharse, agotado, Hércules se detuvo a tomar un sorbo del licor que llevaba en su morral y decidió llamarlo "Hesperidina" en homenaje a su hazaña.

Mas la palabra "Hesperio" se aplica también a España y a Italia, y puede ser que sean "hespéricos" sus habitantes. **Segunda hipótesis:** ¿Será posible que la Hesperidina se llame así porque deleita de manera especial a nuestros queridos tanos y gallegos?

Tercera hipótesis: como el adjetivo "hespérido" se aplica también al planeta Venus, es probable que el autor haya querido sugerir que el trago transportaría a quien lo tomaba a otras esferas. Es probable, y a la vez improbable.

Pero he aquí que en botánica el hesperidio (del latín moderno *hesperidium*) es un fruto carnoso de corteza gruesa, dividido en varias celdas por telillas membranosas, como la naranja y el limón. El hesperidio sería así, en definitiva, nada más que una simple naranja. Y como la Hesperidina se hace con cáscaras de naranjas amargas, no resulta aventurado suponer que su nombre guarda alguna vinculación con el hesperidio, lo que constituye nuestra **cuarta** y **última hipótesis.**

La historia de la Hesperidina comenzó cuando llegó al país en 1862, decidido a quedarse, un joven norteamericano de 24 años llamado Melville

S. Bagley. Era un muchacho ambicioso que quería ser hombre de empresa. Con tanta fuerza lo deseaba que alquiló su local en la calle Maipú cuando aún no tenía nada que vender. De vez en cuando pasaba algún cliente, pero las vitrinas estaban vacías y, en consecuencia, las operaciones comerciales arrojaban resultados reiteradamente neutros.

Entonces mister Bagley inventó la Hesperidina. Pero como además de ser gran emprendedor era también muy imaginativo, decidió no lanzar su bebida al mercado de un día para otro, como si se tratara de una cosa cualquiera.

Lo que hizo fue una campaña de publicidad a la que no le queda grande el adjetivo "revolucionaria", si tenemos en cuenta que a nadie se le había ocurrido antes, que corría el año 1864 y que todavía hoy los publicitarios de todo el mundo se siguen aferrando a la misma treta.

Desde el 15 de octubre las calles de la ciudad aparecieron con carteles pintados que decían "Se viene la Hesperidina". Por cierto, no existía la radio ni la televisión, pero en las principales revistas de la época, por ejemplo en *El Mosquito*, se imprimía también el extraño anuncio.

El diario *La Tribuna* le sacaba punta de este modo al misterio: "La curiosidad pública ha recaído en unos carteles que aparecieron de la noche a la mañana por toda la ciudad. ¿Cuál es el secreto de la Hesperidina? Casi podemos garantizar a nuestros lectores que se trata de un combustible que, según se dice, es tan bueno como el kerosene, y más económico".

Pasaban las semanas y el suspenso crecía, hasta que al fin, a principios de diciembre, se develó el secreto. De más está decir que todo el mundo se lanzó a comprar botellas de Hesperidina como si hubiera sido maná del cielo.

El éxito superó todas las previsiones. Melville Sewell Bagley se construyó una lujosa mansión en Zapiola y Dorrego, en la zona residencial de Bernal, y se sintió feliz de la vida. Sin embargo, una cosa lo hacía sufrir: era tan grande la demanda que pronto comenzaron a aparecer decenas de imitadores.

Bagley no podía aceptar que otros piratas criollos se aprovecharan de su ingenio, pero estaba indefenso. En ese momento, no tenía a quién quejarse, pues no se llevaba registro legal de los inventos. Bagley luchó y luchó hasta que consiguió, en 1876, que se creara la Oficina de Patentes y Marcas.

Entonces patentó la Hesperidina. Naturalmente, era el primero de la cola, de modo que la Hesperidina lleva el número uno entre todas las patentes de inventos argentinos, que en la actualidad ya superan los 360.000. Tratándose de un aperitivo, la Hesperidina hizo honor a su condición y les abrió el apetito a decenas y miles de nuevos creadores.

Más tarde, inquieto, Bagley quiso acompañar de alguna manera aquel primer hallazgo, y lo mejor que se le ocurrió fue fabricar galletitas. Hasta ahí, las galletitas envasadas no se hacían en el país: venían de Inglaterra.

La compañía Bagley, que prosperó durante muchas décadas en el barrio de Constitución antes de ser absorbida por Danone y Arcor, produjo muchos clásicos de todos los tiempos en el rubro de la galletitería, desde las primitivas Bu-Bu hasta las Criollitas, que salieron a la venta en 1943.

Por desgracia, el encantador gentilhombre llamado Bagley casi no tuvo tiempo de sacar en persona sus propias galletitas del horno, puesto que se murió muy joven, en 1880, a los 42 años. Brindamos, pues, a su memoria, con una *cracker* en la mano derecha y en la izquierda una copa del aperitivo del león, que también sigue siendo el león de los aperitivos.

El hombrecillo de las biromes

El húngaro Ladislao José Biro llegó al mundo con destino de inventor. El 29 de septiembre de 1899, el día que nació, su obstetra le anunció el acontecimiento a la familia sin sonrisas. "Este chico pesa bastante menos de dos kilos. Sería mejor decir que el chico pesa poco más de un kilo. Para ser francos, este chico pesa exactamente un kilo trescientos. No sobrevivirá", dijo, con el respaldo milenario de la ciencia que más errores comete a cada paso sin perder por ese motivo menor su categoría científica.

Juana Ullmann, la mamá de Ladislao, no estuvo de acuerdo con el diagnóstico. Expuso a su hijo al calor de una lámpara durante algunas semanas, y Biro no sólo sobrevivió sino que llegó a ser un sujeto bastante enérgico. Casi sin darse cuenta, Juana Ullmann se había anticipado a la creación de la incubadora.

Tal vez para vengar aquel paso en falso del doctor, el joven Biro abandonó en el primer año la carrera de medicina y se dedicó al hipnotismo. Hipnotizando gente, descubrió, calmaba los dolores más rápido que con pastillas. Parece que su terapia era efectiva, porque enseguida su consultorio se llenó de pacientes que llegaban maltrechos del hospital y también enseguida su bolsillo se llenó de dinero. El hecho de que fuera oficial y reiteradamente invitado a dictar conferencias sobre la hipnosis ante los médicos de la clínica más importante de Budapest no garantiza que su arte estuviera por completo exento de sugestión y charlatanería.

Nunca más tomó clases en una facultad: demasiadas otras cosas despertaban su interés, devolviéndole el capital con intereses. Del hipnotismo pasó, naturalmente, a la grafología, pero también fue despachante de aduana, agente de bolsa y corredor de automóviles.

Don Biro se casó el 2 de noviembre de 1930 con doña Elsa Isabel Schick. Le regaló a su esposa un maravilloso lavarropas que había inventado él mismo, y mientras Elsa, maravillada, se pasaba las horas lavándole la ropa a Ladislao, Ladislao aumentaba los ingresos familiares produciendo en serie el mismo lavarropas que le había regalado a su señora.

Así, fabricando y lavando, transcurrieron los primeros años felices de la pareja, que se vieron coronados el 16 de abril de 1932 con el nacimiento de su única hija, Mariana, llamada a difundir más tarde la obra de su padre desde la escuela y la fundación que creó en la Argentina.

Otro invento notable de Ladislao fue la caja de cambios automática para automotores. Como se trata de algo que sigue propagándose en todo tipo de vehículos y que relegará pronto al olvido a la vieja caja de cambios manual, se podría intuir que Biro hizo con este solo invento una enorme fortuna. Pero no: por un lado, no tenía todavía suficiente experiencia comercial. Por el otro, era aún demasiado pronto para que los conductores apreciaran las ventajas de la marcha directa.

El hombrecillo de las biromes se presentó con su caja automática a los representantes de la General Motors en Berlín y ellos le compraron el invento. Pero no para fabricarlo, sino para que no llegara a manos de la competencia. Así quedó archivado mucho tiempo. Le dieron 500 dólares de adelanto, una mensualidad de otros 500 durante cinco años y la promesa de un porcentaje en la futura producción, que se fue diluyendo.

Mientras tanto, Mariana se quejaba de que sus compañeros de escuela, especialmente los que ocupaban el banco de atrás, se entretenían sumergiendo las puntas de sus trenzas en el tintero. Hoy parece una diversión inocente, pero en aquella época era objeto de condena social, y los periodistas redactaban artículos de fondo con títulos indignados: "Otra trenza entintada. ¿Adónde irá a parar la juventud?"

Donde Biro divisaba un problema, veía también una posible solución. "Él no aceptaba los problemas como una fatalidad. Buscaba la solución desde un punto cero", recuerda todavía Mariana. En el caso específico del pelo, Ladislao, ofuscado, se propuso terminar con los tinteros.

Poco antes de que comenzara la década del 40, y todavía en Hungría, Biro patentó su primer modelo de lapicera de tinta de secado rápido, pensando no sólo en la nena sino en su propia actividad adicional de reportero.

Al parecer, la idea de producir una lapicera que no salpicara se le ocurrió al visitar la imprenta del diario: si las enormes rotativas no escupían tinta como locas cuando imprimían las páginas, ¿por qué tendría que hacerlo un aparatito manual que sólo dibujaba sobre modestos renglones?

De este razonamiento —explica Invent.ar, la extraordinaria página de los inventores argentinos en Internet— surgió el bolígrafo, que consistía en una bola de acero en la punta de un cilindro lleno de tinta especial. Ésta bajaba por acción de la gravedad y se secaba enseguida. Al bajar la tinta, se impregnaba la bola de acero, permitiendo que el líquido fluyera, gracioso, sobre el papel.

A principios de 1940, Biro se encontraba en un hotel de Yugoslavia, escribiendo en el lobby con su invento una nota que debía despachar por telégrafo a su país natal. No se dio cuenta de que estaba siendo observado: al lado suyo, había un tipo bajito con los ojos desorbitados por lo que veía desde el fondo de sus lentes gruesas. Cuando Ladislao subió a su pieza, lo llamó por teléfono un conserje del hotel y le dijo: "Ese señor que estaba a su lado es un ingeniero y lo ha visto a usted escribir con un instrumento desconocido. ¿Tendría inconvenientes en conversar con él?"

Biro no se hizo rogar, y a poco de comenzada la charla, el extranjero le dijo: "¿Por qué no se viene con los suyos a la Argentina a fabricar este artefacto prodigioso?" Le aseguró que viviría allá (es decir, acá) estupendamente. Nuestro héroe agachó la cabeza: "Lo he intentado, caballero —respondió—, pero es muy difícil conseguir visa para nosotros, los centroeuropeos". Entonces el ingeniero le entregó una tarjeta firmada y le aseguró que si la exhibía en consulados o embajadas recibiría la visa sin mayores demoras. Biro leyó la tarjeta. Decía: "Agustín P. Justo. Presidente de la República Argentina".

Europa estaba en guerra. Después de un breve paso por París (donde Ladislao, por no perder el tiempo, vendió muy bien los cuadros que pintaba en sus ratos libres y colaboró, en los laboratorios químicos del servicio secreto de las fuerzas armadas, en la creación de nuevos explosivos), Biro usó la tarjeta.

Vía Madrid, llegó a Buenos Aires a mediados de mayo de 1940. Enseguida fundó la compañía Biro-Meyne-Biro, con su hermano Jorge y su amigo francés Juan Jorge Meyne.

Los primeros tiempos de la birome fueron difíciles. Había que perfeccionar la tinta: o se cuarteaba o producía borrones. El mecanismo era todavía demasiado complejo. El producto era demasiado caro: cada birome costaba de ochenta a cien... ¡dólares! Biro, que se había nacionalizado argentino, se encontraba por primera vez en su vida en una encrucijada.

Eligió la mejor salida.

Treinta y una personas formaban parte de mi empresa –contó mucho después–. Las llamé y les dije: "Los financistas no dan más dinero. Tengo que cerrar. Yo sé muy bien que ustedes viven de su sueldo, que tienen obligaciones y familias y, en consecuencia, no pueden trabajar sólo por mis promesas de que, eventualmente, tendremos éxito en el mercado sólo dentro de cuatro o cinco meses. Recién entonces les voy a poder pagar lo que les debo. Pero seguro no es. Quien en estas condiciones pueda seguir trabajando conmigo, que anote su nombre en este papel, y quien no pueda, que no lo haga. De todas maneras quedaremos amigos". Después salí y a los pocos minutos me llamaron a la sala de reuniones y me dijeron: "Vuelva, Biro, que todos vamos a seguir trabajando". Finalmente, las 31 personas continuaron en sus puestos. Afortunadamente pude perfeccionar el sistema del bolígrafo y salimos al mercado con todo éxito...

El 10 de junio de 1943, con patente argentina, la nueva versión de la birome inició la conquista del planeta. En 1944, Biro vendió la patente en los Estados Unidos a Evershap-Faber por mucho más dinero que el que había recibido por la caja automática para automóviles: dos millones de dólares. También se la vendió, para Europa, a un tal Marcel Bich, quien encontraría el modo de abaratar al límite los costos hasta hacer que el objeto más común de la Tierra fueran sus bolígrafos, los de la marca Bic.

Mientras tanto, los inventores argentinos resolvieron por unanimidad consagrar el 29 de septiembre de cada año como el Día del Inventor, en homenaje al niño al que los médicos dieron por muerto cuando estaba por comenzar el siglo XX.

Ladislao Biro murió, esta vez de verdad, en el Hospital Alemán de Buenos Aires el 24 de octubre de 1985. Trabajaba por entonces en un nuevo procedimiento ("mucho más natural y sencillo") para enriquecer el uranio. No llegó a terminarlo, ni aumentó con esa idea su fama, tan inmensa que aunque todos escriban hoy en día con la Bic se dicen unos a otros, en un momento de necesidad: "¿Me pasás la birome?"

Lo dicen con minúscula, porque es un sustantivo de uso común.

Los locos Gesell

Los Gesell han sido exactamente lo contrario de una familia muy normal, lo cual debe tomarse como un elogio en la medida en que no a todo el mundo se le dé por parecerse a ellos.

Don Silvio, el padre (1862-1930), fue un alemán que se dedicó, entre otras cosas, al comercio y a la economía. En el primero de los dos rubros, construyó en Buenos Aires un imperio que se proyectó a toda Sudamérica: Casa Gesell, dedicada a la fabricación y venta de artículos para bebés. En el segundo, creó una teoría sumamente original sobre el dinero, que todavía se sigue estudiando y que tiene seguidores tan apasionados como el economista alemán Werner Onkel. Entre sus contemporáneos, el que lo admiró de modo más ferviente fue el célebre John Maynard Keynes, quien dijo sobre él: "Creo que los pensamientos de Silvio Gesell serán en el futuro más importantes que los de Karl Marx".

Silvio Gesell era un defensor de la economía de mercado que, primera excentricidad, odiaba el dinero. Por lo menos, lo odiaba con las funciones y los privilegios que actualmente le conocemos. Creía que distorsionaba el flujo del comercio, porque mientras el papel moneda puede acumularse, depositarse en bancos y retirarse del mercado a voluntad de sus poseedores sin perder ni un ápice de poder, las mercancías, los bienes y los servicios no pueden, en muchos casos, ser acumulados de la misma manera.

Un financista puede guardar sus dólares durante décadas, ganando muchos nuevos dólares de intereses. El dueño de un tambo, en cambio, tiene que desprenderse pronto de su leche, porque de lo contrario se corta.

En consecuencia, Gesell padre inventó la "libre moneda", que si no se usaba enseguida iba perdiendo parte de su valor. Lo explicaba así:

> Una moneda tal que envejece como un diario, que se pudre como las papas, que se volatiliza como el éter es la que mejor puede servir como medio de cambio para diarios, papas, hierro, etcétera, pues ella no sería preferida a la mercancía ni por parte del comprador ni del vendedor. Únicamente se entregaría la mercancía por dinero porque se lo necesitaría como medio de cambio, y no porque se busque alguna ventaja en su posesión.

La conclusión elemental a que llegó fue la siguiente: "Debemos empeorar el dinero como mercancía si hemos de mejorarlo como medio de cambio". Creyó que estaba en condiciones de desafiar a la humanidad entera:

> ¿Estamos dispuestos a romper las cadenas de esclavos que arrastramos como vendedores de nuestras mercancías mediante la entrega de los privilegios despóticos que ostentamos como compradores frente a los productos de nuestros conciudadanos? Si es así, examinemos de cerca la proposición inaudita y verdaderamente revolucionaria de una demanda compulsiva.

Los billetes de Silvio Gesell parecían cupones troquelados, cuyos segmentos se iban desprendiendo por falta de uso. La libre moneda perdería semanalmente un milésimo de su valor nominal mientras quedara en el bolsillo del portador. Así, decía el creador, se iba a acabar "la prepotencia del dinero".

Entre las ventajas de su sistema, enumeraba la circulación monetaria ininterrumpida, el aumento de los pagos al contado, la eliminación de las depresiones económicas, la desaparición de las maniobras bursátiles y de la especulación, la derogación de los derechos aduaneros proteccionistas, la supresión de las causas económicas que conducen a las guerras, el fin de la desocupación y el aumento rápido y universal de los salarios. ¿Verdad que nada de esto es moco de pavo?

Mientras iba elaborando estas teorías, Silvio Gesell emigró a la Argentina, donde llegó en 1887, a los 25 años. Fundó su Casa Gesell, se casó con

Anna Böttger y tuvo varios hijos, el tercero de los cuales sería nuestro héroe, Carlos Idaho Gesell.

En 1898, cuando los chicos estaban en edad escolar, los Gesell se los llevaron a Alemania para educarlos. Ocho años después volvieron (excepto Carlos Idaho, que siguió estudiando un poco más en Suiza), pero en 1911 papá Silvio regresó definitivamente a su patria, donde se zambulló en la vida académica. En abril de 1919, y por el exiguo término de quince días, llegó a ser ministro de Economía de Baviera, como parte de un gobierno revolucionario. Ese gobierno fue derrocado por una igualmente fugaz revolución marxista y Silvio, acusado de alta traición, fue a parar a la cárcel. Absuelto, murió en 1930, en el asentamiento cooperativista y agrorreformista de Eden-Oranienburg.

Carlos Idaho Gesell nació en Buenos Aires el 11 de marzo de 1891. Debe su segundo nombre al hermano de Silvio, Herman, que también parece haber sido un tipo poco normal: llegó a Buenos Aires con Silvio, no se adaptó a la ciudad, se marchó a la Patagonia, en Tierra del Fuego convivió con los indios, se dedicó a pintar, se cansó, dejó, se fue a Estados Unidos y allí, en el estado de Idaho, compró una chacra y se dedicó a la explotación forestal.

Cuando Carlos Idaho era un muchacho abandonado por su familia en Suiza, quiso ser inventor. Tuvo, en este sentido, bastantes contratiempos. Mientras vivía en Zurich, recordó que su papá siempre decía que la pólvora no había sido un invento chino, sino de Moisés, que pudo fabricarla incluso con la precariedad tecnológica predominante en tiempos bíblicos. Carlos Idaho trató de ser Moisés: usó de laboratorio la cocina de su departamento y estuvo a punto de volar por el aire con cocina y todo.

Más adelante ideó un sistema de refrigeración para domicilios particulares. Era muy efectivo, pero tuvo que resignarse a abandonarlo cuando las paredes de su casa comenzaron a llenarse de estalactitas.

Como su padre quería que lo ayudara en el negocio, Carlos Idaho retornó al país en 1909. Con los años, aplicó su imaginación inagotable al diseño de artículos para el confort de los niños. Para probar que sus cochecitos de paseo eran indestructibles y aptos para cualquier terreno tomaba a la criatura que tuviera más cerca y la usaba como carnada para sus experimentos. Dicen los que lo vieron que nunca escucharon llantos infantiles tan desgarradores y lastimeros como los de aquellos conejillos de Indias de Carlos Idaho Gesell.

Aunque ya estaba casado con su primera mujer, Marta Tomys, y tenía seis hijos (Roberto, Juana, Trudy, Carlos Silvio, Rosemarie y Tomás), Carlos Idaho no era hombre de quedarse quieto. Viajaba y trabajaba de manera incesante y, por supuesto, había acumulado ya lo que podría llamarse una fortuna. El verano de 1931 decidió tomarse vacaciones y se fue con mujer y prole a Mar del Plata. Tirado al sol, sufría como un musulmán lejos de la Meca: no veía la hora de volver a hacer algo.

Fue entonces cuando conoció a Héctor Manuel Guerrero, el terrateniente que había hecho milagros plantando pinos en lo que por aquel entonces era un desierto frente al mar y hoy lleva el opulento nombre de Cariló. Guerrero le dio a Gesell la noticia de una pichincha: un tal Credaro estaba vendiendo 1.800 hectáreas a unos 15 kilómetros de Cariló por 28.000 pesos (que era nada para semejantes extensiones). Carlos Idaho sumó y restó: 1.800 hectáreas más miles de árboles que crecerían allí y darían madera suficiente para decenas de miles de cunas gesellinas, menos 28.000 pesos (que era nada para semejantes extensiones). Carlos Idaho sacó la cuenta y, por supuesto, compró.

Es decir que a Carlos Idaho ni se le había pasado por la cabeza todavía que aquel arenal pudiera atraer a los turistas. Tampoco se le había ocurrido que podía ser difícil que los pinos prendieran sin la inversión descomunal que estaba haciendo Guerrero. Tampoco llegó a entrever que por culpa de aquel arenal perdería a su esposa y tendría una relación, por decir lo menos, problemática con sus niños. Tampoco pensó qué complicado sería estar pendiente de aquel arenal sin descuidar, al mismo tiempo, los negocios de la Casa Gesell. Se tiró, directamente de cabeza, en aquel arenal sin medir en lo más mínimo las consecuencias.

Donde hoy se levanta Villa Gesell, en el año que Carlos Idaho hizo la brillante operación, 1931, no había nada. Pero nada de nada. Un buen día, Carlos Idaho levantó la primera casita y se fue para allá con toda la familia. El lugar relativamente poblado más cercano era la estación Juancho, a 22 kilómetros, y entre Juancho y lo que todavía podía ser mencionado en los mapas como Villa Nada no había ningún camino. Cuando Carlos Idaho comenzó a llevar sus cargamentos y equipos para forestar, tenía que transportarlos hasta Villa Nada abriéndose paso entre los yuyos, el barro, los mosquitos y los médanos.

Recuerda Rosemarie Gesell:

Yo estaba acá cuando mi padre levantó su primera casita y comenzó con las forestaciones. Para llegar había que subirse a carros tirados por caballos, que muchas veces, al atravesar los enormes pantanos, andaban con el agua hasta el cuello. Empezaron a correr los rumores por la zona de que había un hombre que vivía en una casa frente al mar, y que ese hombre pretendía domar los médanos. Se lo había visto sembrar bajo la lluvia con una sembradora de mano. Ese hombre debía estar loco. Se lo comenzó a llamar El Loco de los Médanos. Quincena tras quincena, mes tras mes, iba a los médanos a plantar con entusiasmo, sin dejarse vencer por el panorama de las plantas que se secaban. Vagones y vagones de pinos marítimos fueron transportados y plantados a doce cuadras del mar. Con gran emoción, vio que algunos se mantenían verdes. No crecían, pero al menos no se secaban.

En realidad, al principio eran pocos los que no se secaban. De los 120.000 que plantó El Loco de los Médanos en 1933, 100.000 murieron como consecuencia de una sudestada. Carlos Idaho tuvo que experimentar mucho, testarudamente, hasta dar con la acacia trinervis, una planta que favorecía la fijación y el desarrollo de los pinos.
"Mi padre no era normal. Había que comprenderlo así como era", sostuvo Rosemarie, simpática integrante de la familia de los locos Gesell.
Cuenta Guillermo Saccomano en su delicioso libro *El viejo Gesell* que tan difícil resultó hacer crecer algo en aquellas arenas que el viejo Gesell hizo venir de Alemania al ingeniero agrónomo que era considerado el máximo experto mundial en la materia, Herr Karl Bodesheim. Después de algunos meses, Bodesheim se cansó de discutir con Carlos Idaho, hundió la mano en el médano, sacó un puñado de arena, se lo refregó por la cara a Carlos Idaho, le sugirió que lo consideraba dueño de una mente inestable y se despidió para siempre de él con estas seis palabras: "Nunca crecerá nada en esta arena". Carlos Idaho reaccionó de la única manera que él consideraba lógica: se quedó en Villa Nada hasta conseguir que algo creciera.
Fue en ese momento cuando Carlos Idaho comenzó a pensar que tal vez la producción de madera no fuera el mejor destino para su propiedad. Que

acaso, aunque pareciera locura, sería mejor instalar allí una villa turística. Fue también en ese momento, alrededor de 1936, cuando destruyó su familia.

Más o menos cada quince días, Carlos Idaho venía a la Capital para supervisar la mueblería. Lo hacía según sus normas obsesivas, haciéndole sentir a sus subordinados el aliento en la nuca. Ese seguimiento personal se hizo especialmente intenso en el caso de una subordinada, la jefa de ventas de Casa Gesell, una mujer de 46 años y ojos azules llamada Emilia Luther.

Cuando Ernesto, el hermano y socio de Carlos Idaho, tomó conciencia de que esa supervisión particular se había vuelto comprometedora, puso el grito en el cielo. Gritó tan fuerte que se lo pudo escuchar en Villa Nada. Allí el grito sólo podía ser oído por una habitante adulta, que no era otra que la mujer de Carlos Idaho. El matrimonio no tardó en romperse, y para gran desazón de los seis hijos la presencia de Emilia sustituyó a la de Marta en aquella solitaria casita marina.

Basada en las instrucciones de su esposo, Emilia quiso educar a los pequeños con mano de hierro. Los pequeños nunca llegaron a quererla incondicionalmente.

Eso no andaba, pero la idea del turismo sí comenzó a andar. Carlos Idaho construyó una segunda vivienda, La Golondrina, y publicó en *La Prensa*, en 1940, un aviso que decía: "Casita solitaria frente al mar se alquila por quince días a cien pesos. Escribir a Carlos I. Gesell. Estación Juancho. Ferrocarril Sur".

Se presentaron un suizo y su mujer. Ésta, la señora Stark, se puso furiosa antes de desempacar y le gritó al marido: "¡Mirá adónde me has traído de veraneo! ¿Es que no te das cuenta de que nos estafaron?" Sin embargo, al señor Stark La Golondrina le gustó y luego de tranquilizar a su esposa con mil caricias y adjetivos regalones comenzó a hacerle propaganda al lugar.

Fueron llegando nuevos visitantes. Carlos Idaho los ubicaba en puntos que distaban de lo que iba siendo el centro, con el fin de alargar la villa. Además, hacía ofertas de supermercado en liquidación a los que quisieran asentarse. Si construían en un plazo inferior a seis meses, les descontaba hasta un cincuenta por ciento del valor del terreno. Si tenían un hijo y lo mantenían allí, les rebajaba 20.000 pesos.

Llegaron muchos colonos alemanes y austríacos, pero también criollos de cepa española. El 11 de mayo de 1950 nació la primera gesellina y no se llamaba Wiesendhöfer sino Marta Pérez. Desde 1948, Villa Gesell tenía, por lo demás, su propia escuela.

Pese a haber sido hecha por un descendiente de alemanes a quien alguna vez (al parecer, en vano) se acusó de admirar a los nazis, en la Villa prosperó un aire hippie. En los años 60, fue la primera playa argentina en la que se usaron bikinis. En 1970, fue declarada ciudad, y desde entonces el crecimiento explosivo y no del todo ordenado fue también incesante.

Lo del aire hippie fue alentado por la curiosa personalidad de Carlos Idaho: por un lado era rígido, severo. No tomaba alcohol. Su trago preferido era una mezcla de vinagre con miel. Cuando alguien le pedía que le vendiera un terreno, lo convidaba con un vaso de whisky. Era una trampa: si el interesado aceptaba, era despedido sin compasión. Cuando sorprendió a su hijo Carlos Silvio tomando lo echó sin mayores explicaciones, y eso que era su hijo preferido. Odiaba el cigarrillo y, por extensión, a los fumadores. La disciplina y el trabajo estaban siempre al tope en su escala de valores. Pero por el otro lado amaba la naturaleza, la libertad y la aventura. No tenía restricciones con el sexo. Creía que el lujo era señal de mal gusto, su mayor placer era bañarse en el agua helada, ayudaba sin medida al que lo necesitaba y era, en general, muy desprendido con su dinero.

Tan generoso se había puesto cuando se volvió viejo que los seis hijos, de común acuerdo, le iniciaron un juicio por insania, un poco para evitar que lo regalara todo, otro poco como venganza por Emilia.

Carlos Idaho decidió defenderse solo. Ante el juez, tuvo que contestar 88 preguntas. Una de las pruebas que los vástagos presentaron para demostrar la locura de su padre fueron sus alocados inventos, en especial el último, un dirigible de última generación. Carlos Idaho se defendió con éxito. Más tarde, Juana, una de las demandantes, se arrepintió de haberlo hecho.

Después de que mi papá murió, en 1978, consulté a un abogado –dijo Juana–. Él me probó que lo que se había hecho con papá había sido una injusticia. La Suprema Corte dictaminó que el juicio había sido apresurado. Se sentó jurisprudencia. Y salió en todos los diarios. Le puedo mostrar los recortes que tengo guardados. Dígame, ¿usted le haría eso a su padre?

No sé. Nunca se sabe. Después de todo, no debe haber sido nada fácil tener de padre a un tipo como Carlos Idaho Gesell.

En taxi al Di Tella

Italia, madre nuestra, ¿cómo podría olvidar tu nombre quien quiere reseñar las grandes hazañas argentinas? Al hablar del ingenio, del *lavoro*, de la capacidad para emprender y, por qué no, también del gusto refinado y del humor italianos un apellido se impone de inmediato, un apellido que inmediatamente nuestra imaginación asocia a cosas tan diversas como:

- Una heladera.
- Un auto.
- Mafalda.
- Una máquina de amasar.
- Una universidad.
- Un canciller que hablaba de las relaciones carnales con Estados Unidos.
- Un surtidor de nafta.
- Un secretario de Cultura que decía que la democracia es, naturalmente, un circo.
- Un instituto de la calle Florida en el cual se hacían cosas bastante lanzadas en los años 60.

La historia de Di Tella tiene, pese a su cercanía, un origen lejano. Arrancó en un pueblo tan pequeño como puede serlo un pueblo en el que hoy viven nada más que 1.200 personas pertenecientes a unas 580 familias, con alrededor de 1.170 casas, muchas de las cuales son alquiladas a los turistas que van a disfrutar de sus paisajes y de sus aguas termales.

Ese pueblo queda en la meridional provincia de Isernia, en la región de Molisano, en el extremo norte del reino de Nápoles, y su nombre, Capracotta, es un vivo homenaje a la literalidad, ya que "Capracotta", "cabra cocida", fue fundada en el preciso lugar en el que fue fundada porque los primitivos paisanos estaban al respecto indecisos y resolvieron prenderle fuego a una cabra y establecerse allí donde el animal fuera a detener su desesperada y vana carrera para huir de las llamas que llevaba encima. Exactamente allí donde la cabra fuera a entregar su alma a los dioses o a los demonios de las cabras.

En ese sitio, en Capracotta, vivía el anteúltimo de los barones de Sesano, don Giuseppe Tommaso di Tella. Como sólo le quedaban el escudo y el título, artículos no comestibles, el barón Giuseppe había instalado una pescadería, con la que, de un modo u otro, alimentaba a su familia.

Al hijo mayor de Giuseppe, Salvatore, el último barón de Sesano, no le fueron mejor las cosas: intentó darle vuelta a la fortuna con un moderno molino que pronto se hizo harina. Desesperado, Salvatore se marchó a la Argentina, trayendo con él a sus dos hermanos: Cesáreo di Tella y Amato Nicola di Tella, quien era el padre de Torcuato y, consecuentemente, el abuelo del canciller Guido y del secretario de Cultura Torcuato.

Fue aquel primer Torcuato el que comenzó a escribir con D mayúscula el apellido Di Tella, harto de que lo llamaran siempre último cuando tenía que dar exámenes en el colegio Mariano Moreno, y fue el mismo Torcuato el encargado de poner en movimiento un complejo industrial que en su momento de apogeo llegó a estar integrado por 24 empresas, más seis empresas asociadas no consolidadas —cuatro de ellas en el exterior— y otras dos asociadas al grupo en las que éste no poseía participación mayoritaria.

Según lo afirma el investigador Roberto M. Elisalde, hacia fines de la década de 1950 Siam Di Tella figuraba, por el volumen de sus ventas, a la cabeza de las cien mayores firmas industriales latinoamericanas, excluidas las empresas petroleras.

El joven Torcuato estaba al acecho. Tenía sólo 18 años cuando dos hermanos italianos, Alfredo Allegrucci y Guido (futuro nombre del canciller) Allegrucci le propusieron fundar con ellos una pequeña empresa para aprovechar su también pequeña fortuna.

Corría el año 1910 y una reglamentación flamante prohibía a los panaderos, por razones de higiene, amasar el pan a mano. Los tres caballeros registraron, entonces, la marca Siam, una sigla que significaba al principio Sociedad Italiana de Amasadoras Mecánicas y que después, acriollada, dejó por el camino el gentilicio europeo y se transformó en Sociedad Industrial Americana de Maquinarias.

El logotipo era un hallazgo: tres barras paralelas e inclinadas, unidas de tal modo que sugerían la figura de la letra S y que se parecían mucho al símbolo que en la Edad Media distinguía a los artesanos de la más alta calificación. La S de Siam todavía se reconoce al primer golpe de vista, lo que constituye la meta soñada por los creativos publicitarios de todos los tiempos.

Las amasadoras se vendían bastante bien y Torcuato, feliz, festejaba el éxito estudiando ingeniería, ya que en aquellos tiempos incluso los magnates estaban convencidos de que todo era cuestión de sacrificio y constancia. Italia lo llamó a los gritos para que peleara en la Primera Guerra, así que estuvo militarizado a partir de 1915. En 1920 volvió, terminó la carrera, se quedó con la compañía y comenzó a venderle surtidores de nafta a la YPF del general Enrique Mosconi, que había comprendido que al popularizarse la circulación de automóviles los conductores iban a tener que llenar de tanto en tanto los tanques para seguir andando.

En la sinuosa historia del petróleo argentino, el injusto cambio de marcha del presidente Justo hizo que, perdido a partir de 1930 el negocio seguro del surtidor, Di Tella se dedicara a la heladera, tanto a la comercial como a la doméstica.

Ése fue un clásico nacional de todos los tiempos. La memoria de las heladeras Siam aún perdura, toda vez que una bella heladera importada, delicada como una golondrina, expira entre las manos de su dueño a las pocas semanas de comprada. Aquellas heladeras Siam sobrevivían largamente a sus poseedores, dando a sus vidas una ilusión de trascendencia sin lugar a dudas reconfortante, sobre todo para los herederos.

Un convenio con la firma norteamericana Westinghouse le permitió a Torcuato abrir el naipe de sus electrodomésticos, y en la década del 40 cumplió su sueño imperial, con las cifras y datos que han sido consignados. Sus proyectos era todavía muchos (quería establecer una fábrica de tubos de acero para gaseoductos y oleoductos) cuando lo sorprendió la muerte en 1948, a la todavía juvenil edad de 56 años.

En tiempos agitados desde el punto de vista gremial, Torcuato había sido un patrón atípico. Aunque tenía ideas progresistas, los 30.000 obreros que llegaron a trabajar bajo sus órdenes no dejaron de sublevarse contra él, acusándolo de cerdo capitalista. Aunque lo detestaban en tanto símbolo universal de la plusvalía, lo apreciaban bastante, en general, como persona, al punto de haber llegado, alguna vez, por propia iniciativa, a levantarle una estatua de bronce.

Aunque fue un muy activo militante antifascista, sospechaban sin mayor fundamento que le vendía armas al Eje, y aunque tomaban como un simpático gesto de buena voluntad que se presentara de modo espontáneo en las asambleas sindicales para aportar el punto de vista de la empresa, radicalizaban, en ocasiones, las medidas de fuerza que estaban en curso después de haber oído las cálidas palabras de Torcuato.

Veamos cómo trataban en 1939 a Torcuato –a quien entonces comparaban despectivamente con Henry Ford y a quien hoy, visto el promedio del empresariado, se lo podría comparar con Mahatma Gandhi– en las páginas combativas de *El Obrero Argentino*:

> ¿Quién es Di Tella? Es socio del ex presidente Agustín P. Justo y del importador de maquinarias Negroni, y al decir de muchos su moderna fábrica lo convierte en el Ford argentino. Claro está: el americano Sr. Ford financia al descubierto parte del movimiento fascista. En cambio, el Sr. Di Tella es un demócrata burgués posiblemente sincero en un país en el cual siendo medianamente inteligente conviene serlo así. Nos restaría averiguar si colocado en el trance de Ford lo complementaría o no... Su crítica sentimental a la política armamentista no le ha impedido construir en su taller carros de municiones y ametralladoras, ni le ha impedido permitir que los cargos técnicos y de suma responsabilidad estén ocupados por italianos fascistas.

Nadie pudo discutir, en cambio, el empeño con que Torcuato trató de mejorar la educación de sus operarios en las escuelas que instalaba en sus fábricas. No sólo se brindaba en ellas instrucción técnica, sino estudios generales sociológicamente tan abiertos que incluían, por ejemplo, temas sobre el control y la gestión obrera de la producción. Con una mano en el corazón, ¿alguien puede imaginarse, hoy en día, otro tanto?

Los hijos de Torcuato, Guido (economista) y Torcuato (sociólogo), siguieron confundiendo cultura con negocios, en el caso de que efectivamente se tratara de una confusión. Diez años después de la muerte del padre, el 22 de julio de 1958, crearon la Fundación y el Instituto Di Tella, al principio sin sede propia (funcionaba en el Museo Nacional de Bellas Artes), pero enriquecido desde el primer momento por la propia colección familiar, que incluía cuadros de Tintoretto, Rafael, Van Dyck, Rubens, Rembrandt, Matisse, Modigliani, Chagall, Picasso y Kandinsky, entre otras minucias.

Cuando se instaló en la calle Florida, a comienzos de los 60, comenzó la década de lujoso esplendor del Di Tella, considerado en términos generales la usina de la renovación artística más activa del siglo XX.

Fondos privados de empresas más que conservadoras alimentaron, contradictoriamente, experimentos alocados de los que todavía quedan huellas: de *El desatino*, de Griselda Gambaro a los cuadros y canciones de Jorge de la Vega, de Les Luthiers y las obras dirigidas por Jorge Petraglia a los *happenings* de Marta Minujín. En el primero y más famoso, "La menesunda", el público era forzado a recorrer gateando un sendero de tubos de plástico para encontrarse, en el extremo, con una pareja de amantes bastante desnudos y en pleno trance. Al mismo tiempo, había exposiciones de Antonio Berni y esculturas acuáticas de Gyula Kosice. El extravagante Jorge Romero Brest era el gran maestro de la sección plástica, y en el Centro Latinoamericano de Altos Estudios Musicales, dirigido por el maestro Alberto Ginastera, encontraban los futuros compositores gabinetes, materiales, instrumentos, equipos y archivos de dimensión extragaláctica para sus experimentos en el arte de combinar, literalmente, todo tipo de ruidos.

Mientras tanto, la empresa como empresa había tenido que superar la crisis de la motoneta. En 1955, había llegado de golpe la Revolución Libertadora, cazadora de brujos, demonios y hechiceros que hubieran estado en contacto con Perón. A los libertadores les fue difícil perdonar este pecado: Perón se paseaba en Siambretta y había comprado algunas decenas del flamante bípedo mecánico para regalárselas a la UES (Unión de Estudiantes Secundarios). No hubo hoguera, pero la empresa pasó una temporada en el purgatorio, lejos de los favores oficiales.

Al final de ese ciclo, vino un nuevo golpe de suerte: el 2 de abril de 1960 salió a la venta el primer Di Tella, el favorito de los taxistas por su resistencia a la adversidad. El auto, el famoso Siam Di Tella 1500, era una versión local del Riley 1500 de la BMC. Tenía, si estos datos pueden resultar de alguna utilidad, 1.489 centímetros cúbicos de cilindrada, potencia de 55 HP a 4.350 revoluciones por minuto, transmisión trasera, con caja manual de cuatro marchas y marcha atrás, embrague monodisco seco, suspensión delantera independiente, con sistema de trapecio deformable, y trasera con eje rígido y suspendido por dos elásticos longitudinales de ballesta. Consumía, en ciudad, un litro de nafta cada 10,3 kilómetros y en ruta, a 110 kilómetros por hora, un litro cada 9,5 kilómetros. Andaba a una velocidad máxima de 116,9 kilómetros por hora.

Una fiera.

Ahora es una perla de colección, junto a las otras perlas de la familia Di Tella. Entre ellas, la Mafalda dibujada por Quino, que nació como una tira de publicidad subliminal para que Siam Di Tella vendiera mejor su nueva línea de electrodomésticos Mansfield. Los nombres de todos los personajes, imponía el acuerdo comercial, tenían que comenzar con la letra M.

La idea no funcionó, y con el tiempo el papá de Mafalda se compró un Citroën, lo que no quita que en el fondo del corazón amara el Di Tella, por tratarse de un auto magnífico, movedizo, maravilloso, meritorio, manejable, monumental, mítico, mágico, mullido, manso, magnético y milagroso.

Eso fue Siam Di Tella, en realidad. Un milagro argentino.

Para todos los días

Hemos visto de qué manera el ingenio argentino, la industriosidad y el ambicioso espíritu de empresa alcanzaron las cumbres elevadas. Titánicos, inaccesibles, nuestros prohombres elevaron los pies del suelo y volaron muy alto. Tan alto que los hemos perdido de vista. ¡Ah, pioneros, regresen! ¡Vuelvan, oh inspirados creadores, viajeros de ayer, héroes homéricos, a la tierra de la que han partido!

Pero no escuchan: de la utopía sólo quedan ecos. Sin embargo, en esta realidad no todo es árido. Desaparecieron, tal vez, esos grandes milagros, pero aún tenemos margen para sorprender a la humanidad con pequeños milagros para todos los días.

El dios viviente de la creatividad cotidiana es el tucumano José Raimundo Fandi, en cuya figura bien se puede rendir homenaje a la pequeña idea, de la que suele depender la solución de muchísimos problemas.

Fandi –providencialmente llegado al mundo un 25 de diciembre– es el autor de cien inventos, algunos muy pintorescos, como una casa rodante que puede, llegada a la orilla, echarse al agua y flotar con una autonomía de navegación suficiente para unir, por ejemplo, la costa bonaerense con la de Colonia del Sacramento, en la República Oriental del Uruguay.

También ha proyectado la manera más simple de proveer de agua potable a la desertificada Patagonia, aprovechando el viento y la energía solar para separar las moléculas de sal de la parte bebible que suele evaporarse del mar. En realidad, no se trata de un procedimiento excesivamente simple. Tiene sus complicaciones, quizás severas. Por otra parte, jamás quise insinuar que fuera un procedimiento demasiado simple, sino sólo "el más simple" de cuantos se conocen. Es bastante simple, pero tal vez no demasiado.

Una de las cosas que le salió realmente bien a Fandi, líder y referente indiscutido de la Asociación Argentina de Inventores, es el sifón para botellas descartables, que todo el mundo usa sin saber a quién se le ocurrió y que se encuentra en tres versiones en las góndolas de cualquier supermercado. Las tres versiones salieron de la cabeza y la imaginación del genial Fandi.

"Fue un invento a pedido –dice Fandi–. Vino una firma que quería sacar una tapa-sifón de bajo costo. Me hicieron el desafío, me puse a trabajar y logré tres modelos distintos. El primero, de tres piecitas, incluida la tapa. El segundo fue de dos piezas y luego me desafiaron a hacerlo sólo con una pieza. ¡Como si fuera una cosa absurda, imposible! Al otro día fui y les dije: '¡Acá está!' Y se la tuvieron que tragar."

Pero vayamos al punto principal. Siendo aún muy joven, y urgido por la necesidad materna, José Raimundo Fandi pudo solucionar una enfermedad que aquejó durante siglos a las amas de casa de todo el orbe, pues han sido ellas, las amas de casa, las que tal vez por vía de discriminación y conveniencia masculina han debido limpiar, baldeando, los pisos de las casas, residencias, mansiones y palacios que en el mundo han sido. ¿Y qué suele ocurrir cuando se baldean los pisos? Que luego hay que secarlos, puesto que de lo contrario quedan mojados. ¿Y cómo se los seca? No hay modo más sensato de hacerlo que con un secador de pisos.

Pues bien, hasta el advenimiento y la iluminación de Fandi los secadores de pisos eran apenas palos de madera con una ranura en la que se clavaba, brutalmente, una goma. Con el movimiento progresivo y retráctil que se produce al secar, el clavo se desprendía de modo invariable, dando origen a exclamaciones que llevaban la voz femenina al borde del grito y cuyo contenido invariable podría ser resumido en esta frase promedio: "¡Otra vez se ha salido!"

A Fandi se le encendió la lamparita. Como en ese momento trabajaba en una matricería, se vinculó con un fabricante que vulcanizaba gomas y le pidió que le hiciera una pieza única, provista de lo que técnicamente y con perdón de la palabra se denomina un "tetón" para no tener que clavar nunca más la goma al palo sino, antes bien, en lugar de eso, conectar, enchufar suavemente una cosa a la otra y hacer así que una tarea para siempre maldita se convirtiera poco menos que en un cuento de hadas.

Hasta hace cinco décadas era una tragedia lo que hoy es la cosa más común del mundo. José Fandi vendió millones y millones de secadores de piso de una sola pieza y logró que hoy hasta los maridos más remisos reclamen de sus esposas el privilegio de poder usarlos de vez en cuando.

Así, esta creación si se quiere sencilla y cien por ciento surgida del ingenio nacional contribuyó a esparcir el bálsamo de la armonía en la piel erizada de las relaciones conyugales. Gracias a ella, la familia, célula primigenia del cuerpo social, es ahora una célula muchísimo más feliz y relajada.

Lo cual, reconozcámoslo, merece otra secada.

De los ejemplos precedentes se pueden extraer conclusiones diversas, que serán, de ser seguidas escrupulosamente, beneficiosas para el lector que quiera superarse. También debe haber otras, pero en este momento se me ocurren las siguientes:

- Sólo por el hecho de haber nacido o de vivir aquí, a usted, lo mismo que a mí, lo caracteriza la industriosidad extrema.
- No permita que nadie ponga en duda su predisposición industriosa. Por mi parte, estoy dispuesto a tratar realmente mal al que pretenda hacerlo.
- Piense que de la menor ventaja que se le presente a un argentino puede surgir una multinacional.
- Mientras deja vagar la mente en Villa Gesell, calcule cuántas ciudades balnearias podría usted crear en un abrir y cerrar de ojos, inclusive muy lejos del agua.
- Con ese yuyo rebelde que de ningún modo puede extirpar de su jardín, bien podría fabricar un refresco tan maravilloso como lo fue la Hesperidina.
- Cuando se sienta criticado por invertir su fortuna en golosinas, recuerde a Papá Noel.
- Recuerde usted también que vive en una tierra dulce como el caramelo. ¡Y eso que no hablamos de Chuenga!

- Y, finalmente, si algo que tiene en mente realizar es considerado una locura, inténtelo de todos modos. Tal vez se esconda dentro suyo, sin que lo sepa, el gen perdido de los pintores del Di Tella.

PROEZAS GASTRONÓMICAS:
UN APLAUSO PARA EL ASADOR

El imperio de la carne

Cuando Ulises pasó por las costas del Río de la Plata en el viaje de vuelta a Itaca ordenó a sus marineros que se pusieran broches en la nariz y pidió que lo ataran de manos y pies a la rápida nave, dando además indicaciones precisas a Perimedes y Euríloco de que sólo aflojaran los nudos cuando hubieran dejado atrás los carritos de la Costanera. De haberse dejado tentar por aquellos aromas irresistibles no hubiera retornado nunca a Grecia y la tumba de Homero se hubiera quedado para siempre sin flores.

El astuto Ulises sabía bien que sólo atado podría resistir el impulso de saltar a tierra, ya que ningún perfume tiene un poder comparable al de nuestros chorizos. Ni el café de Turquía, ni los *Würstchen* de Munich, ni mucho menos los *bagels* de Nueva York, las *omelettes* de París y el *fish and chips* de Londres anulan de ese modo la voluntad de quienes se exponen a su influjo.

Un amigo que al pasar junto al río intentó abstenerse de consumir al menos un sándwich de chorizo se adhirió poco después a una secta budista y yace sepultado bajo la nieve en una cumbre inexplorada del Himalaya. Otro que para ganar una apuesta sin sentido permaneció dos horas con la boca cerrada junto al puesto denominado "El Rey" ("la calidad como la tradición") se aloja en una habitación de segunda categoría del manicomio metropolitano, víctima de una crisis nerviosa. Hay infinitos casos como éstos.

Los carritos son emblema y estandarte de la ciudad de Buenos Aires, la puerta de entrada a un país cuya bandera tendría que tener en el centro una vaca: aquí comienza el imperio de la carne.

Clausurados y vueltos a abrir una y otra vez, los carritos no son un invento reciente. Su origen se remonta a la segunda mitad del siglo XIX, cuando, atendidos por negros, instalaron su noble tradición en el puerto. Siguen siendo, por cierto, una fuente de satisfacción y un negocio muy próspero, como lo deja ver la consigna del carrito denominado "Coma Chori": "A la Costanera vine con hambre y ahora vendo comida".

Por supuesto, la ecuación Argentina = carne asada no existía antes de la conquista europea y, dado que desde la invención del fuego por todas partes se cocinan animales de forma más o menos similar a la que conocemos, no reivindicaremos la proeza de haber inventado el asado, aunque sí la de haberlo desarrollado hasta el máximo de sus potencialidades, como veremos enseguida.

En los cimientos gastronómicos de la llanura pampeana, al principio fue el hambre. Margarita Elichondo, que ha rastreado la historia de nuestras parrilladas, cuenta con colores muy vívidos cómo era el Río de la Plata al que arribó en 1536 don Pedro de Mendoza: un paisaje desprovisto de plantaciones, de árboles y de ganado. "Famélicos y decepcionados", los recién llegados sólo atinaban a cazar perdices u otras aves pequeñas. Luis de Miranda, un fraile poeta que formaba parte de la expedición de Mendoza, describió, con el estómago vacío, el horroroso panorama:

> Lo que más que aquesto junto
> nos causó ruina tamaña
> fue la hambre más extraña
> que se vio.
> La ración que allí se dio
> fueron seis onzas u ocho
> mal pesadas.
> Las viandas más usadas
> eran cardos que buscaban,
> y aun éstos no los hallaban
> todas veces.
> El estiércol y las heces
> que algunos ni digerían
> muchos tristes los comían
> que era espanto.

Como se ve, no tratamos muy bien a nuestros primeros convidados. ¡Darles de comer estiércol y heces! Naturalmente, Mendoza y compañía se fueron rápidamente, en busca de fondas mejor provistas y sin sospechar la abundancia que dejaban atrás en la huida.

Cuatro décadas y media después, en 1580, bajando desde Asunción y para no sufrir lo que había sufrido su predecesor, don Juan de Garay tomó la precaución de traer 500 vacas. Dicen los antropólogos Marcelo Álvarez y Luisa Pinotti que un año más tarde los segundos fundadores se llevaron una sorpresa al contar el ganado: las 500 vacas se habían transformado en 80.000, cifra que llama la atención por el frenesí sexual al que se entregaron en un período tan breve exponentes de una variedad zoológica cuyas costumbres parecerían, en el mejor de los casos, rutinarias.

Habrán encontrado incentivos en el ecosistema, porque un siglo después, a fines del XVIII, Félix de Azara calculó que en el segmento de nuestra tierra que controlaban hasta entonces los españoles pastaban libremente, en su condición de cimarronas, 48 millones de vaquillonas y terneras, para alegría de los toros.

Esa explosión vital ocurrió en un momento adverso desde el punto de vista tecnológico: todavía no se habían inventado las heladeras. El problema era cómo conservar una res el tiempo que hiciera falta para consumirla. Las proteínas estaban al alcance de la mano, pastando. Cazarlas no era ninguna complicación, dada su poca astucia. Pero ¿cómo aprovecharlas a fondo una vez atrapadas? No había manera. Por eso el desperdicio era tan alto como bajos fueron, en un principio, los precios de la vaca criolla.

Cuenta Calixto Bustamante Carlos –un indio que auxilió a los españoles en sus viajes por el país, en la segunda mitad del siglo XVIII y al que llamaron, sin mucho ingenio y ya que su piel tenía "color de cuervo", Concolorcorvo– que una gallina valía entonces entre dos y seis reales; un pavo grande, cuatro reales, y las perdices se vendían a un real y medio la docena. Un cuarto de vaca (es decir, una montaña de la mejor carne del mundo) se cotizaba "a sólo dos reales, e incluso menos".

Eso ocurría en los mercados de Buenos Aires, pero en el campo no había que pagar ni un centavo. Se juntaban cuatro o cinco gauchos y –dice Concolorcorvo–:

Matan una vaca o novillo por comer el matambre, que es la carne que tiene la res entre las costillas y el pellejo. Otras veces matan solamente por comer una lengua, que asan en el rescoldo. Otras se les antojan caracúes, que son los huesos que tienen tuétano, que revuelven con un palito, y se alimentan de aquella admirable sustancia. Pero lo más prodigioso es verlos matar una vaca, sacarle el mondongo y todo el sebo que juntan en el vientre. Con sólo una brasa de fuego o un trozo de estiércol seco de las vacas, prenden fuego a aquel sebo y luego que empieza a arder y comunicarse a la carne gorda y huesos, forma una extraordinaria iluminación, y así vuelven a unir el vientre de la vaca, dejando que respire el fuego por la boca y orificio, dejándola toda una noche o una considerable parte del día para que se ase bien, y a la mañana o tarde la rodean los gauchos y con sus cuchillos va sacando cada uno el trozo que le conviene, sin pan ni otro aderezo alguno, y luego que satisfacen su apetito abandonan el resto.

Un visitante francés, de apellido Armaignac, escribió al respecto: "En Francia sería un festín para muchos desgraciados lo que aquí se tira a los perros o se abandona a las aves de rapiña. En mi opinión, los mejores trozos son los que no se comen. El lomo, por ejemplo, es objeto del más profundo desprecio: lo consideran carne demasiado magra".

Entre las personas sensatas que abominaban de semejante desperdicio se destacaron los hermanos Liniers, uno de los cuales era el mismísimo virrey Santiago de Liniers, héroe de la resistencia a las invasiones inglesas. Con visión de pioneros, los Liniers instalaron su Fábrica de Pastillas de Carne, que producía ni más ni menos que esos caldos en cubo tan útiles para el ama de casa moderna. Como les pasa a muchos adelantados a su tiempo, los Liniers se fundieron.

Aunque a partir de la instalación del primer saladero (Ensenada, 1812) la carne vacuna comenzó a subir de precio, porque ya se ponía en situación de bien exportable, hasta los últimos días del siglo XIX la vaca se vendía en mostrador solamente por cuartos. Todavía en 1914 muchos carniceros consideraban un amaneramiento inútil dividirla en piezas más pequeñas.

Tirar a la parrilla esas piezas enormes y dejar que se asaran no era nada sencillo, en especial porque nadie tenía parrillas. En las grandes ciudades, la costumbre del asado a la parrilla apareció sólo en la década de 1920. Por lo demás, la parrilla tampoco fue un invento propio. Entre las dudosas versiones sobre su origen consignadas por Gabriel Sagel en su *Manual del asador argentino*, la más graciosa dice que fue creada por el herrero francés Philippe Ledoux en el siglo XVII: un noble no le había querido pagar la reja que había hecho para su castillo y el tal Ledoux usó la reja para cocinar. Así, puso sitio al palacio hasta que el barón, enloquecido por el perfume, salió corriendo al jardín con un pan abierto en canal en una mano y un fajo de billetes en la otra.

Nuestros gauchos desarrollaron una gran variedad de técnicas para el asado y son considerados campeones mundiales en la materia, pese a la opinión de algunos detractores, entre los que sobresale el gourmet argentino Miguel Brascó. "El gaucho destruye la carne. La asesina. Cuando me invitan a comer, pregunto si el asador es gaucho. En ese caso, no voy", brama Brascó.

Para él, como para muchos otros exquisitos, los indios, que comían la carne casi cruda, lo hacían mejor. Pero los indios despreciaban lo que hoy constituye el núcleo del asado criollo: la "achura", palabra que en araucano significa, literalmente, "desperdicio", y retrocedían espantados ante esos bifecitos dorados y crocantes cuyo perfecto punto de cocción parece haber sido establecido en el Cielo.

Otro destacado desmitificador del asado es el antropólogo Daniel Schavelzon, que en *Historias del comer y del beber en Buenos Aires* hace todo lo posible por demostrar que nuestros gauchos, más que asar la carne, la hervían. Lo hacían, dice, en una olla de hierro de tres patas que llevaban siempre colgada del caballo cuando le daban rienda suelta a su vocación nómada. Si tenían algo para ponerle adentro, "paraban la olla", expresión que ha resistido el paso del tiempo y forma parte del lenguaje y del ser nacionales.

Por lo común, aquí se atravesaba (y se atraviesa) la carne con un (perdón por lo directo del término) fierro, que se clavaba delante de las brasas. El súmmum era, desde tiempos remotos, el asado con cuero. Ciro Bayo, en *Indios, pampas, gauchos y collas. Por la América desconocida*, relata:

> Los troperos disponían un asado con cuero, sacrificando una vaca o una ternera de la manada. Este bocado no tiene semejante en Euro-

pa. El asado de la picana y matambre no se conoce en las grandes mesas de los príncipes y señores. La picana es toda la parte superior de las ancas y principio de la cola, sacada con el cuero y asada sobre las brasas, con el sainete de un moje picante de ají. El segundo se hace de los músculos oblicuos del abdomen, entre cuero y carne.

Churrascos a la Gorriti

Nuestra primera gran cocinera, la por muchas razones extraordinaria Juana Manuela Gorriti, que vivió entre 1818 y 1892, enseñó a hacer "el verdadero churrasco, bocado exquisito para el paladar, nutritivo para los estómagos débiles y de calidades maravillosas para los niños en dentición".

> Helo aquí, cual hasta hoy lo saborean con fruición sus inventores –dice Juana Manuela, contradiciendo a Brascó–, los que poseen el secreto de la preparación de la carne: los gauchos. Se le corta cuadrilongo y con tres centímetros de grosor, en el solomo o en el anca de buey o cordero. Se le limpia de pellejos, nervios y grasas. Se le lava en agua fría, se le enjuga con esmero, se le da un ligerísimo sazonamiento de sal, se le golpea en la superficie con una mano de almirez (un mortero, usado para moler especias) y se le extiende sobre una cama de brasas vivas, bien sopladas. Al mismo tiempo de echar el churrasco al fuego, se hace al lado otra cama de brasas vivas, en las que, cuando comiencen a palidecer los bordes del churrasco, se le vuelve con presteza y se le extiende del lado crudo, apresurándose a quitar del otro las brasas a él adheridas, pues basta el corto tiempo de esta operación para que el churrasco esté a punto. Este asado se sirve sin salsa, la que le quitaría el apetitoso sabor que le da el contacto inmediato con el fuego.

Vuelta y vuelta: ni crudo ni excesivamente cocido. ¡Bravo, Juana Manuela, por haber dado a Dios lo que es de Dios y al gaucho lo que por gracia divina es de los gauchos: el inmortal asado!

Desde que la tradición campestre llegó a la ciudad, alrededor de 1920, cada argentino se siente un asador de primera. Cuando se quiere agasajar a un amigo que vive afuera y vuelve muerto de nostalgia, se le hace un asado. Donde sea: en el patio trasero o en el balcón del piso 18, si uno vive en una casa de departamentos. En general, mientras se sirven los primeros chorizos el invitado habla de París, de cómo ha conquistado los centros científicos de Londres, de lo bien que se venden sus cuadros en el Soho. Cuando aparecen las mollejas y los chinchulines, el tono épico se atenúa y al final, cuando hacen su entrada triunfal el centro de entraña y el lomo, el cuadril y las tiras de asado, piensa el amigo: "¿Para qué me habré ido?" y, llorando, se echa en los brazos del verdadero ganador de la velada.

Y, pese a que cada varón ha meditado mucho sobre su parrilla, pese a que cada varón ha sacado sus propias conclusiones y es orgulloso de sus propias técnicas para conseguir la proeza de que el ser nacional se manifieste en forma de vaca arrojada al fuego después de haber sido reducida sabiamente a piezas pequeñas, queda gente que sigue diciendo que la Argentina no tiene cocina propia, que todos sus platillos son sólo adaptaciones de manjares creados en tierras lejanas.

¿Es que acaso inventaron los brasileños el camarón? La polenta, harina de maíz de América deliciosamente adornada con huesos de osobucco ¿es, acaso, un invento italiano? Los exquisitos dátiles que penden de las palmeras del desierto ¿son una prueba de la velocidad mental de los árabes? Vivimos en un mundo en el que toda cocina es de fusión y en ese mundo nuestra cocina reina, sobre todo porque supo combinar como ninguna dos elementos probablemente foráneos: las vacas de Solís y el fuego para el asado.

Ñandú a la piedra

Por otro lado, aunque sea lógico considerar a las vacas como extranacionales, no podría decirse lo mismo del ñandú, criatura autóctona que también ha sido largamente sometida al fuego por indios y por gauchos. Como veremos, lo hacían de modo bien extraño.

Así cuenta un viajero inglés del siglo XIX, George Musters, cómo eran aquellos asados de ñandú, a los que llama "avestruces" pensando en sus parientes africanos. El que quiera seguir la receta debe tomar la precaución de no descuidar ningún detalle:

Concluida la cacería, cortadas y repartidas las aves, se encienden fogatas. Mientras se calientan las piedras, se despluma el avestruz, y con un pedazo de tendón se hace un atado de las plumas de las alas. Se tiende luego de espaldas el ave y se la vacía. Se desuellan las patas cuidadosamente y se les saca el hueso, dejando la piel unida al cuerpo. Se divide luego la res en dos mitades, y una vez extraído el espinazo de la mitad posterior y cortada la carne de modo que las piedras calientes puedan ser colocadas entre los cortes, se ata esa mitad como una bolsa con la piel de las patas, metiendo adentro un pequeño hueso para que todo quede tirante. Se la coloca así sobre los tizones vivos y, cuando está tostada, se enciende un leve fuego de llama para asar del todo la carne exterior. Mientras se cuece, hay que darla vuelta continuamente, para que todas sus partes queden bien asadas. Una vez a punto, se la retira del fuego, se le corta la parte de arriba, se le extraen las piedras y se ve que el caldo y la carne están deliciosamente cocidos.

Tanto en el campo como en los grandes salones de la ciudad, hasta bien entrado el siglo XIX la carne asada se comía sin guarnición ni pan y, por supuesto, con las manos. Los grandes y también los pequeños próceres y prohombres de la revolución roían sus presas asiéndolas fuertemente con los puños, porque casi no conocían el tenedor. Cuando había uno en la casa, se lo pasaban en ronda, como si fuera un artículo de lujo.

También en ronda se consumía, y se sigue consumiendo, el otro gran símbolo de la gastronomía nacional, compartido, como es obvio, por uruguayos, paraguayos y gauchos del sur brasileño: el mate.

La *Ilex Paraguaiensis*, o *caá*, llegó muy pronto a las llanuras del Río de la Plata. Aquí el mate se reprodujo con ansia febril, pero no le fue fácil imponerse a la desconfianza de los conquistadores españoles.

Héctor Adolfo Cordero, en *El primitivo Buenos Aires*, investigó la historia de la resistencia al mate. Cita la afirmación del padre Pedro Lozano de que "la yerba es el medio más idóneo que pudieran haber descubierto para destruir el género humano y la nación miserabilísima de los indios guaraníes".

Su afirmación no tuvo eco: poco después, en febrero de 1596, el procurador Alonso de la Madrid elevó un informe interno a las autoridades españolas: "Es una vergüenza –decía– que mientras los indios toman mate una vez al día, los españoles lo estén haciendo todo el tiempo".

A lo largo del siglo XVII, el Santo Oficio no se dio por vencido. "Más que un vicio, el mate es una superstición diabólica", insistía. A poco de llegar a Buenos Aires, el gobernador Diego Marín Negrón le escribió al rey para darle cuenta del "vicio abominable y sucio que es tomar la yerba con gran cantidad de agua caliente".

En 1611, el visitador Francisco de Alfaro dispuso que se castigara con cien azotes a todo indio que recogiera yerba mate, y con cien pesos a todo español que hiciera lo mismo. Algunos españoles que valoraban más la plata que el pellejo se pintaban la cara con carbón y se emplumaban a las corridas, para ser azotados, con tal de no desprenderse de sus doblones.

Lo peor de la cruzada antimate llegó con Hernandarias. El 25 de mayo de 1616 le pidió por escrito a Su Majestad Española que emitiera una cédula real "para terminar con el vicio, causante de la holgazanería y de la destrucción física de los hombres. Más aún: de la irreligiosidad, porque ni siquiera pueden aguantar a que se diga la misa sin tomar esta yerba".

Hernandarias insistió con las prohibiciones, azotes, cárcel, multas y pérdidas de empleo, y además mandó quemar en la Plaza de Mayo toda la yerba decomisada y arrojar enseguida, para mayor seguridad, las cenizas al río.

Se culpaba al mate de casi todo. El doctor Martín de Moussy, por ejemplo, decía que si las mujeres de las ciudades del Plata "engordan tan precozmente, la culpa es del mate, porque les ha quitado la costumbre de moverse y les ha echado a perder el estómago".

Poco a poco, y tal como son su costumbre y su deber, los científicos fueron cambiando de idea y declararon que la yerba mate es una rica fuente de vitamina C, con un promedio global de 22 miligramos cada cien gramos del producto, y que gracias a ella –ya que no consumían ni frutas ni hortalizas– nuestros hombres de campo habían podido evitar la peste del escorbuto.

También los políticos cambiaron de punto de vista, al advertir que el mate hacía que los trabajadores estuvieran siempre de buen humor y que, además, era muy barato. En 1777, el virrey Ceballos reglamentó las condiciones de trabajo para los peones encargados de las cosechas de trigo: en las casas, mate al levantarse y, por la tarde, antes de la siembra. Durante la jornada de labor, seis mates.

Ganamos la batalla del mate. La siguiente proeza fue la construcción de riquísimos ritos y leyendas relacionados con la infusión criolla. Una de las peculiaridades, que a los extranjeros les parecía muy incoherente, fue la costumbre de decir "gracias" únicamente cuando ya no se quiere seguir tomando. El poeta uruguayo Fernán Silva Valdés describió ese desconcierto con picardía inimitable en el poema que se reproduce a continuación:

A un inglés recién venido
cuando hubo desembarcado
le obsequiaron con un mate,
no sé si dulce o amargo.

Pitar en aquella pipa
al hombre le gustó tanto
que supo el sabor del mate
antes de saber nombrarlo.

De este modo, se tomó
tantos mates encimados
en su primera visita
a una casa de hacendados
que los demás contertulios
el resuello le envidiaron.

Pero él luego confesó
que tomó tantos y tantos
por ignorar las palabras
adecuadas para el caso
para expresar el deseo
de decir que estaba harto.

Es tan grande la delicadeza de los materos criollos que existe un verdadero lenguaje del mate, vinculado con el mundo de los afectos y que es conveniente memorizar para no ofender a nadie. La investigadora Margarita Barretto decodificó ese lenguaje gestual en este glosario:

- Mate amargo: indiferencia. Se acabaron las ilusiones.
- Mate dulce: amistad.
- Mate muy dulce: hablá con mis padres (para pedirles, por supuesto, mi mano).
- Mate con toronjil: disgusto.
- Mate con canela: usted ocupa mis pensamientos.
- Mate con azúcar quemada: simpatía.
- Mate con cáscara de naranja: venga a buscarme.
- Mate de té: indiferencia.
- Mate de café: la ofensa está perdonada.
- Mate con leche: estima.
- Mate muy caliente: yo también estoy ardiendo de amor.
- Mate hirviendo: odio.
- Mate lavado: váyase a tomar mate a otro lado.
- Mate con cedrón: está bien, acepto.
- Mate con miel: casamiento.
- Mate frío: desprecio.
- Mate tapado: búsquese a otra.
- Mate espumoso: te amo demasiado.
- Mates en sucesión demasiado rápida: mala voluntad.
- Mate con hojas de ombú: su visita es por completo indeseable.

Las empanadas de Petrona

No provocaremos los temibles enojos de árabes, chinos y gallegos diciendo que las empanadas son argentinas. En verdad, discos de masa con relleno adentro se encuentran en todos los países del mundo. Nuestra proeza en este rubro es la competencia nacional que ha desatado, ya que cada provincia se jacta de hacer las mejores empanadas. Tucumán, una de las que participan en la disputa, ya ofrece un servicio vía Internet: hecho el pedido, entregan en lejanos distritos de la patria bandejas de empanadas recién hechas. Las empanadas tucumanas. Es decir, las auténticas.

En nuestro criterio, no es así, ya que como incondicionales partidarios de la inmortal cocinera Petrona C. de Gandulfo defendemos a capa y espada la supremacía de las santiagueñas. Pero antes de llegar a ellas, veamos en qué se diferencian unas de otras, según lo explican con lujo de detalle Álvarez y Pinotti, antropólogos gourmet, en su libro *A la mesa:*

> **Catamarqueñas:** La masa se hace con harina, grasa derretida y salmuera. El relleno es de carne cortada en trocitos, cebolla, ají picante, huevos duros y papas. Pueden ser fritas en grasa o cocidas al horno.
> **Salteñas:** Al relleno se le agregan morrones hervidos.
> **Jujeñas:** La carne no se trocea, sino que se pica a cuchillo, y el relleno contiene papa, cebolla y huevo duro (como las catamarqueñas y salteñas), pero además lleva pasas de uva, aceitunas y arvejas.
> **Riojanas:** La carne también se pica a cuchillo, pero el relleno tiene cebolla de verdeo, comino y pimentón, además de cebolla común y huevo duro.
> **Tucumanas:** Se ablanda en agua caliente la carne picada a cuchillo. Luego se escurre y se le agregan pasas de uva, huevo picado, sal, pimentón dulce y ají picante. Aparte se fríen cebollas y cebollines, en cantidad que debe duplicar a la porción de carne. Una vez doradas, se les agrega un chorrito de agua caliente y se hierven un par de minutos. Cuando se enfrían, se mezclan con la carne.
> **Sanjuaninas:** Llevan carne picada frita en mucha grasa con cebolla cortada en rodajas. El secreto para que sean (como son) tan jugosas es que el relleno se deja enfriar un rato para que la grasa se solidifique. Se le agrega huevo picado y aceitunas, se rellenan los discos de masa y se cocinan al horno.
> **Cordobesas:** El relleno (carne picada a cuchillo, pasas de uva, ají, aceitunas y huevo duro) lleva, además, azúcar, y la masa se colorea con azafrán.

Y, ahora sí, la magistral Petrona enseña a hacer sus empanadas santiagueñas.

Ingredientes para la masa
2 tazas de harina común
1/2 taza de grasa fina de cerdo

1 huevo chico, ligeramente batido
1 cucharadita de pimentón rojo dulce
1 cucharada de sal
Agua tibia.

Preparación de la masa
Colocar la harina en forma de corona. Agregar la grasa. Aparte, mezclar el huevo batido con la sal, el pimentón y el agua tibia. Mezclar con la grasa y harina, agregando de a poco. Si quedara dura, agregar un poco más de la mezcla de huevo, pimentón y agua. Si quedara, en cambio, demasiado blanda, agregar un poco más de harina. Amasar un buen rato y dejar descansar media hora. Después, estirar la masa hasta que quede con dos milímetros de espesor, aproximadamente, y cortarla en círculos de diez centímetros de diámetro.

Ingredientes para el relleno
1/2 kilo de carne vacuna magra, cortada a mano en cubitos chicos
1/2 kilo de grasa de cerdo
1/2 kilo de cebollas picadas a mano
1/2 taza de caldo de carne caliente
Sal, pimienta, ají molido, orégano, comino, pimentón dulce.
3 huevos duros.

Preparación
Poner en una olla de hierro la grasa de cerdo y calentarla. Una vez bien caliente, añadir la cebolla picada y cocinar hasta que quede transparente. Agregar la carne y revolver hasta que pierda el color (hasta que la carne cortada en cubitos pierda el color, no el cocinero). Añadir el caldo, la sal, el orégano, el comino y el ají. Mezclar bien y cocinar unos cinco minutos. Después, apagar la hornalla y agregar el pimentón. Mezclar hasta que quede bien integrado. Dejar enfriar. Añadir entonces los huevos picados.

Llenado y horneado
Sobre cada disco, se vierte una cucharada de relleno. Plegar y cerrar fuertemente por el borde. Hacer el repulgue del modo que

cada cual prefiera: derecho, con un pliegue o con dos pliegues. Enmantecar una fuente. Colocar las empanadas dejando entre ellas un centímetro y medio. Llevar a horno bien caliente y cocinar unos veinte minutos.

Petrona (1896-1992) nos ha dado clases de cocina por TV desde 1952, cuando nació la televisión argentina. Pero antes enseñaba por radio (estuvo en Radio Argentina, en Excélsior y en El Mundo) y escribía en la revista *El Hogar*. Su *Libro de Doña Petrona*, *best seller* mundial del que se dio al mercado, en 2005, la edición 101, está a la venta en Amazon y en otros grandes sitios de Internet. Su estilo coloquial, plagado de muletillas simpáticas, dio pie a numerosas réplicas humorísticas. "La carne para las empanadas no se debe picar, sino que se corta a cuchillo en pequeños dados, ¿no?"; "A ver, Juanita, cuidado que no se quemen esas papas, ¿no?" Juanita, su ayudante, se sometía a las indicaciones de su jefa, pero refunfuñaba detrás de cámara. Más de una vez estuvo a punto de tirarle las ollas por la cabeza, pero nunca lo hizo, por suerte para la gastronomía nacional.

Ya que cuando a Petrona un plato le salía especialmente bien lo definía como "un puema", y ya que estamos hablando de empanadas, reproduciremos un fragmento de un puema dedicado por Tata Melcho a Petrona y a las empanadas santiagueñas, recogido por el Centro de Residentes Santiagueños en Río Gallegos, provincia de Santa Cruz:

> Haré aquí la apología
> de empanadas santiagueñas,
> que armaditas y trigueñas
> con placer las saboreamos
> cada vez que festejamos
> nuestras farras lugareñas.
>
> Entre todas las comidas
> es quizás la más sabrosa.
> Su fragancia apetitosa
> más que todas nos provoca.
> ¡Un manjar es en la boca
> la empanada tan famosa!

De Petrona de Gandulfo
es su obra más dilecta,
su comida predilecta
de la cual siempre se ufana.
La famosa provinciana
la pondera en su receta.

Empanadas santiagueñas
bien formadas, olorosas...
¡Cómo serán de jugosas
que si no estamos alertas
y con las piernas abiertas
nos chorrean, las sabrosas!

¡Empanadas santiagueñas
cómo no te han de alabar!
¡Cómo no te han de extrañar
los ausentes de mi pago!
¡Añoranzas de Santiago
en tocante al paladar!

Mitos y secretos del dulce de leche

No cabe duda alguna de que el dulce de leche es un invento argentino. Ni la leche condensada con que alimentaba Napoleón a sus tropas ni el "manjar" o el "caramel", a los que se agrega, de modo inadmisible, harina para homogeneizar la preparación se pueden comparar con el verdadero dulce de leche, nave insignia de nuestras golosinas, fruto de un rapto de inspiración sencilla pero genial.

El mito fundacional del dulce de leche es muy conocido y también tiene relación con el mate. Con el mate de leche, que tanto le gustaba a Juan Manuel de Rosas. Dicen que el caudillo unitario Juan Lavalle fue al campamento de Rosas en la localidad bonaerense de Cañuelas, en una de las tantas cumbres sin resultados inmediatos que registra la historia política argentina. Cuando llegó, primer desplante: Rosas había salido. Para no ser menos diplomático, el general Lavalle se acostó en el catre de campaña de su adversario y se durmió lo más campante. Pero en el fuego estaba la leche con azúcar para el mate de Rosas. La criada no quiso interrumpir el sueño del ilustre huésped, y cuando llegó Rosas encontró en la pava la jalea más sabrosa que nadie había probado nunca: había nacido el dulce de leche.

El 24 de junio, cuando se hizo la reunión entre Lavalle y Rosas, fue declarado Día de la Creación del Dulce de Leche, sin que ninguna comisión de expertos foráneos haya presentado reclamos hasta la fecha, lo que prueba nuestra propiedad intelectual del producto en el orden nacional y galáctico.

Cucharada viene, cucharada va, la noticia se extendió de boca en boca. El dulce de leche se fabricó únicamente de modo casero hasta 1902, cuando comenzó a producirlo de manera industrial, y también en Cañuelas, la legendaria empresa La Martona.

La Argentina produce unas 100.000 toneladas anuales, muchas de las cuales son para exportación, ya que el dulce de leche amenaza cada vez con mayor seriedad con apoderarse del planeta. Por ahora, los dos principales destinos son Rusia (adonde van a parar alrededor de dos millones doscientos mil kilos por año) y Paraguay, con dos millones. Pero son muchos los países que quieren meter la cuchara.

En su libro *Pasión por el dulce de leche*, Miriam Becker, excepcional cocinera argentina, ofrece una gama infinita de aplicaciones, desde licores hasta cremas pasteleras, bombones, bizcochuelos, tortas heladas, *mousses*, pralinés, *fondues*, galletitas y salsas. Dada su condición de máxima autoridad en la materia, reproducimos su receta básica.

Cualquiera puede hacerlo, si tiene una cacerola, ganas de revolver y una cuchara de madera. Pícaras, nuestras abuelas colocaban un plato sopero dado vuelta en el fondo de la olla. El plato se agitaba al hervir la leche y la revolvía por su propia cuenta. Eso sí, al precio de un batifondo insoportable.

Ingredientes
2 litros de leche
1/2 kilo de azúcar
Una chaucha de vainilla
1/2 cucharadita al ras de bicarbonato de sodio

Preparación

1) Poner la leche en una cacerola y calentarla a fuego fuerte. Cuando está por romper el hervor, agregar el azúcar y mezclar con la cuchara de madera ya citada. Bajar la llama a suave y seguir la cocción sin dejar de revolver, para que no se acaramele ni se pegue en el fondo del recipiente.
2) Continuar con la cocción, controlando que el dulce se espese y vaya tomando el color marrón claro que lo caracteriza.
3) Cortar la chaucha de vainilla a lo largo, pasar la punta de un cuchillo por el centro, para recoger las semillas. Agregarlas a la cocción, junto con la chaucha. Mezclar bien.
4) Para acertar con el punto, echar un poco de dulce en un plato pequeño y dejar enfriar. Si al moverlo queda casi adherido, señal de que está hecho.
5) Incorporar el bicarbonato de sodio para acentuar el color. Mezclar. Cocinar cinco minutos más y retirar del fuego. Poner el recipiente con dulce de leche dentro de otro más grande, con agua helada, para cortar la cocción y apurar el enfriamiento. Revolver unas cuantas veces. Conservar en frascos de vidrio.

Apunte del autor acerca del ítem número 4): puesto ante la opción de sacar el dulce del fuego antes o después de que se pase, el cocinero debe elegir siempre sacarlo antes, aunque quede muy líquido. Si llega a sobrecocerse, se endurecerá como un ladrillo. Ya no será posible comerlo a cucharadas: habrá que chuparlo estilo caramelo o tirarlo con cacerola, cucharón y todo al tacho, cosa que tuvo que hacer con gran dolor de su alma el autor.

Vermicelli express

Ciertos platillos que pasan por importados son, realmente, invenciones criollas. Los tallarines a la parisién no vienen de la ciudad de París, como los bebés, sino del restaurante París, situado en el hipódromo porteño de Palermo. Los sorrentinos son una variante local de los ravioles, ideada por el chef del restaurante Sorrento, de Corrientes casi Cerrito. Las milanesas napolitanas, con su queso, su jamón y su salsa de tomate, fueron servidas por primera vez en el restaurante Napoli, frente al Luna Park, a comienzos de la década de 1940.

Ni hablar de los sándwiches de pavita, cuya creación tuvo lugar –según lo confirma una placa con inscripciones góticas– en el viejo Trianón de Boedo y el pasaje San Ignacio, transformado hoy en uno de los bares más bellos de la ciudad, el Margot, uno de los pocos que cuenta con biblioteca propia y que lleva en cada mesa el nombre del poeta del barrio que sobre ella escribía sus versos.

Y si la invención del mundialmente célebre sándwich de pavita debe haber sido todo un cataclismo, ¿no habrá sucedido, acaso, otro tanto, con el nacimiento del restaurante Pippo, el más representativo de la ciudad de Buenos Aires, cuyos vermicelli con tuco y pesto son una de las razones primordiales de la vida?

Hay que recordar dos nombres: Natalio Sencio y Enrique Zopatti. Ellos crearon Pippo en 1937, en una zona, la del teatro San Martín, por entonces gastronómicamente abandonada.

"Después vinieron los Pepito, los Pichín, los Bachín. De aquí salieron todos", dice José Sencio, hijo del fundador y continuador de sus principios estéticos y alimentarios. "El día que nos hagan cambiar los manteles de papel por manteles de tela, yo me voy a mi casa", dice José en cuanto a los dogmas estéticos de Pippo. Además, está lleno de orgullo porque ha escuchado que en un programa de la RAI un especialista dijo que en toda la Argentina sólo en Pippo es posible degustar el auténtico pesto.

En los años dorados, en las décadas del 50 y el 60, se ha registrado en Pippo la proeza del vermicelli en continuado. Como si fuera la cosa más normal del mundo, los clientes ocupaban sus mesas, por ejemplo, a las cinco de la madrugada y ordenaban un plato de pastas que les era servido fresco, sin recalentar y en las más deliciosas condiciones. Y rápido, porque si bien los mozos de Pippo no son pródigos en sonrisas de circunstancia nadie podrá discutirles su eficiencia.

Además, ¿por qué ser delicado en un lugar de estirpe tan popular que cuando nació ofrecía por sólo 25 centavos un menú de fideos, churrasco y queso y dulce y por 15 centavos una taza de buseca con un vaso de vino? Las normas de la casa –la mejor comida del mundo al precio mejor acomodado– siguen rigiendo hoy, aunque la decadencia de la vida nocturna hace que sólo traigan el vermicelli con tuco y pesto hasta las cuatro.

Por el templo de Pippo, recuerda José Sencio, pasaron todas las celebridades. Por supuesto, han ido todos los boxeadores, todos los cómicos y la gente del tango: Porcel, Tato Bores, Pichuco, Rivero, Julio Sosa, Sandrini. Una noche que todavía se recuerda Vittorio Gassman se declaró extasiado. Otra noche, los cantores del trío Los Panchos, de puro agradecidos, dieron entre las mesas un largo recital espontáneo. Los que se fueron para siempre extrañan sólo una cosa de la Tierra en sus actuales residencias: los fideos de Pippo.

Dos recetas argentinas

Ahora andan sueltos muchos *chefs* creativos en las cocinas del país. Se especializan en recetas cuyos ingredientes principales pueden ser, por ejemplo, semillas de cardamomo, huevas de boga, alondras del Pacífico o las hojas que envuelven al puerro (no la carne del puerro en sí, sino precisamente las hojas). Preparan ligerísimas tartas de albahaca y asados en los que el componente primordial es sólo una vaga sospecha. Decoran sus platos con pinceles finitos y, en general, dejan a todo el mundo con mucha hambre. Responden a una tendencia internacional de refinamiento tan extremado que justifica por sí solo la subsistencia de las hamburgueserías, de otra manera inexplicable.

Pese a que dicen que lo suyo es la "nueva cocina argentina", es bastante dudoso que sus *delicatessen* vayan a ser consignadas alguna vez como perlas vernáculas. Más bien, son frutos de la aldea global y no revisten interés como proezas a los efectos del presente trabajo.

A propósito de influencias, mezclas, fusiones y originalidades, los expertos del mundo admiten que hay dos recetas (¡sólo dos, qué mezquinos!) propiamente argentinas. Allá van, por si alguien quiere vestir de celeste y blanco la mesa del 9 de Julio o del 25 de Mayo.

Revuelto Gramajo
(creado por el coronel Héctor Gramajo, asistente de Julio Argentino Roca).
2 cebollas medianas
2 papas medianas
1 taza de arvejas frescas hervidas

100 gramos de jamón cocido
4 huevos
Sal, pimienta, aceite

Preparar papas fritas de la manera habitual. Aparte, rehogar las cebollas picadas. Agregar el jamón cortado en tiras, las arvejas, las papas, la sal y la pimienta. Sumarle a la preparación los cuatro huevos ligeramente batidos, revolviendo delicadamente hasta que cuajen, pero sin que lleguen a secarse.

Panqueque de manzana al ron
(Para ocho panqueques)
(Para la masa)
2 huevos
100 gramos de harina
300 centímetros cúbicos de leche
40 gramos de manteca
1 pizca de sal
(Para el acompañamiento)
6 manzanas verdes
1 limón
100 gramos de manteca
1/2 kilo de azúcar
ron
agua

Procesar los huevos, la harina, cien gramos de manteca derretida, la leche y la sal. Dejar descansar una hora. En el momento en que se van a usar, pelar las manzanas y rebanarlas en tajadas finas. Saltarlas con manteca en una sartén, dejando que se doren de ambos lados. Cubrir con un cucharoncito de masa para formar cada panqueque. Darlo vuelta en la sartén. Retirarlo y poner en la sartén dos cucharadas de azúcar con una de agua y unas gotas de limón. Cuando estos ingredientes empiezan a caramelizarse, reponer el panqueque con el lado de las manzanas para abajo, con el fin de que se impregnen con el caramelo. Retirar. Rociar generosamente con ron y encender con llama. Se puede acompañar con una bocha de helado.

Llegamos así al fin de nuestro viaje culinario en busca de las proezas del sabor argentino. Hemos intercalado en el texto numerosas recetas –algunas de ellas, muy útiles, como la del ñandú a la piedra–, ya que no olvidamos jamás que una de las funciones de este libro es brindar un servicio. La otra, no menos importante, es operar como fuente de consejos morales que sirvan para arrancarnos de la depresión cotidiana demostrándonos, al mismo tiempo, cuán grandes cosas han hecho en el pasado quienes se aprovecharon como es debido de nuestras múltiples potencialidades.

Estas son las conclusiones surgidas de nuestra historia gastronómica para engrosar el manual de autoayuda que estamos, poco a poco, elaborando:

- A menos que sea uno dueño de un terreno de dimensiones importantes, no es conveniente dejar sueltos en el jardín una vaca y un toro, mucho menos si hay niños presentes.
- Ante un trabajo creativo, de cualquier orden que sea, nunca, ni aunque nos presenten pruebas irrefutables, debemos dejar que nos inhiba la opinión de las mentes estériles que nos acusan de habernos copiado.
- Tal como lo conocemos, el asado es un invento argentino. ¿Qué nos vienen a hablar de otros asados?
- Así como nos impusimos con éxito a la prohibición del mate, podemos imponernos a otras prohibiciones con las que algunos genios de la era moderna se están cebando.
- Boicoteemos la cocina gourmet: luchemos contra el hambre.
- Para ello, exijamos que el menú de Pippo vuelva a costar 25 centavos.
- Nuestro lema debe ser la abundancia. Basta de privaciones en el país de las mieses y el ganado.

PROEZAS DEL ARTE:
BENITO QUINQUELA MARTÍN

El Iluminado

Hay que usar anteojos oscuros para mirar el sol y los cuadros de Benito Quinquela Martín. Aunque el sol está a considerable distancia, brilla más de la cuenta para el ojo desnudo. Los cuadros del Iluminado están más cerca, y como no son menos incandescentes es preciso tomarlos con cierta cautela.

Con cierta cautela: no hace falta pararse frente a ellos con gafas de ciego, como hicieron durante demasiados años ciertos pavos reales, pintorescos solamente de la boca para afuera, que sin embargo lograron una proeza que no destacaremos de manera especial: la de hacer menos visible lo evidente.

Ellos dicen: "Quinquela es un gran pintor... de la Boca", "es un colorista... intuitivo", "es el mayor artista... del puerto", "tiene mucho talento... primitivo", porque saben descalificar cuando a primera vista parece que elogiaran. Tienen mucho vuelo retórico, pero no han podido igualar, ni en el terreno estético ni en el de la vida, las admirables hazañas que narraremos a continuación, a juicio del autor las más extraordinarias y aleccionadoras de todo un libro que, como hemos repetido, tiene un fin pedagógico y alienta al lector a creer que aún está a tiempo de terminar con su existencia gris, logrando lo imposible.

Más gris que la existencia de nuestro héroe no parecía haber ninguna, en sus primeros tiempos. Ni siquiera tuvo un día de cumpleaños propiamente dicho. Como lo abandonaron en la Casa de Expósitos el 21 de marzo de 1890 y las hermanas de la caridad que lo encontraron calcularon que tendría más o menos veinte días, decretaron que había nacido el 1° de marzo. El bebé venía con un papelito que contenía información escueta: "Este niño ha sido bautizado y se llama Benito Juan Martín", y con la mitad de un pañuelo con una flor bordada, cortado en diagonal, que sugería que alguna vez volvería la madre, mostraría la otra mitad del pañuelo para demostrar que era en verdad la madre y se lo llevaría con ella de regreso al palacio.

Ya mayor, a los 60 años, el Iluminado le contó estos secretos a su amigo el periodista Andrés Muñoz y en el libro que Muñoz escribió por boca de Quinquela se nota que ya había renunciado a esperar el reencuentro y que había resuelto unir las dos mitades de la realidad y la ilusión nada más que en sus obras.

¿Qué posibilidades tenía el chico? Se diría que la prospectiva no era buena. Ya había cumplido seis años en la Casa de Expósitos y nadie lo pedía en adopción: preferían patitos más lindos. El matrimonio que por fin lo eligió fue el más pobre de todos. El hombre era una especie de Hércules genovés que cargaba bolsas en el puerto boquense. Se llamaba —¡no le pidamos otra cosa que esfuerzos y sudores!— Manuel Chinchella. La mujer, que era más comprensiva, se llamaba Justina Molina, una entrerriana de raíces indígenas.

Enseguida, como en una novela de Dickens, el niño se transformó en mano de obra barata. Se lo utilizaba para ayudar a la madre con las cosas de la casa y para atender la carbonería del padre. Quedaba en la calle Irala entre Olavarría y Lamadrid y dejaba más pérdidas que ganancias.

Tomemos nota de la "instrucción" del muchacho. Lo mandaron sólo tres años a la escuela. Un chico de constitución enclenque que trabajaba todo el día no podía menos que dormirse en clase. No aprendía a escribir, sino, como él decía, a "dibujar letras", cosa que le resultaba más divertida. Sus amigos íntimos eran los peores del grado: los mellizos García, uno de los cuales, con el tiempo, encontraría la muerte en la cárcel. Ellos le enseñaron que para pelearse en la calle con las hordas enemigas de Barracas lo mejor era, cuando se acababan las piedras, arrancar alambres de púa de los cercos, calentarlos y frotarlos con ajo, para que la lastimadura fuera más dolorosa. "Yo era calentador de alambres", decía con orgullo el Iluminado de adulto.

Quinquela acababa de cumplir 15 años cuando, después de una de esas discusiones de padre y madre que solían desatarse por motivos raciales (Hércules no podía olvidar que su esposa era india), el padre lo miró fijamente y le dijo: "Vestite rápido que tenés que venir conmigo al puerto".

Así comenzó su largo período de hombreador de bolsas de carbón, durante el cual la familia, con su disfuncionalidad a cuestas, se mudó de la calle Irala a Magallanes 970.

"Entre los 15 y los 18 años, raro era el día que no me cargaba yo solo una media docena de carros. Llegué a ser un obrero de tantos", dice Muñoz que le contó Quinquela.

Mientras otros pintores de su generación que lo miraban con desprecio iban a la manicura con plata que les daban sus padres, el Iluminado aprovechaba los ratos de descanso para garabatear con los pedazos de carbón que se caían al suelo. Nadie decía, al verlo: "Me parece muy bien que en el ocio cultives tu veta creativa", sino que, antes bien, sus rudos compañeros lo tildaban abiertamente de maricón por aquel hobby.

Pero el hobby se le hizo tan incontrolable que por su cuenta comenzó a ir de noche a las clases que daba el pintor Alfredo Lázzari en ese "emporio del saber divino y humano" que era el Conservatorio Pezzini-Sttiatessi. Con la modestia que sugería su nombre, y a diferencia de otras más caras, esa academia barrial hacía milagros.

Por su historia, por el momento en que creció y porque de muy joven fue un activista para el triunfo socialista de Alfredo Palacios, en 1904, Quinquela tendría que haber sido un artista del "realismo social", un propagandista de la revolución, del "hombre nuevo" y de la "nueva vida". Eso le hubiera dado cierto prestigio, no en el clan de los futuristas que hacían cubismo copiando a Picasso cuando para éste el cubismo ya había pasado, pero sí en el clan de los pintores comunistas, que dibujaban obreros enojados levantando los puños, obreros triunfales parados sobre yunques, obreros rompiendo las cadenas y otras escenas ridículas por el estilo.

Pero el Iluminado, que sabía de las privaciones y el trabajo cosas distintas de las que se comentan en los cafés del centro, simplemente, y por suerte, no hizo eso.

Se plegaba a las huelgas, cuando las había, en el puerto, pero en la carbonería "mis patrones eran mis viejos, y no iba a declararme en huelga contra ellos". Además pronto encontraría mejores atracciones que la política en ese mundo en gestación que era la Boca de comienzos de siglo.

Había, por ejemplo, un peluquero muy particular, el señor Nuncio Nuciforo, que atendía su boliche en la calle Olavarría 550. Como a Nuncio le gustaba mucho pintar, instalaba su caballete a la entrada de la peluquería y le daba con todo entusiasmo a los pinceles. Quinquela iba con el reparto de carbón y un día le llamó la atención ver que los clientes se agolpaban y don Nuncio no les daba ni cinco de bolilla, puesto que se encontraba pintando, hasta que alguien gritaba: "Yo vine aquí para cortarme el pelo y afeitarme" y lograba que el maestro cambiara de herramientas.

Gracias al entusiasmo que despertó en Quinquela el espectáculo, la peluquería de Nuciforo se transformó en la primera peña de arte de las muchas que llegaría a animar en su vida. Todas las noches se dejaban caer por allí los amigos: el primero, el poeta Juan de Dios Filiberto, y también el escultor y músico uruguayo Santiago Stagnaro, Lazzari y el gran pintor Fortunato Lacámera, entre otros.

Trabajar de mañana, dibujar de tarde e ir a la peluquería de noche fue demasiado para Quinquela. Se enfermó y pasó seis meses con un tío de Córdoba, respirando aire puro y mirando las sierras. Al volver, declaró que había decidido dedicarse a la pintura. Don Manuel se permitió entonces dirigirle una reflexión a su hijo adoptivo: "¡Vago de porquería, te vas de esta casa!".

Quinquela encontró una pieza de pensión bastante chica y, alimentándose con galletas y mate, descubrió un ingenioso sistema para ir tirando: trabajaba, una semana sí y tres no, descargando carbón y usaba todo el barrio como atelier el resto del mes. Muchas veces cruzaba el río y se iba a pintar a la isla Maciel, ya por entonces llena de durazneros, perales, prostitutas y chorros.

En la isla Maciel funcionaba, de manera prácticamente oficial, una escuela de punguistas. Los más experimentados en aquel arte de la sustracción daban lecciones a los principiantes, y el Iluminado les servía de material didáctico.

A veces me utilizaban como maniquí viviente, o sea que me tomaban de candidato. Mientras pintaba tranquilamente, me sometían a la operación de la punga. Sin que yo me diera cuenta, con una habilidad de prestidigitadores, me sustraían la cartera con los pocos pesos que tenía adentro, el reloj de níquel o cualquier otro objeto que llevara encima. Luego me devolvían lo robado, eso sí, pues aparte de su escaso valor conmigo siempre fueron unos ladrones honrados.

Lo mismo que el poeta Raúl González Tuñón, Quinquela apreciaba el costado romántico de la profesión: "La emoción más grande debe ser la del ladrón –decía–. No se explica de otra manera que se resistan a abandonar un oficio tan ruinoso. Yo los veía saborear la emoción del peligro. Todos los días faltaba alguno. Al partir se despedían con un 'buena suerte', pero ninguno estaba seguro de volver".

Por cierto, también se encariñó con las mujeres de la academia: con las mecheras tanto como con las entregadoras.

Cuando la ira paterna se suavizó, el maniquí viviente volvió a su casa. Papá Manuel sacó otra máxima de la galera y volvió a aconsejarlo: "Si no te gustan el carbón ni el puerto, buscate un empleo del gobierno. Así tendrás tiempo de sobra para pintar...".

¡Ah, aquellos puestos burocráticos! El de Quinquela era uno de ordenanza en la Oficina de Muestras y Encomiendas de la Aduana, en la Dársena Sur. Aunque su tarea central consistía en cebarle mates al jefe, de vez en cuando le tocaban otras misiones menores, como transportar monedas de oro de la Aduana al banco. Nunca le pasó nada (tal vez los pungas funcionaban bien como ángeles guardianes), pero el día que lo hicieron llevar valores equivalentes a cien mil pesos moneda nacional él calculó que si se los hubieran robado, y puesto que su sueldo era de sesenta pesos por mes, habría necesitado alrededor de un siglo para devolverlos. Se asustó tanto que renunció y regresó, cabizbajo, a la carbonería.

Ya se consideraba un pintor, aunque la mayor parte de sus paisajes no los vendía, sino que los regalaba. Como aún no había cambiado su apellido, los firmaba con la grafía original. Pasado el tiempo, los que habían recibido aquellos obsequios se presentaron para pedirle que cambiara la firma. "Maestro, yo quiero tener un Quinquela. Un Chinchella no me sirve da nada", argumentaban.

Todavía era muy joven el Iluminado cuando tomó conciencia de dos cosas fundamentales: la primera, que dedicaría su vida a pintar barcos. La segunda, que debía pintarlos pero no subirse a ellos, a menos que tuviera necesidad de viajar a Europa.

La advertencia inicial le llegó por vía freudiana. Como dije, siempre había asociado mentalmente a su padre con Hércules, ya que concebía su fuerza como inconmensurable. Y bien: precisamente en una barcaza llamada "Hércules" instaló uno de sus primeros estudios de pintura. El dueño era un viejo lobo de mar, don Pedro, que en la vejez había contraído una fobia: temía morir ahogado durante el sueño. Fue más bien un presentimiento, ya que una noche de tormenta el barco se hundió con todos los cuadros de Quinquela y con el propio Pedro adentro.

Así comenzó Quinquela a atar cabos. Se dio cuenta de que "entre el agua y yo hay algo que nos impide entendernos". Supo por qué nunca había podido aprender a nadar, por qué cada vez que había intentado bañarse en el río había tenido algún contratiempo. En el balneario marplatense de La Perla, un día que todos los turistas hacían la plancha plácidamente, una ola gigantesca surgida vaya a saber de dónde —una única ola gigantesca a lo ancho y a lo largo de toda una jornada sin olas— lo dejó de los pies a la cabeza magullado ni bien tomó la decisión de meterse al agua.

Otra vez, cuando ya era casi famoso, compró una lancha que andaba perfectamente siempre que la manejara otro, y en el medio del Riachuelo se quedó sin frenos y se fue contra la popa de otro barco, cuyo dueño, creyendo que se trataba de un ataque pirata, lo atacó a balazos, afortunadamente errados. Otra vez se hundió a su paso un tablón del piso, por lo demás impecable, y se lastimó tanto la pierna que le quedó una cicatriz en la canilla para siempre.

"La navegación particular, como la natación, me está prohibida. Parece ser que mi misión es pintar el mar, el río y los barcos, pero no navegarlos. Cuando no los utilizo como modelos, me rechazan. Soy un marinero en tierra. Yo todavía no había leído a Freud, pero es indudable que ya tenía subconsciente", dedujo el Iluminado después de gran cantidad de episodios como los relatados, y se abstuvo en adelante de seguir desafiando al elemento que mejor pintaba.

¡Con cuánta razón se dice que el periodismo es el cuarto poder! La suerte de Quinquela cambió de negro a blanco a sus 26 años, en 1916, por un artículo de revista. Y es un poder que se transfiere, ya que no garantiza a quien lo ejerce ni fama ni dinero, pero sí a los tocados por su varita mágica.

Nadie se acuerda ya del señor Ernesto E. Marchese, quien en la revista *Fray Mocho* publicó que había descubierto a un joven que con su espátula de acero creaba "cuadros de belleza sorprendente, insospechable, en ese rincón gris y sucio del Riachuelo". Hasta el día que salió la nota, el Iluminado usaba una credencial falsa de ilustrador de *Caras y Caretas* para que la policía lo dejara pintar tranquilo. Después ya no le hizo falta: en el bolsillo llevaba siempre, cuidadosamente plegada, la nota de Marchese.

El artículo le hizo vender su primera obra por algo más que monedas, a un español, Dámaso Arce, que viajó especialmente desde Olavarría para comprársela. Naturalmente, Quinquela se convirtió en amigo íntimo de su primer cliente. Incluso el escéptico titán don Manuel Chinchella modificó en parte la impresión general que lo embargaba cuando vio en letras de molde al inútil de su hijo adoptivo. "Parece que tenemos un gran artista en casa", le dijo a su esposa.

De algo han valido, honorable Marchese, tus noches de vino y sopa con los pesitos arrebatados a *Fray Mocho*. De algo las bromas insoportables intercambiadas con tus compañeros del gremio. ¡Gloria y loor a los escribas que en el mundo han sido! Pues he aquí que la nota despertó también la curiosidad del mismísimo director de la Academia Nacional de Bellas Artes, el señor Pío Collivadino, quien una buena tarde se apareció en persona, de bombín, moño, bastón y guantes, en la humilde morada de los Chinchella, dejando a don Manuel al borde del soponcio y declarando al retirarse: "Después de haber visto a este muchacho, me siento tan avergonzado que no volveré a pintar jamás motivos de la Boca", según recuerda en un hermoso libro de 1974 la poeta y amiga íntima del Iluminado Julia Prilutzky Farny.

El secretario de Collivadino, Eduardo Taladrid, se convirtió en profeta de Quinquela. El artista boquense, presa del entusiasmo y sin poderse contener, pintó durante un año, prácticamente sin detenerse a probar bocado, decenas de inmensos cuadros, muchos de los cuales fueron obras maestras.

Las puertas hasta entonces cerradas se le abrían. Ya no tenía sentido aquel Salón de Recusados que había inventado para mostrar sus obras y la de otros colegas sistemáticamente rechazados en los salones nacionales de pintura. También quedaba como anécdota aquel diabólico plan urdido por Filiberto el año en que los académicos aceptaron exhibir sólo una de las dos obras enviadas por Quinquela.

¿Por qué tolerar semejante discriminación, semejante agravio? ¿Por qué una sí te la aceptan y la otra te la desprecian?, le había preguntado Filiberto. El autor del tango-canción "Caminito" había convencido a su amigo de que, embozados y provistos de sendos cuchillos de cocina, acudieran a la inauguración para robar el cuadro admitido y llevárselo por los prados a toda carrera. Es decir: lo había convencido de que robara su propio cuadro, el elegido, para hacerle justicia al desechado.

En 1918, Quinquela tuvo una exposición para él solo, en la paquetísima Galería Witcomb. Collivadino le compró un cuadro por mil pesos, y en total reunió cinco mil, casi una fortuna para la época.

Poco después el huerfanito colgaba sus pinturas furiosas en los salones del Jockey Club, lo que escandalizó a muchos críticos y pintores progresistas de la época. Aunque esos críticos y pintores combatían, por principios, a la oligarquía ganadera, respetaban sus templos. ¿Cómo era posible que el Jockey se llenara de colores populacheros? Los especialistas subían el tono. "Para unos —dice Quinquela— yo era una revelación genial. Para otros, un animal. No me lo llamaban con todas sus letras, pero sí decían y sostenían que yo era un bárbaro como pintor, y esto último se parece mucho a lo otro..."

Ocurrió también una cosa curiosa a raíz de esa muestra: las damas de la Sociedad de Beneficencia, enteradas de que Quinquela había sido un expósito, un nene abandonado y expuesto a la caridad de quienes quisieran llevárselo, dedujeron que en sus orfanatos podía haber otros genios, y se pusieron a buscarlos. Encontraron el germen de futuros médicos, arquitectos y hasta directores de banda, pero, desafortunadamente, no dieron con ningún nuevo Quinquela.

De esa manera proyectado, el Iluminado también se eyectó de la Vuelta de Rocha al mundo exterior, en un período muy fértil pero, medido en términos de su larga vida, relativamente breve. En 1920 se fue (¡en avión!) a Mar del Plata, y siempre se ufanó de haber sido el primero en la historia del arte universal que plantó un caballete entre las nubes y se puso a pintar en pleno vuelo.

"Era una mancha rara, impresionista, con luces y con sombras. No sé qué habrá sido de ella", contaba.

Después se fue a Brasil, donde se dejó ganar por una sensación ambivalente. Por un lado, deseó haber nacido en Río de Janeiro, absorto como quedó por su belleza. Por el otro, intuyó que de haber nacido allí hubiera tenido que dedicarse a otra cosa. "Río es una ciudad más para contemplarla y cantarla que para pintarla. Ya está pintada, y no ha aparecido todavía el pintor que pueda superar esta obra maestra", se dijo, y en lugar de quedarse un mes, como tenía pensado, se quedó seis, solamente a mirarla. En el plano artístico le fue tan bien como en el comercial, que ya comenzaba a resultarle un plano interesante.

A los 32 años, en noviembre de 1922, cruzando los dedos, el Iluminado se embarcó para España. El vapor Infanta Isabel sobrevivió al influjo del artista boquense y llegó a destino, pero más notable que eso fue que la propia infanta Isabel —no el vapor, sino ella— lo recibiera en la Madre Patria. Quinquela, hombre discreto, cuenta que ella le mostró su casa y hasta la cama en que dormía, pero no agrega una palabra más sobre el tema.

También el rey Alfonso XIII y la reina Victoria fueron a visitar sus exposiciones. Se vendieron muchos cuadros, cosa que está debidamente probada, a pesar de que en su hora los filosos intelectuales argentinos de la revista *Martín Fierro* —que adoraban a Pettoruti y a él lo llamaban despectivamente Kinkela, porque decían que la ka era una letra del bajo mundo— lo pusieron en duda. "Kinkela es un maestro... para inventar y difundir cables informativos que lo favorecen", escribieron.

No sin que su maleficio acuático atacara otra vez (hubo un incendio a bordo del Campana, con tremendas escenas de pánico), volvió a la patria y con la plata que había ganado les cerró la carbonería a sus padres y les compró una casa.

Pintó otra vez alucinadamente durante un año antes de conquistar París. El suceso fue tan grande que cuando volvió al Río de la Plata, en 1926, fue recibido con honores en la Casa Rosada por el presidente Marcelo Torcuato de Alvear y por su esposa, la cantante Regina Pacini. Los Alvear, radicales refinados de cuyo cuello duro han recelado siempre sus correligionarios yrigoyenistas, se aficionaron tanto a la compañía del carbonero que lo visitaban frecuentemente en su atelier, donde se quedaban horas viéndolo trabajar.

En Nueva York, rechazó ofertas millonarias para que se quedara a pintar el puente de Brooklyn. En Roma fue el niño mimado del rey Vittorio Emmanuele. Quien lo mimó allí todavía más fue el Duce, Benito Mussolini, que antes de convertirse en enemigo de la humanidad pasaba horas muy plácidas de galería en galería.

"Usted es mi pintor, porque pinta el trabajo", le repetía el Duce mientras le compraba un cuadro tras otro. Hay que decir, aunque tal vez esto no lo favorezca, que el Iluminado le pidió a Mussolini una foto firmada. "Era la primera vez que me tocaba intercambiar autógrafos con otro Benito", se justificaría, años más tarde.

Naturalmente, entre viaje y viaje Quinquela se tomaba más o menos un año para reabastecerse de cuadros, cosa que lograba, como se indicó, pintando sin parar sobre cualquier soporte relativamente plano que encontrara. Siendo un artista que no necesitaba aguardar el asalto de la inspiración adoptando durante meses la postura del Buda, sus obras (siempre parecidas, pero siempre distintas) surgían sin solución de continuidad, y tampoco era un problema serio el almacenamiento, porque se vendían como pan caliente.

Del último viaje al extranjero se recuerda un episodio cómico. Fue en Londres y se desencadenó cuando un periodista del Daily Express le preguntó por qué nunca pintaba mujeres. Para salir del paso, Quinquela le contestó: "No pinto mujeres porque todavía no he encontrado la mujer ideal". La nota se publicó, y al día siguiente, en el mismo diario, apareció otra, firmada por lord Navison, en la que se sugería que Quinquela prestara más atención, puesto que la mujer ideal –decía el autor– se encuentra siempre en Inglaterra. Docenas de cartas de novias en potencia lo inundaron, y para librarse del acoso se vio obligado a declarar que efectivamente había encontrado en la capital del imperio a una cierta miss Gladys, que ésta era para él la mujer ideal y que volvería muy pronto a buscarla.

No volvió nunca. Es más: vivió atado a la Boca los 47 años que todavía le quedaban de vida y sólo se casó tres años antes de morir, y no lo hizo con Gladys sino con Marta Cerruti, a quien hasta aquel momento todos veían como la eterna secretaria de Quinquela y nada más que eso.

Aquí podría terminar el cuento, pero todavía falta lo mejor: en esos 47 años que siguieron a lo que debería haber sido el *happy end*, el Iluminado vivió dentro del cuadro que él mismo había pintado, y en un sentido bastante literal sigue viviendo allí después de muerto. Quien va a la Boca lo ve por todos lados y los vecinos de la Boca usan sólo a regañadientes el tiempo pasado cuando se refieren a Quinquela.

Esto es muy raro: Quinquela –que, como dijimos, no fue ningún militante de nada– no se dedicó a vivir de su fama ni se compró un palacio, como hubiera podido muy bien hacerlo. Con su fortuna comenzó a donar cosas para el barrio, cosas que todavía funcionan, aunque cada vez que le venían ganas de donar algo –lo que ocurría con gran frecuencia– se metía en problemas muy serios.

El primer caso fue el de la escuela-museo, que aún existe en la Vuelta de Rocha. En 1934, los amigos de Quinquela editaron, a modo de homenaje, un libro con todos los expedientes y trámites que tuvo que completar para que el Estado aceptara la donación del inmenso terreno. El millonario que se lo había vendido, al darse cuenta de que podía sacar ventaja de la locura del comprador, ya lo había hecho sufrir su parte, al duplicarle el precio que habían convenido de palabra: de 50.000 lo subió a 100.000 pesos. Quinquela se empeñó, pero eso no fue nada frente a la odisea burocrática que comenzaría después.

Hubo semanas, meses dedicados a visitar oficinas. El expediente se perdía y reaparecía olvidado precisamente en el cajón del funcionario en el que de ninguna manera podía estar. "Una vez tuve que acudir a la recomendación de un ministro para encontrarlo. Apareció olvidado en un cajón. Lo había dejado allí un ordenanza que se había equivocado de puerta al trasladarlo de una oficina a otra. Yo mismo di con él", cuenta Quinquela. Y eso que la donación para que se construyera la escuela ya había sido aprobada por el Consejo Nacional de Educación y que se habían reservado ya los fondos pertinentes.

Los asesores artísticos del Gobierno trinaban de envidia: eran, naturalmente, sus colegas. Trataron por todos los medios de que se prohibiera a Quinquela decorar las aulas con los murales que todavía tienen. Argumentaban que a los chicos de la ciudad no había que pintarles motivos de ciudad, sino motivos camperos, y viceversa, con el fin de que vieran en las paredes lo que ignoraban en lugar de lo que ya conocían, y que las pinturas en las aulas distraerían la atención de los alumnos.

Quinquela tuvo que trabajar a escondidas, pintando las decoraciones sobre chapas de un material llamado por entonces "cellotex" y aplicándolas después sobre las paredes por su cuenta y riesgo. "Cuando tuve los cuadros listos –contó años después–, me vine con un garrote y un revólver. El revólver estaba vacío, pero estaba. Yo no quería matar a ningún tipo, pero el revólver estaba ahí, a la vista. Me hice el loco. Esa fue la única forma de poder presentar mis murales."

Transcurrieron no menos de tres años hasta la inauguración del colegio, el 19 de julio de 1936, pero ese día los vecinos le compensaron las amarguras con creces. Hubo una manifestación de muchas cuadras, desfilaron ante la escuela bandas de música, cantantes espontáneos y carros de bomberos, se lanzaron al aire quince mil palomas y hubo comida para todos, bailes y fiesta callejeros. Dos años más tarde, en 1938, comenzó a funcionar también el museo, que tiene una colección valiosa con obras de múltiples artistas y a la que hoy se le ha agregado una sala que habitan encantados mascarones de proa, de la familia de aquellos que el maestro sólo podía pintar desde lejos.

Los tormentos de la escuela-museo fueron juego de niños comparados con los de la donación del terreno para la Escuela de Artes Gráficas. El proceso comenzó en 1940 y fue despachado al Congreso, donde durmió un año entero hasta que los diputados se resignaron a aceptar el regalo (uno de los 80 legisladores votó en contra). La ley pasó después al Poder Ejecutivo, que la tomó con calma. En la Dirección General de Arquitectura tardaron otro año (hasta 1942) en suscribir la escritura traslativa del dominio y pusieron un plazo de 24 meses más para dar comienzo a las obras.

Mientras tanto, iban desfilando los presidentes: Ortiz, Castillo y Ramírez. Por fin, el general Farrell, el 24 de octubre de 1944, firmó un decreto que parecía ser el último, pero de todos modos surgían por todas partes impedimentos. Desconfiados, los asesores susurraban al oído del Presidente que Quinquela tenía otras propiedades en el barrio y que sus donaciones escondían una especulación inmobiliaria. Y aunque era una mentira que cualquiera podía haber refutado entonces con una investigación sencilla y que cualquiera desmiente ahora viendo las habitaciones amuebladas con extrema sencillez que constituyeron la casa de Quinquela en el museo, algunos fingían tomarse la mentira en serio.

Un día, harto de vueltas, el Iluminado se puso el saco y fue a verlo a Farrell. Mientras el mandatario lo escuchaba con expresión sólo remotamente lúcida, apareció en el despacho presidencial el coronel Perón, quien de inmediato entendió todo. El 14 de marzo de 1947, a siete años de su gestación, la idea estaba definitivamente encaminada. Pero funcionarios escolares de la gestión peronista, sin el conocimiento del líder, todavía le añadirían un acto al sainete: no les gustaron los colores que Quinquela había elegido para pintar el instituto que él mismo había donado, lo echaron del lugar y no se les ocurrió mejor idea para tranquilizarlo que hacerlo detener por la policía.

También siete años de enredos precedieron a la inauguración del Lactarium Municipal Nº 4 a pesar de lo cual Quinquela siguió donando, pues era vocacionalmente reincidente: un jardín de infantes, el Centro Odontológico y lo que todavía sigue siendo —con agregado de frescos de

Quinquela que, en la sala, hacen que al público le cueste un poco mirar al escenario— el Teatro de la Ribera.

En un artículo escrito en 1990, el crítico Rafael Squirru dice que si bien algunas "valiosas personalidades de alta jerarquía espiritual" captaron en vida de Quinquela la magnitud del artista, "ellos fueron los menos, ya que las élites se mantuvieron remisas" para otorgarle su aprobación.

> Recuerdo, a título de ejemplo —dice Squirru— lo que ocurrió en la década de los 50, cuando yo andaba en los ajetreos para fundar el Museo de Arte Moderno de Buenos Aires. Un grupo de los más distinguidos artistas se oponía a que yo asumiera la responsabilidad de ser su primer director, argumentando entre otras cosas el lamentable grado de mi ignorancia, como lo demostraba al tener colgado un cuadro de Quinquela Martín en el comedor de mi casa. Algunos, con los años, se me han acercado para pedirme disculpas, confesando que en aquellos años no habían comprendido el genio del maestro. Pero todavía hoy conozco un galerista que se niega a colgar a Quinquela en su galería, porque lo considera del peor gusto...

Les parecía un pintor reaccionario que, para peor, no tenía la técnica de Fernando Fader. Era figurativo y, para colmo, no figuraba del todo bien. Usaba la espátula porque era incapaz de manejar los pinceles y, horror de horrores, pintaba demasiado rápido.

Pero el paso del tiempo sigue obrando en favor de Quinquela. La luz maravillosa de sus cuadros oscurece a cualquier compañero que se le cuelgue al lado. En 1930, el especialista en artes plásticas del *ABC* de Madrid, Rafael Domenech, desmintió con palabras que todavía tienen vigencia a los que lo acusaban de conservador: "Es un artista de pura naturaleza pictórica y, por añadidura, muy moderno. Entiéndase bien que moderno no supone ir vestido o disfrazado a la última moda en el carnaval del arte, sino ser el último producto de las generaciones artísticas pasadas y el primero de las futuras".

Escuchemos al propio Quinquela cuando habla de sus principios estéticos:

- Todo aquello que exige excesivo esfuerzo de creación no es arte personal ni verdadero.
- Para llegar a la creación artística, no es indispensable pasar primero por un esfuerzo doloroso, como sostienen otros. Más bien me inclino a creer que ese proceso de creación debe proporcionar un placer que culmina cuando la obra está terminada.
- Mis dibujos eran distintos de los académicos. La academia es una cosa fría, calculada, rígida. Pero la belleza es otra cosa.
- Toda la obra del Greco está hecha en Toledo. No podía haber sido pintada en otro sitio. El artista identificado con una ciudad, con un ambiente, tiene que trabajar en ese ambiente y en esa ciudad. No puede ser de otra manera, sin riesgo de que desmerezca su obra.
- En Montparnasse, yo tenía curiosidad por conocer de cerca a los proselitistas del futurismo y me hice pasar entre ellos por futurista. Les hacía dibujos raros, y ellos los encontraban estupendos. Uno de mis dibujos, que se llamaba *El ojo del capitán mirando por el ojo de buey* lo exhibían como modelo del arte del futuro, que debía ser, decían, introspectivo, analítico, subconsciente, freudiano y no sé cuántas cosas más. Encontraron en mí grandes facultades para pintar hacia adentro, como ellos preconizaban, y no hacia afuera, aunque en realidad la mayor parte de aquellos futuristas de la Rotonde no pintaban ni hacia afuera ni hacia adentro. Descubrí que eran víctimas de los museos.
- Entre todos los pintores argentinos, soy el campeón del músculo.
- No me considero atado a ningún ismo, ni siquiera al realismo. La realidad puede ser para mi arte un punto de partida, pero no de llegada. Frente a ella, no me considero un copista, sino un intérprete.
- La mayoría de mis cuadros los pensé durante meses y los pinté en pocos días. Mi propia técnica me obliga a pintar de prisa.
- De tal manera está mi barrio unido a mi vida, que me parece que estoy metido en mis cuadros y amarrado a los muelles de la Boca.
- El gran pintor inglés Turner —me decía don Roberto Cunninghame Graham— pintó a principios del siglo XIX un Támesis que no se

parecía al Támesis verdadero de aquella época. Pero el Támesis de hoy se parece a los cuadros de Turner.
- No se piense por eso que yo he inventado la Vuelta de Rocha. A lo sumo, me habré adelantado alguna vez, algunas décadas, a su desarrollo.

Apartado por su propia voluntad o por la fuerza de los clanes, el Iluminado fue por consecuencia lógica el Gran Maestre, el Almirante de Mar y Tierra de su propia cofradía.

Esa cofradía se llamaba la Orden del Tornillo, porque el frac marino que llevaba Quinquela en las reuniones no estaba abotonado, sino atornillado. Un tornillo era también el trofeo que se entregaba a los miembros cuando eran admitidos, por voluntad y capricho exclusivos del dueño de casa. Entre otros, fueron condecorados con tornillos Charles Chaplin, Raúl Soldi, Cecilio Madanes, el arquitecto Alejandro Bustillo, el novelista John Dos Passos, Tita Merello, Berta Singerman, Adlai Stevenson, Ricardo Finochietto, Azucena Maizani, el novelista Germán Arciniegas, Francisco Canaro, el compositor Carlos Guastavino, el navegante solitario Vito Dumas, los actores Lola Membrives y Luis Sandrini y el músico Cátulo Castillo.

Primero se les daba el tornillo y después los tallarines multicolores de rigor y el vino. A las doce de la noche el Gran Maestre daba por disuelta la asamblea, se retiraba al cuarto contiguo y se metía en la cama: por esa época ya estaba grande y no aguantaba las trasnoches que tanto gusto le habían dado treinta años antes, cuando cruzaba el límite de la Boca y se instalaba en la Avenida de Mayo, en esa peña del café Tortoni que él mismo había creado.

En aquel sótano arrebatado a la generosidad del dueño del Tortoni, el francés Pierre Curuchet, ofrecieron conferencias, lecturas y conciertos con entrada libre, entre otros muchos amigos de Quinquela, Alfonsina Storni, Juana de Ibarbourou, Baldomero Fernández Moreno, Francisco Luis Bernárdez, Luigi Pirandello, Lily Pons, Josephine Baker, María Luisa Anido y Arthur Rubinstein.

¡Qué vida, qué prodigios! Y pensar que al final, como decía Tuñón, menos la canción, los reflejos en el agua y las luces del puerto, todo se hace para que uno vaya a parar adentro de una caja.

La del Iluminado era celeste y tenía en la tapa un barquito pintado por Quinquela. Era una buena caja. Los encargados de llevarla hasta la sepultura dijeron que no pesaba nada, como si sólo tuviera luz adentro.

Veamos las generalidades que pueden extraerse de una historia tan particular como la de Quinquela, puesto que cada experiencia narrada debe ser una fuente de sabiduría. La vida del Iluminado nos enseña que:

- de nada vale lamentarse diciendo: "He sido injustamente castigado por el destino".
- es poco práctico pensar: "Aquí donde me ven, yo hubiera podido ser muy talentoso si me hubiera acompañado la fortuna".
- el tiempo empleado en quejarse podría ser consagrado al estudio, a la acción y, en todo caso, al trabajo alegre y honrado entre los carboneros del puerto.
- eso si uno no tiene mucha pasta para la pintura.
- lo recibido de la comunidad debe ser bellamente transformado y devuelto a ella (lección para futuros gobernantes).
- hay que ser fiel al ser que somos, sin por esa razón malcriar al sinvergüenza que llevamos dentro con un trato demasiado indulgente.
- el rencor no conduce a ninguna parte.
- la generosidad, en cambio, hermanos, puede abrirnos las puertas del cielo.

PROEZAS BESTIALES: GATO Y MANCHA

Caballitos criollos

No todas las proezas argentinas fueron realizadas por los hombres. Algunas fueron obra de cuadrúpedos, y entre los abundantes cuadrúpedos que en el mundo han sido ninguno representa mejor que el caballo el espíritu de nuestra patria.

Ha habido aquí grandes caballos, desde los que condujeron valerosamente a la victoria a los héroes de la independencia en el campo de batalla —entre los que se destaca aquel caballo blanco de San Martín cuyo color sigue siendo una incógnita— hasta los que, conducidos a su vez por no menos heroicos jinetes, aunque de talla más pequeña y desprovistos de sables, alcanzaron la gloria y la fama en los campos hípicos del mundo, pasando por los caballos que dibujaba Florencio Molina Campos en los almanaques de Alpargatas y por el caballo Pampero, diseñado por el caricaturista Dante Quinterno para que acompañara a Patoruzú, cacique quijotesco.

Decir caballo es decir gaucho, y decir gaucho es decir Argentina. Contaba Raúl González Tuñón que una francesa que se había enamorado de él le regaló una vez un caballo, el que le fue entregado en pleno centro de París. Para deshacerse del animal, González Tuñón, desesperado, tuvo que hacer una dificultosa travesía a los suburbios en busca de un corralón donde se lo aceptaran. Jamás en su vida había montado y desconocía incluso los secretos más elementales de la relación hombre-bestia, pero se vio obligado, de todos modos, a darle las gracias a su admiradora. Ella no podía imaginar mejor presente para un argentino que un caballo.

Todavía resuenan en la memoria del turf nombres de inolvidables campeones aquí nacidos, como Resbaloso, ganador de la carrera inaugural del hipódromo de Palermo, el 7 de mayo de 1876; el legendario Yatasto, que entre 1951 y 1953 ganó 21 de 22 pruebas corridas, obteniendo para sus dueños 2.950.262 pesos, y el no menos rutilante Forli, que, invicto en San Isidro y en Palermo en 1966, triplicó la suma citada: diez millones de pesos de la vieja moneda.

El más extraordinario, el que más tuvo en vilo a la opinión pública de su tiempo, fue Botafogo, propiedad de don Diego de Alvear. El alazán Botafogo, nacido en 1914, se mantuvo invicto en la temporada de 1917, cuando ganó la Cuádruple Corona (grandes premios Carlos Pellegrini, Jockey Club y de Honor y Polla de Potrillos), pero salió, inesperadamente, segundo en el Carlos Pellegrini de 1918. Un "tapado", Grey Fox, para sorpresa de la afición entera, le había sacado un cuerpo y un cuarto en los tres mil metros de la prueba.

¡Para qué! La discusión fue tanta —en cada pizzería, en cada café, en cada encuentro de oficina— que no hubo más remedio que organizar una carrera especial, mano a mano, entre el ídolo y el retador que amenazaba con destronarlo. Todos los diarios de la Capital Federal y del interior, así como muchos extranjeros, comentaron apasionadamente el caso.

Las condiciones para la carrera del desquite fueron que cada caballeriza aportara diez mil pesos, una fortuna a comienzos del siglo XX, y que los veinte mil fueran donados a una institución de beneficencia. La carrera, el acontecimiento deportivo más impresionante de todos los tiempos, se realizó el 17 de noviembre de 1918. Las tribunas de Palermo estallaron cuando Botafogo cruzó el disco con una distancia de tres cuerpos a su favor sobre el cuerpo exhausto de su oponente. Un cantor en ese momento excedido de peso, Carlos Gardel, era el que aplaudía más fuerte.

Pero no son estas historias las que quiero contar, y tampoco lo es la de Esteban Serventi, llamado Don Gregorio porque de chiquito se pasaba el día subido al carro de Gregorio Bermúdez, un peón de la estancia Las Hormigas, en la que era mayordomo el papá de Esteban. Sólo diré, al pasar, que, por haber intimado tanto con los caballos, cuando creció, Don Gregorio se transformó en el entrenador experto que adiestró los caballos de Guy Williams, El Zorro, y que inmortalizó su silueta, junto a la de su caballo Max, en la presentación del noticiero cinematográfico *Sucesos argentinos*.

La razón por la que no quiero hablar más de esto es que los caballos de alta competición no sirven como símbolos del caballo argentino. Tienen pedigré, raza, cédula de identidad. Se sabe quiénes son su padre y su madre. Son demasiado finos. Es cierto que, de por sí, el caballo no es bicho originario de esta tierra, pero no es menos cierto que algunos caballos llegaron a adquirir muy pronto la marca caótica y salvaje que identifica a la argentinidad, en cierto y determinado sentido.

Algunos de los 76 caballos que trajo Pedro de Mendoza en 1536 fueron rápidamente devorados por los propios españoles cuando se quedaron sin comida en medio del granero del mundo. Otros, más inteligentes que sus dueños, huyeron a toda velocidad, aprovechando la propiedad horizontal de nuestro suelo, y se hicieron amos de la pampa infinita.

Lustros después, manadas que superaban largamente los dos mil ejemplares hacían retumbar el suelo en violentos galopes, interrumpiendo de manera definitiva la siesta del paisano distraído y aun convenciendo a sus hermanos sojuzgados (los caballos, no los paisanos) de que cortaran el yugo y se fueran con ellos.

Eran anarquistas y libertarios, aquellos caballitos criollos. Sólo obedecían si se les daba la gana. Condescendían y se dejaban montar sólo si les caía bien el jinete. Si no, preferían relincharle al viento. Así, adaptando su sangre berberisca y árabe al ambiente sudamericano, se transformaron en una raza independiente y fuerte: la raza criolla.

Un viajero europeo los describía así a fines del siglo XIX: "Sus rasgos más notables son la rusticidad y la resistencia a grandes distancias, no en la carrera, sino soportando durante largo tiempo esfuerzos extraordinarios o penosos sin ninguna consecuencia funesta".

Ahora sí estamos llegando al comienzo de nuestra extraordinaria historia, la de los dos caballitos criollos que para demostrar cuánto valían cruzaron el continente de punta a punta.

Esos dos caballos eran Gato y Mancha, exponentes de una raza que, por cimarrona y retobada, era mirada aquí con cierto desprecio. Los argentinos preferían otra clase de caballos, provenientes del extranjero.

Defensores solitarios de los caballos criollos eran los Solanet. En 1880, don Felipe Solanet y su esposa, Emilia Testevin, fundaron en la región bonaerense de Ayacucho la estancia El Cardal. Otro miembro de la familia, el doctor Emilio Solanet, compró en Chubut y trajo a su estancia en 1911 un importante número de padrillos y yeguas indias de las manadas criollas pertenecientes, quizás, al cacique tehuelche Liempichún. Digo "quizás" porque si bien Liempichún aseguraba que esas bestias bagualas le pertenecían a él los caballos no siempre opinaban lo mismo.

El cacique creyó haber engañado al estanciero y, en consecuencia, organizó una fiesta de dimensiones legendarias, pero el estanciero sabía bien lo que había hecho: estaba dispuesto a desarrollar la raza y volvió, por lo tanto, a sus pagos igualmente contento.

Los Solanet confiaban en sus criollos, pero ni por asomo se les hubiera ocurrido someterlos a la prueba de fuego de mandarlos a Nueva York y a Washington caminando. Mientras ellos echaban raíces aquí, nacía, crecía y desarrollaba su particular temperamento lejos de la Argentina el futuro autor de la hazaña.

Era éste Aimé-Félix Tschiffely, hijo de una familia suiza muy reputada, de quien sus padres pensaron cuando nació, dada su mirada de bebé inteligente, que llegaría a ser el ciudadano más cuerdo y sensato de Berna. Pocos años bastaron para poner a prueba sus pronósticos y comprobar dos cosas: 1) en verdad, Aimé-Félix era un niño y más tarde un adolescente brillante; 2) Aimé-Félix era un lunático.

En tiempo récord, Aimé-Félix se recibió de maestro, pero en lugar de continuar sus estudios en la Universidad de la Relojería e impulsado por un demonio interior un poco extravagante pero benévolo se marchó para siempre de su patria. Se estableció primero en el sur de Inglaterra, donde matizaba sus actividades docentes subiéndose a los rings con el pantalón corto de boxeador y sumándose con todo fervor a los violentos combates futbolísticos de los ingleses.

Al diablillo interior del profesor Tschiffely no le alcanzaban esos breves recreos. Vivía reclamando más acción, una cuota más grande de locura, y Aimé-Félix, por ver si lo saciaba, decidió darle el gusto de la manera más rotunda: se mudó a la Argentina.

Aquí, entre clase y clase, descubrió los caballos y vio que en esas prolongadas excursiones solitarias a lomo de tordillo por el campo, y sólo en esas prolongadas excursiones solitarias a lomo de tordillo por el campo, el demonio Aimé-Félix dejaba de chillar y dejaba tranquilo, en silencio y en paz, a Tschiffely, el ángel.

Poco a poco, en su mente tan lúcida como afiebrada se fue gestando la idea de hacer un viaje largo. Largo de verdad, tan largo como nadie a caballo lo hubiera hecho nunca. Mientras pensaba, corría 1924. Él tenía 29 años. Era, por lo tanto, joven. Su cuerpo de atleta le respondía bien, y además había logrado reunir cinco mil pesos, lo bastante para pagar los gastos. Le faltaban, eso sí, los caballos, y su yo racional le aconsejaba que diera la mayor publicidad posible a su odisea para cosechar nuevos respaldos y, por qué no, también una porción de heno y de gloria.

Por una vez Aimé-Félix obedeció a Tschiffely y ambos, la carne y el espíritu, cobraron impulso e irrumpieron en el diario *La Nación*, que estaba entonces en Florida entre Corrientes y Sarmiento. Allí fue recibido por Octavio Peró, un periodista de intuición finísima. "Si este hombre fracasa —tiene que haber pensado Peró—, su intento terminará en comedia o en tragedia, y en los dos casos será noticia. Si triunfa, tendremos una epopeya, y eso es un título de primera plana para un día y alimento de un número indeterminado de entregas especiales durante semanas, meses e incluso años." Como su misión profesional era el reporte sobre las novedades del campo, conocía muy bien a Emilio Solanet y a él le pidió ayuda para su visitante.

Halagado por las alabanzas que el suizo hizo de la raza criolla, pero no tan obnubilado por ellas como para sacrificar a sus mejores animales, el doctor Solanet le regaló a Tschiffely dos caballos de aspecto deprimente, todavía sin nombre y tan veteranos que a su edad muchos de los mejores campeones del turf ya habían sido reducidos a la condición de mortadela.

El que llegaría a ser conocido como Gato, el más sumiso de los dos, tenía 15 años y el que llegaría a llamarse Mancha, el más bravío, tenía 16. Eran grandes y no sabían que todo estaba aún por comenzar ni que todavía les quedaba tanto tiempo como el ya vivido por vivir, lo que es muchísimo para la especie. Los caballos no piensan en estas cosas.

Aimé-Félix, Gato y Mancha llegarían a formar un trío ejemplar. Partieron desde la Sociedad Rural, en Palermo, el 23 de abril de 1925. La opinión pública porteña estaba dividida: los optimistas pensaban que, con suerte, llegarían a Tucumán. Los pesimistas, que no pasarían de Rosario. La meta neoyorquina era considerada por los más benévolos un chiste.

No sabían que nuestros amigos eran tres tipos testarudos. Por fortuna, las alternativas del viaje (fueron tantas que con ellas podría hacerse la mejor película de aventuras de todos los tiempos) quedaron registradas en las crónicas que Tschiffely enviaba periódicamente a *La Nación*, algunos de cuyos pasajes reproduciremos.

Pese a las dificultades iniciales, se establecieron entre los tres viajeros las condiciones para una convivencia estupenda.

Mancha era un excelente perro guardián. Estaba siempre alerta, desconfiaba de los extraños y no permitía que hombre alguno, aparte de mí, lo montara. Si los extraños se le acercaban, hacía una buena advertencia, levantando la pata, echando hacia atrás las orejas y demostrando que estaba listo para morder. Gato era un caballo de carácter muy distinto. Fue domado con mayor rapidez que su compañero. Cuando descubrió que los corcovos y todo su repertorio de aviesos recursos para arrojarme al suelo fracasaban, se resignó a su destino y tomó las cosas filosóficamente. Mancha dominaba completamente a Gato, que nunca tomaba represalias. Mis dos caballos me querían tanto que nunca debí atarlos, y hasta cuando dormía en alguna choza solitaria sencillamente los dejaba sueltos, seguro de que nunca se alejarían más que algunos metros y de que me aguardarían en la puerta a la mañana siguiente, cuando me saludaban con un cordial relincho...

Solo con su colorado manchado de blanco y su gateado, Tschiffely, como dijo antes de salir, se echó a los vientos. Su equipaje se reducía a lo siguiente:

1) Una silla tradicional de gaucho con armadura liviana, de 60 centímetros de largo, cubierta por una piel. La silla se podía usar de noche como almohada, y la piel (de oveja) como manta. En los tres años que duró la travesía, hubo que dormir al aire libre muchas veces.
2) Una montura más precaria para el caballo al que en ese momento le tocara ir sin Aimé-Félix encima (naturalmente, se iban turnando).
3) Una Smith&Wesson 45, por las dudas.
4) Una carabina a repetición, calibre 12 (por si surgían nuevas inquietudes).
5) Un Winchester 44. (Las armas servían también para cazar, ya que por fuerza Aimé-Félix tuvo que consumir comida muy fresca.)
6) Mapas.
7) El pasaporte de ciudadano del mundo.

8) Cheques a cuenta de los cinco mil pesos, y parte de esos cinco mil pesos en billetes.
9) Brújula y barómetro.
10) Un poncho liviano, de caucho.
11) Un mosquitero que Aimé-Félix podía prender a su sombrero de alas anchas.
12) Monedas de plata, guardadas en los bolsillos de la montura, para pagar a eventuales guías indios que no creyeran en los billetes.

Tschiffely y sus caballos tenían un enemigo común: los automóviles. Los odiaban, y fueron el principal obstáculo en el tramo inicial y, por supuesto, en el final, ya que en Estados Unidos la especie mecánica se había multiplicado muchísimo a mediados de la tercera década del siglo XX.

De la salida, cuenta Aimé-Félix:

> Los automóviles pasaban al lado nuestro a toda velocidad. Sus ocupantes se reían cuando los pingos se asustaban o cuando lograban salpicarnos con el barro que chorreaban generosamente las ruedas a diestro y siniestro. Si todos mis deseos han llegado a lo alto, los infiernos estarán llenos de motores y de automovilistas.

Los dos caballos, que habían visto muy pocos autos en sus tres lustros de vida, expresaban su disgusto sin tanta exquisitez, con gritos y relinchos.

Tardaron 15 días en llegar a Rosario, donde nuestro héroe humano se hizo el regalo de dormir dos semanas en un hotel mientras nuestros héroes equinos se albergaban en la cuadra de una comisaría. Desde allí hasta Taboada, cerca de La Banda y pasando por los salitrales de Santiago del Estero, que agrietaron y quemaron los labios de Aimé-Félix, hubo mucho descanso al descampado. "Nunca usé carpa. En primer lugar, hubiera sido un peso adicional. Además, desde su interior la vigilancia de los pingos hubiera sido insuficiente. Finalmente, no me parecía justo que yo pasara la noche con más lujo que mis compañeros."

Lejos de los Chevrolet y de los Ford, salía a relucir más a menudo la hospitalidad de los paisanos. En Taboada tuvieron que quedarse una semana: era imposible rechazar "la última empanada".

Después siguieron subiendo. En el norte argentino Tschiffely aprendió que la quebrada de Humahuaca (la "cabeza que llora") se llama así por una antigua leyenda indígena de amores entre hijos de familias rivales, a lo Romeo y Julieta. En el Pucará de Tilcara, excavando, Tschiffely se pinchó la mano con una espina venenosa y se le llenaron el cuerpo, la cara y las piernas de llagas. El único médico del lugar no supo qué decirle y Aimé-Félix, desesperado e irreconocible, fue a consultar con un indio muy viejo, que lo curó con hierbas en menos de una semana. En La Quiaca, Tschiffely se apunó malamente. Pero "qué cosa extraña: los caballos no dieron signo alguno de malestar o debilitamiento a causa de la altura y poca alimentación. Al contrario".

En las cumbres cordilleranas de Bolivia, el trío pudo ver que las dificultades recién comenzaban. Había que respirar el aire enrarecido de Tres Cruces, a 3.500 metros de altura, cruzar ríos y arroyos de corrientes traicioneras y, eventualmente, enfrentar a bandoleros y bandidos. Llegaron a La Paz después de tres semanas terribles, pero allí los trataron cálidamente. Tschiffely fue recibido en la casa del embajador argentino, Horacio Carrillo, donde se hizo muy amigo del cónsul Jorge Ibarra García. Tal vez le haya causado gracia la insistencia de Ibarra García, con quien volvería a encontrarse bastante más al norte, en México, para que diera de una vez por terminado su viaje.

> Tengo el gusto de haber embromado un poco al amigo. Recuerdo como si fuera hoy sus filípicas en contra de la prosecución del raid y las seguridades más absolutas que daba de que nunca llegaríamos a la costa del Perú. Y ni siquiera había escarmentado bien cuando vio de nuevo al trío caprichoso, muy ufano y orondo, caracoleando por las calles de los Moctezuma y Cortés. De puro desconfiado, apostaba entonces a que la revolución mexicana, en pleno auge a la sazón, nos engulliría, y eso así no más, olvidando completamente que ya no éramos tan novicios en el arte de andar bien con el diablo y con su cola...

Desde La Paz siguieron, a razón de treinta kilómetros por día. En las alturas del río Apurimac, Gato perdió el equilibrio y se deslizó hacia un precipicio. Aimé-Félix cerró los ojos y cuando los volvió a abrir vio que un árbol, milagrosamente, había frenado a su amigo en la caída. Entre Mancha y él se las ingeniaron para descolgarlo del vacío y devolverlo a la vida.

Las montañas peruanas no eran para cualquier caballo. Había que pasar la noche a la intemperie, con 18 grados bajo cero, atados a palos y piedras para no caer en la mitad del sueño al fondo de un barranco. Para colmo, había muchos vampiros, "que se ensañaron con los caballos en unos valles en el trayecto de Cuzco a Ayacucho, debilitándolos visiblemente y dejándoles ronchas de lenta curación".

En camino a Huacho, el problema fue el calor. Un mediodía, a la una y media, Tschiffely midió la temperatura con su termómetro y se asustó: había 52 grados a la sombra. Los cascos de los criollos se hundían de seis a quince pulgadas en la arena candente. La sed los devoraba.

Los ríos crecidos eran un grave escollo. Desde Lima, tuvieron que cruzar nada menos que trece. En el río Casma, Aimé-Félix estuvo a punto de ahogarse. La fuerza de la corriente arrastraba a los caballos, apretándolos uno contra el otro.

A esa altura, los tres sujetos de nuestra expedición eran irreductibles.

Llegamos al pueblo de Santa un viernes a las 16. Cuando manifesté mi intención de cruzar el río al día siguiente, fue una verdadera sensación, porque con lo crecidas que estaban las aguas nadie se animaba a hacer la prueba. El estanciero en cuya casa me alojaba me suplicó que abandonara la idea, que calificaba de locura y muerte inevitable para hombre y caballos. Era la opinión unánime. Olvidaban y desconocían, sin embargo, un valor, el de los criollos argentinos, y a probárselo iba. Insistí. Telefonearon al otro lado del río, preguntando si había hombres dispuestos a ayudarme. Uno solo se ofreció. Llaman a esta gente "chimbadores". Nuestro hombre me hizo avisar que el sábado a las 9 me esperaba con el mejor caballo de la región. Al llegar a la hora convenida al sitio fijado, acompañado de todo un gentío dispuesto a presenciar un suicidio, quedé sorprendido ante el espectáculo imponente de las aguas. Era un torrente de unos doscientos metros de ancho, arrastrando palos, ramas y árboles enteros. Daba miedo ver aquellos remolinos. Desensillé los caballos y cargué todo en una canasta, que fue pasada por medio de un alambre-carril a la orilla opuesta, donde, atraídos por el espectáculo, también se habían congregado muchos curiosos. El chimbador hizo un último intento para disuadirme de la empresa, pero insistí y le ordené que, como baqueano, se lanzara con su cabalgadura al agua para enseñarme el curso a tomar. Lo seguí. Evitamos pasar por tres remolinos que son perdición segura y sin que yo tuviese en momento alguno sensación del peligro mortal que corríamos, a unos 250 metros río abajo alcanzamos con felicidad la orilla opuesta, donde recibí los plácemes de todos aquellos... que habían apostado su dinero a favor de mis caballos. Los otros, los perdedores, ni siquiera habían aprendido que no se juega impunemente la plata en contra del criollo argentino.

Los problemas seguirían. En las alturas, cerca del Ecuador, un guía nativo los dejó al borde del puente colgante más aterrador que Tschiffely hubiera conocido. Tenía doscientos metros de longitud, el ancho era de sólo un metro y parecía que se iba a venir abajo si un pajarito se posaba en él para comer alpiste.

"Ya habíamos atravesado antes puentes suspendidos que daban vértigo y náuseas, pero aquel era el espécimen más horrible." Por primera vez, Aimé-Félix quiso dar media vuelta, pero la opción era quedarse varios meses en el poblado indígena más cercano y esperar que bajaran, con la nueva estación, las aguas del río.

Al pisar la pasarela, Mancha dudó un momento. Después resopló con desconfianza la estera que cubría el piso, y tras haber examinado el extraño decorado que nos rodeaba respondió a mi invitación y avanzó con prudencia. En cuanto nos aproximamos al medio, el puente comenzó a balancearse terriblemente, y por un instante temí que el caballo tratara de volver sobre sus pasos, lo que hubiera sido fatal. Pero no: simplemente, se detuvo para esperar que el balanceo disminuyera. Después avanzó de nuevo. Casi ahogado de emoción, yo seguía hablándole y le daba palmaditas en las ancas, caricias a las que era muy sensible. En cuanto comenzamos a remontar después de haber atravesado el medio, el caballo pareció comprender que habíamos dejado detrás nuestro la zona más peligrosa. Se apresuraba en ir a una zona más segura. El puente se sacudía tanto a nuestros pies que debí amarrarme de los hilos de hierro tendidos a los dos costados para poder encontrar el equilibrio. Gato avanzó más seguro, con pie firme, como si estuviera andando sobre un sendero.

Habían pasado casi dos años de la partida cuando Tschiffely, Gato y Mancha dejaron atrás Ecuador y Colombia. Dice Cuchullaine O'Reilly, quien historió la hazaña, que a esa altura el entusiasmo inicial había mermado, por las privaciones vividas.

En general, había pocas lunas plateadas, brisas tropicales embalsamadas o palmeras ondulantes. Era más probable encontrarse con mosquitos, moscas de arena, sofocarse con el calor o caer víctima de enfermedades tropicales. Aún más importante: Tschiffely había descubierto que un largo viaje a caballo, cuya expectativa es excitante, podía ser en realidad extremadamente cansador y monótono.

Llegó a Medellín cansado, "cien veces remojado, deshecha la ropa, el calzado podrido y con un feo reumatismo". Entonces decidió meterse, y los dos caballos con él, en un barco, para cruzar a Panamá. Tampoco fue un crucero de placer, ni nada parecido: Gato y Mancha se excitaron más de la cuenta con el traqueteo de las olas.

Varias jornadas duró el viaje marítimo. La llegada a Colón fue algo notable y el viejo Mancha hizo de las suyas con tanto éxito que al día siguiente no había chico en las calles que no conociera algo de su historia, en verdad única en el reino de los equinos. Con suerte, el guinche bajó a Gato, pero cuando le tocó el turno al Tigre de las Pampas el asunto varió de especie. Al tocar tierra, el viejo caballo dio un salto y se desprendió del gancho que sujetaba el cinturón. Allá voló el hombre que lo sujetaba del cabestro, y en menos tiempo del que se necesita para contarlo Mancha había salido a los corcovos furiosos, derecho al local de la Aduana. Allá fue el pánico: empleados norteamericanos y peones, todos corrían desorientados. No había nada que hacer con esta fiera. Corriendo, bajé a tierra y a la Aduana, llamando al caballo. Por fin reconoció mi voz, paró en su furia destructora y vino hacia mí, las orejas gachas y mostrando el blanco de sus pupilas. Le ajusté el cinturón y, después de que se hubo serenado algo, lo presenté formalmente al jefe de la Aduana, contó Tschiffely.

Se deduce del tono de su relato que no estaba enojado con Mancha. Antes bien, justificaba a aquel horrible bruto:

> Considerando que este caballo ya tiene cerca de veinte años, y teniendo en cuenta que ha recorrido en 22 meses arriba de dos mil leguas, de Chubut oeste, donde nació, a Medellín, resistiendo todos los climas imaginables, temperaturas de 18 grados bajo cero hasta 50 sobre cero, por caminos que ni el nombre de tales merecen, de la costa del Atlántico a la del Pacífico, llegando a casi seis mil metros de altura, comiendo basuras y maderas, pasando al último cuatro días y medio embarcado en un lanchón donde lo bajo del techo no le permitía ni levantar la cabeza, es sencillamente admirable, estupendo, que haya podido dar todavía tales muestras de energía que ni como potro las había dado mayores. Verdaderamente, una raza caballar que produce ejemplares como éste debe ser conservada,

dijo mientras contemplaba los restos de lo que una vez había sido la orgullosa ciudad panameña de Colón antes de que sobre ella pasara Mancha.

Más adelante, en Guatemala, aquel suizo tan mal aconsejado por su demonio interior se enfermó de malaria. Yendo de Quezaltenango a San Marcos, cerca de la frontera con México, tuvo que espantar a tiros a dos asaltantes. Y por allí también él y Mancha tuvieron que pasar por la prueba más dura de todo el viaje: debieron separarse de su mejor amigo.

Esto pasó: a Gato le habían puesto mal una herradura y se le había infectado una pata. Al verlo tendido en el piso y gimiendo de dolor, y como para demostrarles a los militantes de Greenpeace que la maldad no es privativa de los seres humanos, una mula asesina le asestó una feroz patada sobre la herida.

Gato necesitaba reposo y un buen veterinario. Con todo el dolor del alma, Aimé-Félix lo depositó a bordo de un tren con destino al Distrito Federal de México y con una tarjeta que decía: "Entregar en mano al embajador argentino, doctor Eduardo Labougle".

Fue el último accidente de importancia. Por un lado, el suelo mexicano fue más benigno con los dos sobrevivientes. Por el otro, la fama de los expedicionarios había crecido lo bastante para que en cada pueblo se formaran comités de recepción, se organizaran banquetes con discursos –a los que Tschiffely iba muchas veces porque no tenía más remedio, ya que no le gustaba vestirse de etiqueta– y se presentaran los pobladores en los corrales donde descansaba Mancha para llevarse un pelo de la crin o de la cola como recuerdo.

Los diarios mexicanos más importantes hablaban de ellos. Algunos periodistas, confundidos, llamaban al suizo Aimé-Félix "el inimitable caballista argentino". Otros, como Federico Gamboa, de *El Universal,* sabían la verdad, pero afirmaban: "Pese a su cepa gringa, Tschiffely es gaucho de los pies a la cabeza, nacido y criado en la pampa, y la pampa sólo existe en la República del Plata".

Después del reencuentro con Gato en el Distrito Federal ("¿Cómo estás, viejo?") y ya en Estados Unidos, Tschiffely se cruzó feamente en Oklahoma con el actor Douglas Fairbanks, cuando lo invitaron al estreno de su caricaturesca película *El gaucho*. "Mejor hubiera hecho en bautizarla 'El clown'", le dijo Tschiffely.

La intensidad de los honores aumentaba. Una batería completa de artillería de campaña los escoltó en Laredo.

En San Antonio temí perder la cabeza ante la enormidad de agasajos que habían preparado entre militares y civiles. Para dar cumplimiento a los compromisos más ineludibles, fue preciso concurrir hasta a cuatro y cinco banquetes y recepciones por noche. ¡Y las conferencias y discursos sin fin en clubes, colegios, escuelas, casinos de oficiales, municipalidades y hasta en iglesias! Luego, montones de correspondencia, telegramas y visitas de delegaciones. ¡Es para volverse loco!

Harto, una vez mandó al demonio a una señora (la milésima) que venía con sus dos hijas a pedirle unos pelos de Gato y Mancha. Cuando ellas se fueron con la cola entre las patas, se enteró de que eran la esposa y las dos hijas del gobernador de Texas, que esa noche lo esperaba con un banquete.

Finalmente, el 20 de septiembre de 1928 –tres años, cuatro meses y seis días después de haber salido–, Aimé-Félix y compañía entraron triunfalmente en la capital del imperio. En la Casa Blanca, fueron recibidos por el presidente Calvin Coolidge (los caballos esperaron afuera) y al desfilar por la Quinta Avenida, en el corazón de Manhattan, el intendente de Nueva York, James Walker, les regaló una medalla de oro.

Tschiffely quería volver a la Argentina lo más pronto posible, pero por suerte no se lo permitieron. Había reservado pasajes en el transatlántico Veltris, pero los yanquis insistieron para que se quedara unas semanas más, ya que no se habían acabado los homenajes. El Veltris se hundió en alta mar, y los tres héroes pudieron terminar su aventura con toda felicidad a bordo de una embarcación más sólida.

Buenos Aires fue, por supuesto, una fiesta. Mancha y Gato volvieron a la estancia y Tschiffely, calmada la ansiedad, regresó en 1930 a Londres. Se estableció en la aristocrática vecindad de Chelsea, se casó con una señorita llamada Violeta, escribió un libro que se vendió muy bien... y volvió al poco tiempo a las cabalgadas, pero esta vez por los bosques de Birmingham y con montura inglesa.

Así y todo, no olvidó a sus dos viejos compinches, con los que tendría todavía la oportunidad de reencontrarse dos veces. El primer reencuentro fue en vida de los tres, cuando Tschiffely volvió a la Argentina, en 1937. El segundo reencuentro ocurrió cuando los tres estaban muertos y fue, como resulta lógico, el más duradero.

Gato murió el 17 de febrero de 1944, a los 36 años. Mancha, el 25 de diciembre de 1947, a los 40. Y Félix Aimé Tschiffely, con sus dos partes esta vez en perfecta sintonía, murió en 1954, a los 63 años. Se había ido a vivir de nuevo a Inglaterra, pero sus cenizas viajaron a las pampas para descansar junto a las de sus dos incansables compañeros.

Para inmortalizarlos todavía un poco más, y por iniciativa de la Federación Ecuestre Argentina, en el país se celebra desde 1998 el Día Nacional del Caballo todos los 20 de septiembre, jornada en la que dos criollos fierazos pero de fierro y un suizo loco plantaron sus diez patas en Washington, después de un viaje un tanto cansador, pero contentos.

¿Por qué interrumpimos el orden natural del libro con este capítulo dedicado al caballo? Porque estamos en busca de lecciones morales, y creemos que si falta gente capaz de dárnoslas sobran, en cambio, bestias de mérito siempre dispuestas a hacerlo.

Para las conclusiones didácticas, dejaremos un tanto de lado al señor Tschiffely, por no haber sido éste argentino, sino suizo, a pesar de sus denodados y conmovedores esfuerzos en sentido contrario.

Sin embargo, hay una cosa obvia por aprender de Aimé-Félix: este extranjero fue capaz de tenernos más fe de la que nosotros mismos nos tenemos. Es una vergüenza, pero no vive quien enrojece a cada paso, sino el que aprende a no seguir para siempre enrojeciendo.

Creo que, por su parte, los caballitos criollos Gato y Mancha nos enseñaron lo siguiente:

- Hay que tirar con fuerza para arriba, como también lo hacían Porteñito y Mano Blanca, los caballos del tango, porque lo más posible es que venga barranca.
- Aunque haya en el mundo caballos más bonitos que nosotros, no por ello debemos agachar la cabeza.
- Además, ¿de qué nos valdría ser bellos si, faltos de carácter, reculáramos ante un puente colgante de morondanga o ante la idea de hacer un viajecito cualquiera?
- Seremos toscos y feos, pero nadie nos quita la libertad. Nuestra alfalfa la encontraremos donde sea.
- Todos somos caballitos criollos, sin intención de que nadie se ofenda.
- De lo único que debemos cuidarnos es de los vampiros. Antes atacaban solamente en los montes peruanos, pero ahora se han envalentonado y atacan donde sea.

PROEZAS POLÍTICAS:
UN MANUAL DE VERDADES JUSTICIALISTAS

El I Ching de Perón

Existen dos teorías para explicar por qué Juan Domingo Perón sedujo al mismo tiempo a la derecha, al centro y a la izquierda. Las mismas dos teorías sirven para explicar también por qué otras personas de derecha, de centro y de izquierda siguen odiando a Perón a más de treinta años de su muerte.

Aunque el deceso del General es un hecho innegable desde el punto de vista físico, los seguidores y los detractores más firmes de Perón no lo toman en serio. Todavía hay antiperonistas que consumen su vida buscando pruebas para condenarlo. Es seguro que por las noches, en lugar de decir sus oraciones, hablan sañudamente con el General. "Ahora sí te pesqué. Te tengo en mis manos. Ahora vas a ver lo que es bueno..." Y hay peronistas que todavía elevan la mirada al cielo para no perderse la llegada del avión negro que traerá de regreso al líder. Ni siquiera se salva Internet, donde hay sitios llamados, significativamente, "lucheyvuelve.com" o cosas por el estilo.

Volviendo a las dos teorías: una dice que el General era un camaleón, que un día halagaba a unos, otro día a otros y el tercer día hacía lo que se le daba la gana. Tantas idas y vueltas serían la causa de que todos hayan coincidido con alguna de sus múltiples caras, pensando que todas las demás no existían. Visto así, el Perón de verdad no podría haber sido otra cosa que una suma de simulaciones urdidas con el único fin de ganarse la voluntad de la mayor cantidad posible de individuos.

La otra teoría postula prácticamente lo contrario: Perón no mentía, sino que hablaba con total transparencia. Sus contradicciones, tan coloridas, no se daban con diferencia de veinte años, sino del párrafo anterior al párrafo siguiente, y estaban a la vista de todos. Al exponerlas de manera diáfana, en apariencia muy sencilla para cualquier lector u oyente, producía en los otros un efecto curioso: cada uno creía estar escuchando algo diferente.

No hubo, entonces, un Perón bárbaro hasta después del exilio y un león herbívoro en sus últimos meses de vida. Siempre fue uno e inabarcable, porque ese uno lo era todo al mismo tiempo, según el humor, la predisposición y la intención que se pusiera al escucharlo.

El Oráculo hablaba, siempre idéntico y fiel a sí mismo. Pero cada uno de los que lo consultaban extraía una conclusión diferente de sus máximas.

Puede parecer sorprendente, pero lo mismo ocurre con el *I Ching*, también llamado *El Libro de las Mutaciones*, tal vez el texto más antiguo que conserva la humanidad y también el más joven, ya que hasta hoy se le siguen formulando preguntas, aplicadas a cualquier orden de la vida personal, política o social, y hasta hoy las respuestas, después de un primer instante de perplejidad, siguen siendo consideradas grandes revelaciones a partir de las cuales se puede edificar una vida distinta.

Los detractores del *I Ching* dicen que así cualquiera acierta. El amante engañado que le pregunta si debe vengarse de una traición puede encontrar esta respuesta: "El noble aplica con claridad y cautela las penalidades y no arrastra pendencias". Si se trata de un sujeto pacífico, tal vez deje las cosas como están, ya que se aferrará al consejo de no arrastrar pendencias. Si es una persona violenta, quizás golpee a la infiel y a su galán, para "aplicar con claridad las penalidades".

Lo mismo se dice de Perón: "Para un argentino no hay nada mejor que otro argentino" puede tomarse como una indicación guerrera o como un llamado al amor y a la concordia. En ninguno de los dos casos el lector se habrá equivocado y en ninguno de los dos casos el aforista habrá mentido: él simplemente dijo su palabra, cristalina y hermética, múltiple y singular, una, pero también infinitamente divisible.

Con el fin de que los lectores puedan preguntarle lo que quieran a Perón con el mismo orden interno que usan para preguntarle al *I Ching*, he confeccionado estos sesenta y cuatro hexagramas peronistas, en los cuales se esconde la respuesta a los principales interrogantes de la vida. He seguido la prestigiosa versión de Richard Wilhelm punto por punto y respetando la secuencia del libro, pero he reemplazado el texto por pasajes de escritos y discursos del líder, casi todos correspondientes a su época más temprana. Al dictamen del Oráculo sigue un breve comentario personal, como guía para la comprensión.

Todo lo que hace falta para acceder a las respuestas son tres monedas iguales. Las caras valen 3; las cecas, 2. Se las arroja al mismo tiempo: si la suma da 7 o 9, se ha obtenido una línea entera; si la suma da 6 u 8, una línea quebrada. La primera línea obtenida es la inferior. El procedimiento debe repetirse seis veces para la conformación completa del hexagrama.

1. *Ch'ien* / Lo Creativo: "Es indudable que el problema fundamental en la hora presente finca en la solución de las cuestiones que atañen a las masas rurales y a las urbanas, para ir después a la organización integral de la riqueza del país. Solucionados estos tres aspectos, el Estado no tendrá ya por delante graves problemas por resolver".

Lo Creativo es señal de fuerza sin límites. Sin desalentarse por la magnitud del desafío, el sabio trabajará sin desmayo hasta haberlo hecho todo. Después descansará: agotado, el domingo no saldrá de la cama.

2. *K'un* / Lo Receptivo: "En el orden social, los obreros han estado contra sus patronos, sin ninguna ventaja para el país, porque todo lo que es lucha disocia el acuerdo y la armonía. El amor es lo único que une".

Lo Receptivo es blandura, mas no resignación. Tal vez haya que arrojar una piedra en el lago, pero habrá que hacerlo sin perturbar el sueño de los peces dormidos.

3. *Chun* / La Dificultad Inicial: "Quisiéramos que nuestros enemigos se convenciesen de que nuestra actitud no sólo es humana, sino que es conservadora, en la noble acepción del vocablo".

Toda acción genera una reacción. Para vencer la Dificultad Inicial, lo primero es convencer a nuestros adversarios de que somos más reaccionarios que ellos.

4. *Meng* / La Necedad Juvenil: "No somos partidarios del desorden en la calle ni en los lugares de trabajo".

Muchas veces la labor del sabio se ve perturbada por la irrupción de imberbes, que distraen al maestro con sus preguntas, lo aturden con sus consignas estridentes y lo cansan con sus reclamos de niños caprichosos. Para no poner en riesgo su empresa, el maestro contestará, simplemente: "¡Cállense!"

5. *Sü* / La Alimentación: "El Estado debe garantizar que el máximo posible de los ciudadanos esté por encima del nivel medio de vida, evitando reducir a aquellos que lo sobrepasen y tratando de disminuir al mínimo a los que estén por debajo de aquél".

Dada una torta dividida en partes desiguales, el hombre superior tratará por todos los medios de aumentar el número de las porciones pequeñas sin reducir en absoluto el número de las porciones grandes.

6. *Sung* / El Conflicto: "El capitalismo es una fuerza internacional sin patria, que solamente busca saciarse sin reparar en medios. Es, en el fondo, el acaparamiento del dinero por el dinero".

Quien busque pelea, encontrará al Gran Hombre listo para la batalla. Una cosa es ser bueno y otra que, haciendo abuso de su tamaño, los capitalistas lo tomen a uno por estúpido.

7. *Shi* / El Ejército: "Los pueblos que han descuidado la preparación de sus fuerzas armadas han pagado siempre caro su error, desapareciendo de la historia o cayendo en la más abyecta servidumbre".

Tarde o temprano, habrá guerra. Sería criminal estar fuera de forma cuando ella empiece. Dice Perón: "Han existido en el mundo pensadores a los que sin temor calificamos de utopistas que en todos los tiempos y países han expresado que la guerra podía ser evitada".

8. *Pi* / La Solidaridad: "Es necesario que todo el mundo se persuada de que no puede haber una gran Argentina si todos sus hijos no están perfectamente unidos".

Todos para uno y uno para todos. En los momentos de dificultad, el sabio busca el auxilio del prójimo. Si los demás se hallan perfectamente unidos en su voluntad de ayudar, no habrá conflicto. De lo contrario, será necesario persuadirlos por medio de la fuerza pública.

9. *Hsiao Ch'u* / La Fuerza Domesticadora de lo Pequeño: "La experiencia moderna demuestra que las masas obreras mejor organizadas son las que pueden ser dirigidas y mejor conducidas en todos los órdenes".

Lo pequeño es salvaje por naturaleza. Como el número de lo pequeño es infinito, sólo en la capacidad que el sabio demuestre para domesticarlo radicarán sus posibilidades de éxito.

10. *Lü* / La Pisada: "La oligarquía, servida por hábiles políticos, no solamente cometió delitos contra el país, sino algo más grave aún: tuvo sojuzgadas a numerosas generaciones de argentinos, a los que disoció en sus verdaderos valores".

El dictamen del I Ching *peronista coincide con el del* I Ching *chino, que dice: "Se puede pisar la cola del tigre, porque éste no morderá al hombre". Para mayor seguridad, se recomienda poner en práctica este consejo cuando el tigre o la oligarquía hayan perdido la cola o estén muertos.*

11. *T'ai* / La Paz: "Proclamamos nuestra simpatía y admiración hacia el gran pueblo estadounidense y pondremos cada día mayor empeño en llegar con él a una completa inteligencia".

Cielo y Tierra se unen: la imagen de la Paz. Desde la Tierra, elevamos los ojos hacia el Cielo y nos complace su divino diseño: rojo y blanco en franjas horizontales, con un toque azul y muchas estrellas.

12. *P'i* / El Estancamiento: "Hay países que hace treinta años tenían un presupuesto con un volumen comercial e industrial correspondiente a la mitad del nuestro y hoy han triplicado esos valores con referencia a la Argentina. Ello se debe a que organizaron en tiempo su riqueza y nosotros hemos seguido en esta libertad escandalosa que nos sume en la anarquía integral".

Mala gente no es propicia para la perseverancia del noble. Su escandalosa libertad abre a nuestros ojos demasiadas posibilidades y no acertamos a elegir un sendero. Para salir del estancamiento será preciso terminar con ella.

13. *T'ung Jen* / Comunidad con los Hombres: "Para un peronista no hay nada mejor que otro peronista"

Dice sobre este apotegma el I Ching: *El Cielo junto al fuego: la imagen de la Comunidad con los Hombres. Así el noble estructura las tribus y discrimina las cosas.*

14. *Ta Yu* / La Posesión de lo Grande: "Cada uno debe dar de sí lo que tenga. El que tenga brazos fuertes, sus músculos; el que tenga cultivada su inteligencia, pondrá en movimiento su cerebro, y el que tenga caja de hierro repleta de dinero, el contingente de su oro".

El sabio se encuentra en pleno dominio de sus recursos. Al detener por un instante su marcha, llega a la conclusión de que le pertenece todo lo creado.

15. *Ch'ien* / La Modestia: "Todos los argentinos pueden aceptar nuestra doctrina, porque tiene caracteres de solución universal y puede ser aplicada a la mayor parte de los problemas del mundo".

No es propio del hombre noble exagerar las propias virtudes. Pero si ellas son tan evidentes como el agua tranquila del estanque a la luz de los rayos del sol, nada se gana ocultándolas por un exceso de modestia.

16. *Yü* / El Entusiasmo: "Sólo queremos caminar al ritmo del más rápido".

Dice El Libro de las Mutaciones: *"El predestinado se mueve con entrega. Las expiaciones y los castigos devienen justos y el pueblo acata. Grande en verdad es el sentido del tiempo del Entusiasmo".*

17. *Sui* / La Descendencia: "Mi único heredero es el pueblo argentino".

¡Atención! El sabio tendría que ser más específico al testar para evitar situaciones enojosas cuando haya que repartir la herencia.

18. *Ku* / El Trabajo en lo Echado a Perder: "Hombres inexpertos, faltos de capacidad y de cultura, caen pronto en las demasías de la fuerza. No atinan a la persuasión porque la consideran una debilidad. Una legión de ignorantes ambiciosos y venales ejercen el

mando. Otra legión de adulones y alcahuetes los rodea y los aplaude para sacar ventajas: eso es un gobierno militar".

Al pasar por un momento aciago, el caminante se deprime ante la contemplación de la verdad: es hora de mirar para otro lado.

19. *Lin* / El Acercamiento: "No olvidamos a las fuerzas patronales, porque ellas representan la grandeza de la patria y no queremos que los patrones puedan sentirse amenazados por peligros inexistentes".

Cuando los demás digan que eres un devorador de hombres, acércateles lo más que puedas para demostrarles que tu dentadura es postiza.

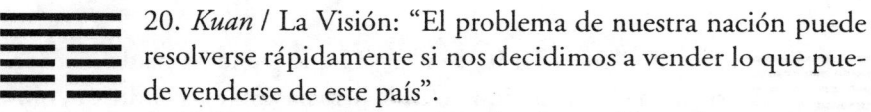

20. *Kuan* / La Visión: "El problema de nuestra nación puede resolverse rápidamente si nos decidimos a vender lo que puede venderse de este país".

Por ser de 1946, se trata de una visión bastante adelantada.

21. *Shih Ho* / La Mordedura Tajante: "Si la clase trabajadora no puede llegar a la administración, al gobierno y a la legislación por la ley, tiene el derecho de tomar el palo y conseguir lo que le niegan por medios violentos".

Es el signo opuesto a El Acercamiento: los dientes postizos del devorador de hombres eran de acero...

22. *Pi* / La Gracia: "El cuento de la libertad es demasiado conocido para que nosotros podamos caer en él. No difiere mucho del cuento del billete premiado o del de la máquina de hacer dinero".

El sabio ríe de buena gana de las historias que le cuentan, especialmente cuando están narradas con gracia, pero se cuida de creer que semejantes fantasías puedan ser verdaderas.

23. *Po* / La Desintegración: "La técnica moderna de la propaganda y la guerra psicológica ha puesto en manos de nuestros enemigos un nuevo instrumento: la infamia. Así, han agregado a la brutalidad de la fuerza un nuevo factor, el de la insidia, la calumnia

y la diatriba. Con ello, si han descendido en la fuerza, han descendido mucho más en la dignidad".

Al comprobar cuán insidiosos, infames, brutales, violentos y calumniadores son nuestros adversarios, admiramos nuestra propia bondad, que nos impide hablar mal de ellos.

24. *Fu* / El Retorno: "Llego casi desencarnado. Nada puede perturbar mi espíritu porque retorno sin rencores ni pasiones".

El príncipe sabe que es más difícil volver que irse, ya que quien retorna después de larga ausencia puede ser objeto de suspicacias. Por lo tanto, envía primero a su espíritu, tratando de averiguar cómo viene la mano. Después, si la situación es propicia, manda la carne.

25. *Wu Wang* / La Inocencia: "El que gobierna ha de tener en su alma el sentido innato de la justicia. Sin esa condición, ningún hombre puede hacer un buen gobierno. Y debe tener también en su corazón el amor al prójimo y en particular al trabajador, que es de los prójimos el que necesita y merece más amor".

La margarita en el jardín; una niña saltando a lo lejos: la imagen de la Inocencia. A riesgo de parecer cándido, sobre todo si se dedica a la política, el sabio abre la ventana de su casita de chocolate, mira los abedules y deja que entre el sol.

26. *Ta Ch'u* / La Fuerza Domesticadora de lo Grande: "Luchamos contra la opresión del oro y contra la opresión de la sangre, porque ambas se traducen para el pueblo en sufrimientos y lágrimas".

Tiempo de actuar: el noble se arremanga y hace frente a sus mayores adversarios. ¡Mejor que se vayan agarrando!

27. *I* / La Alimentación: "Cuando llegué al gobierno, en mi país había gente que ganaba veinte centavos por día y los peones diez y quince pesos por mes. En un país que poseía 45 millones de vacas, sus habitantes morían de debilidad constitucional. Era un país de toros gordos y de peones flacos".

En todo tiempo y en todo lugar, la alimentación es prioritaria, en especial la alimentación de los peones: un peón extremadamente flaco no estará en condiciones de alimentar al ganado.

28. *Ta Kuo* / La Preponderancia de lo Grande: "Mi gran honor y mi gran satisfacción son el amor del pueblo humilde y el odio de los oligarcas y capitalistas de mala ley, como también de sus secuaces y personeros. He aprendido el reducido valor de la demasía del dinero. Yo estoy en paz con mi conciencia y no me perturbarán las inconsciencias ajenas".

Retirado, desde la cima de la montaña, el noble mira hacia abajo y divisa la multitud: mercaderes y traficantes, campesinos y labriegos, seres que se enamoran y se pelean, empeñosos, peleando cada uno a su manera por un lugar en el planeta. Admirado y quizás íntimamente aburrido, el noble piensa: "¡Qué chiquititos son!"

29. *K'an* / Lo Abismal: "Deseamos desterrar a los extremistas, para nosotros de ideologías tan exóticas, ya representen un extremo como otro, porque es lo foráneo, a lo que nosotros, los argentinos, no hemos sentido jamás inclinación ni apego, y porque ellos, con su sedimento de odios ancestrales, nos traen sus problemas que no nos interesan ni nos atañen".

Para desterrar a los extremistas de uno y otro signo, el sabio no admite posiciones intermedias. "¡Al abismo!", exclama, furioso.

30. *Li* / Lo Adherente: "Respetamos la libertad sindical, pero preferimos, por razones de beneficio colectivo, los gremios unidos en un haz indisoluble e inquebrantable".

Un haz indisoluble de leños se puede levantar con un solo dedo sólo en caso de que estén firmemente adheridos. "Si están sueltos –razona el sabio– tendré que inventar la carretilla."

31. *Hsien* / El Influjo: "El militar, junto a su ciencia, debe reunir condiciones de espíritu y de carácter de conductor, para llevar a su tropa a los mayores sacrificios y proezas. Eso no se improvisa, sino que se logra con el ejercicio constante del arte de mandar".

A veces, el conductor levanta ligeramente una ceja y sólo con eso hace sentir su influjo. Claro: hay que saber levantar la ceja. Eso no se improvisa ni se consigue de un día para el otro.

32. *Heng* / La Duración: "El hombre no se pone viejo por los años, sino porque se va intoxicando paulatinamente con el tiempo".

Sólo dura lo que no se intoxica paulatinamente con el tiempo, dice el Oráculo. Ahora bien: ¿qué significa? Un sabio que tenía la clave hasta anoche se ha intoxicado con el correr de las últimas horas.

33. *Tun* / La Retirada: "No pienso seguir en la política porque nunca me interesó hacer el filibustero o el malabarista y para ser elegido presidente constitucional no hice política alguna. Me fueron a buscar: yo no busqué serlo. Ya he hecho por mi pueblo cuanto podía hacer. Recibí una colonia y les devuelvo una patria justa".

Llegado el caso, una retirada voluntaria trae ventura. Crúzate de brazos detrás de tu puerta de hierro: ya vendrán a buscarte de nuevo.

34. *Ta Chuang* / El Poder de lo Grande: "En 1945, nosotros lanzamos desde acá por primera vez en el mundo la tercera posición. Una tercera posición que ha dado origen al Tercer Mundo, posteriormente".

Todo lo que hace el hombre grande le es devuelto en grandeza. Así como ha creado la tercera posición, que ha dado origen al Tercer Mundo, lo mismo hubiera podido crear la primera posición, con las consecuencias imaginadas. Su sola voluntad es la que manda.

35. *Chin* / El Progreso: "Para la prosperidad de un país, es de vital importancia la formación de capitales".

Nada de combatir el capital: eso es cosa de imberbes, de primerizos y de principiantes.

36. *Ming I* / El Oscurecimiento de la Luz: "En casi todos los países adheridos al famoso Fondo Monetario Internacional se sufren las consecuencias y se comienzan a escuchar las lamenta-

ciones. Este fondo, creado según decían para estabilizar y consolidar las monedas del mundo libre, no ha hecho sino envilecerlas en la mayor medida".

Si quieres ver la luz al final del túnel, apártate del Fondo Monetario: te la cortarán, puesto que no pagas la cuenta desde hace cuatro años.

☷☴ 37. *Chia Jen* / El Clan: "Todo lo que hagamos al margen de nuestro ser nacional y del sentimiento histórico de nuestro pueblo y de nuestra raza fracasará con el estrépito de una avalancha de nieve".

La norma del Clan es indudable: dentro de la familia, todo; para los enemigos, ni justicia.

☲☱ 38. *K'uei* / La Oposición: "Así como hay casos en que los gobernantes lucran con sus posiciones, así también existe el caso de los opositores que lucran con su oposición".

No es la mera existencia de la oposición lo que fastidia al sabio: lo que verdaderamente lo pone fuera de sí es que a esos miserables les vaya bien cuando se oponen.

☵☶ 39. *Chien* / El Impedimento: "Las linotipias y las rotativas no pueden impunemente ser convertidas en armas de perturbación económica, de disociación social, ni en vehículos de ideario extraños ni de ambiciones políticas ni de desahogos personales".

Garantizarás la libertad de expresión de tus rivales, siempre que no la usen para expresarse con toda libertad.

☳☵ 40. *Hsieh* / La Liberación: "Un deber nacional de primer orden exige que la organización política, la organización económica y la organización social, hasta ahora en manos de la clase capitalista, se transformen en organizaciones al servicio del pueblo".

Harás todo lo que esté en tus manos para apurar la causa de la liberación. ¡Apúrate! Piensa que el año tres mil nos encontrará unidos o dominados.

☶☱ 41. *Sun* / La Merma: "Yo no me arrepiento de haber desistido de una lucha que hubiera ensangrentado y destruido al país. Además, tengo derecho a mi vejez. No deseo andar dando lástima, como les sucede a algunos políticos argentinos octogenarios".

El sabio advierte que sus facultades declinan y da, como se dice, un paso al costado. Evita de ese modo una muerte penosa, ya que en la decrepitud no se debe andar haciendo ejercicio de la presidencia.

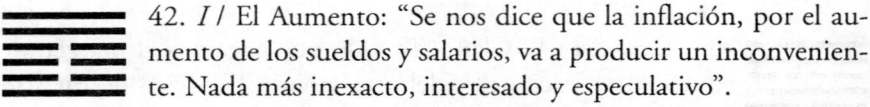

42. *I* / El Aumento: "Se nos dice que la inflación, por el aumento de los sueldos y salarios, va a producir un inconveniente. Nada más inexacto, interesado y especulativo".

Reirás en sus caras por los argumentos ridículos con que suelen hostigarte tus adversarios. Llegarán a decir que la inflación produce inconvenientes, lo que constituye una provocación desembozada. Mantente impávido.

43. *Kuai* / La Resolución: "Cuando estábamos muy bien encaminados en estas cosas, el presidente, general Ramírez, pretextando que eso consolidaría la revolución, no encontró mejor cosa que romper relaciones con el Eje. Una macana grande como una casa. Fue una medida totalmente inconsulta con respecto a los mandos militares. Como consecuencia de eso, lo reemplazamos en la presidencia por el general Farrell, un hombre de nuestra confianza".

Ante la desmesura, se debe actuar con resolución y, si es preciso, de manera también desmesurada. No titubees: si piensas que tu deber es desplazar a un presidente, pártelo sin dudarlo por el eje.

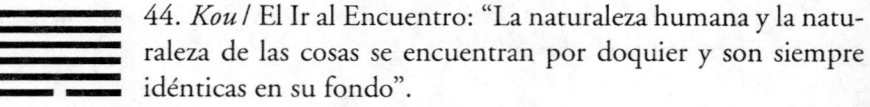

44. *Kou* / El Ir al Encuentro: "La naturaleza humana y la naturaleza de las cosas se encuentran por doquier y son siempre idénticas en su fondo".

¿Hombres y cosas son, en el fondo, idénticos? ¿Por qué ha reparado en ello el sabio precisamente en este punto del camino? Simplemente, se ha levantado con ganas de ser críptico.

45. *Ts'ui* / La Reunión: "Las fuerzas de la seguridad nacional deberán vivir vigilantes sobre cada hombre para asegurar el cumplimiento de los mandatos de la Constitución justicialista".

Para saber cómo piensan los hombres, será propicio estar en todas las reuniones. Con disimulo, convenientemente embozado, el sabio escuchará cuanto se diga en eventos sociales, deportivos, barriales, en fin, en tódo tipo de reuniones. Relevados los datos, las fuerzas de la seguridad nacional se encargarán del resto.

46. *Sheng* / El Empuje hacia Arriba: "Queremos formar un gran organismo político, una fuerza verdaderamente orgánica. No como ha sido hasta ahora: un caudillo político detrás del cual las masas se han colocado".

Debes instar a quienes se ubican por debajo tuyo a Empujar hacia Arriba. Que hagan el esfuerzo por sí mismos, sin obedecer ciegamente a falsos ídolos. Si no eres escuchado y las masas insisten en seguir a un caudillo, trata de ser tú ese caudillo y no un mozo cualquiera que pasee distraídamente junto al lago.

47. *Kun* / La Desazón: "El obrero que no apoyase nuestra labor sería un verdadero suicida y aquel que haya manifestado ser amigo y protector del obrero y ataque nuestra política social es un felón que no merece ni la estimación ni el reconocimiento de los propios obreros".

Al ver que todavía queda gente que nos censura, sobreviene La Desazón. Por un momento, el noble detiene su tarea y se pregunta: "¿Es razonable tanta ingratitud?"

48. *Ching* / El Pozo de Agua: "Formamos parte de un continente cuyo destino es envidiable, aun para los superdesarrollados, que se están quedando sin las riquezas naturales, incluso sin el agua. Nosotros disponemos de esas reservas. Seremos los ricos del porvenir, en tanto que ellos serán los pobres del futuro. Pero si no nos organizamos y no nos preparamos para defendernos, nos lo van a quitar todo, y por teléfono, si es necesario".

Dice el I Ching: *"El limo del pozo no se bebe: a un pozo viejo no acuden animales". Hay que cuidar que su caudal no disminuya. Por las dudas, no se debe atender el teléfono.*

49. *Ko* / La Revolución: "Es necesario que todos los argentinos comprendan que esto es una revolución y que, como tal, ha de revolucionar el campo político, el campo económico y el campo social".

Sálvese quien pueda: el mundo tal como lo habíamos conocido no existirá más y ya no quedará piedra sobre piedra.

50. *Ting* / El Caldero: "El hombre no vence al tiempo; lo único que puede vencer al tiempo es la organización".

Puedes morir, y probablemente lo hagas, pero en la medida en que mantengas el Caldero encendido tus ideas y propósitos se verán perpetuados para el resto de los tiempos. Ahora bien: ¿cómo lograrás mantener encendido el Caldero cuando estés muerto?

51. *Chen* / La Conmoción: "Me piden leña. Pero ¿por qué no comienzan a darla ustedes?".

Quien actúe a consecuencia de la Conmoción, quedará libre de pecado. Si no se puede apagar el fuego de la Conmoción, lo único que queda por hacer es avivarla. Un poco de leña será, naturalmente, el mejor remedio.

52. *Ken* / El Aquietamiento: "Estamos tan lejos del nazismo como de cualquier otra ideología extraña. No combatimos la riqueza ni el capital".

Voluntariamente, el sabio se aleja de las ideologías extrañas. Acusado de nazi, se limita a levantar mecánicamente el brazo derecho y exclama "¡Heil, Perón!", aclarando enseguida: "Se trata de un tic que me persigue desde la más tierna infancia".

53. *Chien* / La Evolución: "La sociedad mundial se orienta hacia el universalismo. El itinerario es inexorable y tenemos que prepararnos para recorrerlo".

Hace cincuenta años, cuando el sabio pronunció esta sentencia, nadie creía en un gobierno universal. Hoy se ve claro que la Evolución nos marca ese sendero. Del mismo modo, se cumplirán todas las otras predicciones de este Oráculo.

54. *Kuei Mei* / La Muchacha que se Casa: "Dignificar moral y materialmente a la mujer equivale a vigorizar la familia. Vigorizar la familia es fortalecer la Nación, puesto que ella es su propia célula".

Dignifiquemos a la Muchacha que se Casa: enviémosle de regalo un palo de amasar, un costurero o cualquiera de esas minucias que tanto la entretienen. De ese modo nos será fiel hasta la muerte.

55. *Feng* / La Plenitud: "La historia del desenvolvimiento de los modernos pueblos de la Tierra afirma de una manera absolutamente incontrovertible que el Estado es tanto más grande cuanto mejor sea su clase media".

Una casita, un auto, excursiones los fines de semana, cenas frente al televisor: eso es vivir en Plenitud. Lo demás son puras macanas.

56. *Lü* / El Andariego: "Hay que pensar que yo puedo desaparecer, que por el momento soy el elemento de aglutinación de los peronistas. Es necesario que eso se reemplace con un sentido de solidaridad peronista, solidaridad que ha de asegurar la cohesión que, en muchos casos, es lo que le está faltando al movimiento".

El Andariego intuye que su fin está cerca. Toma, entonces, sus precauciones. Con esfuerzo, consigue que sus seguidores logren la cohesión que les faltaba y se asegura de que jamás disputarán entre ellos cuando se haya marchado.

57. *Sun* / Lo Suave: "El mundo del futuro será solamente de los que poseen las virtudes que Dios inspiró como norte de la vida de los hombres".

Bondad, amabilidad, compasión y cortesía: quienes posean estos bienes dominarán el mundo del futuro, allá por el año 34.570.

58. *Tui* / Lo Sereno: "Nuestra posición sería centrista, una posición donde el Estado no tiraniza al hombre y donde el hombre no hace uso ni abuso de cuestiones que perjudican al Estado. En una palabra: defendemos lo sagrado del hombre y defendemos lo sagrado del Estado".

Nada de revoluciones ni de conmociones que alteran el nivel de adrenalina: nuestra posición sería equilibrada y serena, llegado el caso.

59. *Huan* / La Dispersión: "Sabemos que la muchedumbre sólo es una colectividad cuando tiene unidad de ideas, de voluntades y de sentimientos".

El sabio evitará la Dispersión, siempre perniciosa. Para ello procurará que quienes lo siguen tengan una sola voluntad, un solo sentimiento y una sola idea.

60. *Chieh* / La Restricción: "La política dentro de un sindicato es una bomba de tiempo destinada a destrozarlo cuando menos lo piense la clase trabajadora".

Los sindicalistas no deben hacer política. Cuando se burla esta Restricción, la bomba de tiempo estalla. Surgen la CGT disidente y el Partido Obrero. El caos se torna inevitable.

61. *Chung Fu* / La Verdad Interior: "No nos guían intenciones ocultas. No hay, ni jamás ha existido, doblez en nuestras palabras".

Podrán interpretarnos mal, pero nada podemos hacer frente a eso. Sólo nos queda la Verdad Interior. ¿Cuál es esa Verdad? Tal vez no lo sepamos nunca, puesto que al caer en un pozo demasiado profundo quedó excesivamente interiorizada.

62. *Hsiao Kuo* / La Preponderancia de lo Pequeño: "Despreciamos a los hombres y a las naciones que se levantan ante los débiles y se doblegan ante los poderosos".

Inclínate sólo ante el humilde: siguiendo este magnífico consejo, no tendrás ninguna razón para avergonzarte.

63. *Chi Chi* / Después de la Consumación: "Compañeros: escuchamos hoy que los políticos del fraude están pensando en formar agrupaciones obreras favorables a su política. Les hablan con nuestras propias palabras. Se han convertido a la doctrina justicialista. Pero hay que repetirles lo que nosotros sabemos de ellos: que están disfrazados de obreristas. Tendremos que hacer como en carnaval y decirles: sáquense el bigote, que los conocemos".

¡Claro! ¡Después de la Consumación, cualquiera es peronista! ¡Así no vale!

64. *Wei Chi* / Antes de la Consumación: "Vivimos una época de la historia del mundo en que el egoísmo ha pasado a ser la peor desgracia de la humanidad".

La Consumación aún no ha llegado. ¡Ánimo, compañeros, que todavía hay justicialismo para rato!

Los 64 hexagramas del *I Ching* peronista nos enseñan muchas cosas y seguramente nos ayudarán a salir de dudas si los consultamos con humildad e inteligencia. Pero ¿cuáles son sus conclusiones prácticas? En el marco de un libro de tesis, destinado a demostrar que, por haber existido en abundancia en el pasado, habrá nuevas proezas argentinas en el futuro, es preciso retener las siguientes conclusiones:

- La proeza de Perón fue demostrar que es posible ser al mismo tiempo uno y todo lo opuesto, abarcando los grados intermedios.
- Aunque algunos crean que no es buen ejemplo, ¿no es bueno aprender a abrir un poco la mente?
- Es decir: tener una mente flexible. He ahí una proeza al alcance de cualquiera.
- Una mente flexible es ecológica: aprovecha lo bueno y recicla los desechos.
- Una mente inflexible se quiebra pero no se dobla. A veces parece digno de admiración que alguien no cambie jamás de principios y de ideas.
- Pero otras veces se nota claramente que semejante inmutabilidad es sólo un espejismo y se ve que una mente inflexible puede ser nada más que la mente de una cabeza dura.
- Para evitar este peligro, es propicio consultar al Oráculo, siempre contradictorio, siempre ambiguo, hecho al gusto de los antiguos chinos.
- Que fueron capaces de las mayores proezas: no por nada los chinos inventaron la pólvora.

Esta edición de 2.500 ejemplares
de *Proezas argentinas* se terminó de imprimir
en Cosmos Offset S.R.L.
Coronel García 442, Avellaneda,
el 28 de octubre de 2005.